DANA CROWLEY JACK
Immer hab' ich mich dir angepaßt

DANA CROWLEY JACK

Immer hab'ich mich dir angepaßt

WENN FRAUEN IHR SELBST ZUM SCHWEIGEN BRINGEN

ÜBER WEIBLICHE DEPRESSIONEN

WILHELM HEYNE VERLAG
MÜNCHEN

Titel der amerikanischen Originalausgabe
SILENCING THE SELF. WOMEN AND DEPRESSION

Ins Deutsche übertragen von Ilse Utz

Die Originalausgabe erschien im Verlag Harvard University Press,
Cambridge, Massachusetts

Copyright © 1991 by Dana Crowley Jack
Copyright © 1993 der deutschen Ausgabe
by Wilhelm Heyne Verlag GmbH & Co. KG, München
Umschlagillustration: Edward Hopper, *Room in New York*, 1932
Mit Genehmigung der Sheldon Memorial Art Gallery,
University of Nebraska – Lincoln, USA
Umschlaggestaltung: Christian Diener, München
Satz: Kort Satz GmbH, München
Druck und Bindung: Franz Spiegel GmbH, Ulm
Printed in Germany

ISBN 3-453-06312-0

Inhalt

1. Kapitel: Bereit sein zum Zuhören 9

    Vorstellungen vom Selbst 16
    Die Psychologie der Frau 22
    »Abhängigkeit« als Hindernis 29
    Depressive Frauen weisen uns den Weg 37

2. Kapitel: Der Verlust des Selbst 45

    Der Verlust der Stimme 46
    Die Beziehungsformen 54

3. Kapitel: Vorstellungen vom Selbst in intimen
    Beziehungen 77

    Das Spiel 78
    Einssein 86
    Der Wunsch zu helfen 90
    Die Form des Helfens 97
    Die Bedeutung des Wohlverhaltens 103
    Der kulturelle Kontext 111

4. Kapitel: Moralvorstellungen und weibliche
    Depressionen 117

    Das »gute Ich« 120
    Der innere Dialog der Depression 123
    Kulturelle Diktate im inneren Dialog 135
    Die Entwicklung der moralischen Instanz
    »Über-Auge« 141
    Die quantitative Erfassung von
    Intimitätsvorstellungen 158

5. Kapitel: Die Unterdrückung des Selbst 167

    Die für die Passivität erforderliche Aktivität ... 168

	Wut	180
	Das Erlernen der Selbstunterdrückung	191
	Die Unterdrückung der Kreativität	202
	Das gespaltene Selbst	214
6. Kapitel:	Das Selbst im Dialog: Die Überwindung der Depression	233

Anhang A:
Die an der Langzeitstudie beteiligten Frauen ... 263

Anhang B:
Die Skala der Selbstunterdrückung 272

Anmerkungen 275

Danksagung 295

Literaturverzeichnis 299

Register 308

Für
Rand, Darby und Kelsey
und für meine Mutter
Dorothy Beach

1. Kapitel

Bereit sein zum Zuhören

Obwohl ich objektiv sagen kann, daß ich überdurchschnittlich gut aussehe, daß ich in meiner künstlerischen Tätigkeit sehr erfolgreich war, daß ich sehr gut gesungen habe, gesellig bin und schnell Freunde finde, ist da trotzdem dieses »du bist zu nichts gut, was soll's«.

Ich habe immer das Gefühl, daß das Scheitern meiner Ehe meine Schuld war, weil ich Karriere machen wollte, und weil ich es nicht geschafft habe, meinen Beruf auszuüben und gleichzeitig eine gute Ehefrau zu sein.

Ich lüge und betrüge und bin zu nichts gut.

Ich habe Angst, wieder eine Beziehung einzugehen, weil ich dabei mein Selbstwertgefühl verlieren werde.

Ich weiß nicht, wie ich dieses Gefühl durchbrechen kann, daß ich nicht gut genug bin oder so. Ich meine, irgendwann muß ich das loswerden oder ich werde für den Rest meines Lebens dagegen ankämpfen.

Das sind Worte von Frauen, bei denen eine Depression diagnostiziert wurde. In den Vereinigten Staaten und in den meisten westlichen Gesellschaften kommen Depressionen bei Frauen doppelt so häufig vor wie bei Männern.[1] Wie ist es um die innere und äußere Welt von Frauen bestellt; welche Faktoren bewirken, daß Frauen für Hoffnungslosigkeit und Qual einer Depression so anfällig sind? Ich meine, die zitierten Frauen geben uns bereits eine Antwort. Um sie indes zu verstehen, müssen wir bereit sein, diesen Frauen auf eine neue Weise, ohne den Ballast vorgefaßter Meinungen, zuzuhören.

Die Depression ist eine vielschichtige, facettenreiche Krankheit. Man ist sich heute weitgehend einig, daß eine starke Depression aus einer Wechselwirkung von biologischen und psychosozialen Faktoren resultiert; eine einzelne Ursache gibt es nicht. Da psychosoziale Belastungen jedoch zu biochemischen Veränderungen im Gehirn führen, mag die Unterscheidung zwischen physischen und sozialen Faktoren künstlich anmuten; psychologische und biologische Faktoren sind lediglich verschiedene Seiten ein und derselben Medaille (Beck, 1983). Obwohl ich mir der möglichen Einflüsse biologischer Faktoren auf die Depressionen von Frauen bewußt bin, lege ich in diesem Buch den Hauptakzent auf die psychosozialen Faktoren.

Da es keine Theorie gibt, die das komplexe Phänomen der weiblichen Depression angemessen erklärt, müssen wir uns wieder den Frauen selbst und ihren Berichten über ihre Erfahrungen und Gefühle zuwenden, um neue Erkenntnisse zu gewinnen. Wenn depressive Frauen ihre Geschichte erzählen, zeigt sich jedoch sofort, daß unsere Fähigkeit, sie zu verstehen, auf gewisse Hindernisse stößt. Wie die feministische Kritik uns gelehrt hat, haben die traditionellen psychologischen Theorien und Konzepte die Erfahrungen von Frauen nicht richtig dargestellt oder beurteilt, so daß weibliche Depressionen nicht mit den traditionellen Kategorien begriffen werden können. Schon die Worte, die benutzt werden, um zu beschreiben, was eine Frau ist oder sein sollte – Abhängigkeit, Autonomie, Passivität –, sind ein Ausdruck des männlichen Erlebens. Vor allem wenn sich die Interessen und Erfahrungen von Frauen stark von denen der Männer unterschieden, gab es in der Psychologie die Tendenz, die Verhaltensmuster der Frauen als abweichend zu betrachten. Vom traditionellen Standpunkt der Psychoanalyse oder der Erkenntnistheorie aus kann man deshalb vielleicht nicht begreifen, was eine Frau über ihr Leben, ihren Verlust und ihre Traurigkeit zu sagen versucht.

In meiner eigenen therapeutischen Tätigkeit habe auch ich depressiven Frauen jahrelang mit einem theoretischen Raster im Kopf zugehört, das mir vorgegeben hat, wie ich ihre Konflikte zu verstehen und zu interpretieren hätte. Ich war ständig unzufrieden mit der Art und Weise, wie ich die stets wiederkehrenden Themen Verlust des Selbst, Selbstverurteilung und Hoffnungslosigkeit einordnete und verstand. Daß es mir schwer fiel, die Erlebnisse depressiver Frauen zu verstehen, war nicht auf Lücken oder Auslassungen in ihren Erzählungen zurückzuführen; es ergab sich vielmehr daraus, daß mir das Gesagte bereits so vertraut war und daß ich immer schon wußte, wie man es zu interpretieren hatte. Depressive Frauen, so hatte ich gelernt, waren in ihrem Identitätsgefühl und in ihrer Selbstachtung übermäßig »abhängig« von Beziehungen; sie mußten mehr Autonomie und Selbständigkeit entwickeln. Diese Formulierungen halfen mir nicht, zwischen gesunden Bindungsbedürfnissen und dem zu unterscheiden, was die klinisch-psychologische Theorie als übertriebenes und oft pathologisches Bedürfnis nach einer Beziehung beschreibt. Die Frauen »abhängig« zu nennen, half mir wenig, wenn es darum ging, die Bedeutung oder die Formen der Beziehungen zu verstehen, die das Leben depressiver Frauen bestimmten. Als ich dann jedoch anfing, genauer hinzuhören, wobei mir die neueren Entwicklungen auf dem Gebiet der Psychologie der Frau zugute kamen, stellte sich heraus, daß die in Depressionstheorien verwendeten Hauptbegriffe − Bindung, Verlust, Abhängigkeit, Selbstwertgefühl − aus der Perspektive depressiver Frauen neu überdacht werden müssen.

Der Vorschlag, depressiven Frauen aufmerksam zuzuhören, um zu neuen Erkenntnissen und Konzepten zu gelangen, ist gerade heute besonders angebracht, weil sich in den gegenwärtigen Diskussionen über die weibliche Psyche ein neuer theoretischer Rahmen abzeichnet − ein neuer, differenzierter Standpunkt, der auch ein neues Zuhören ermöglicht. Dabei stimmen alle Psychologen, egal ob sie Frauen vom entwicklungspsychologischen, klinischpsychologischen oder psychoanalytischen Standpunkt aus zuhören, darin überein, daß Beziehungsorientierung die zentrale Komponente der weiblichen Identität und der emotionalen Aktivität der Frau ist.[2] Dieses beziehungs- und bindungsorientierte weibliche Selbst unterscheidet sich indessen signifikant von jenem autonomen, abgegrenzten Selbst, das von der westlichen Psychologie beschrieben und in den meisten Depressionstheorien vorausgesetzt wird.

Wenn das »Ich«, die subjektive Organisation des Erlebens, die wir geheimhin als Selbstgefühl bezeichnen, bei Frauen anders beschaffen ist als bei Männern, dann ist es auch möglich, daß Frauen eine Depression anders erleben und daß sie bei ihnen andere Ursachen hat. In den letzten zehn Jahren ist die Zahl der biologischen und epidemiologischen Untersuchungen über Depressionen zwar sprunghaft gestiegen, aber es gibt nach wie vor einen erschreckenden Mangel an Grundlagenforschung über die Psychologie der weiblichen Depression. Unser Wissen über die äußeren Lebensumstände depressiver Frauen wächst ständig – die gegen sie gerichtete Gewalt, das Geld, das sie verdienen oder nicht verdienen, ihr Alter und Familienstand –, aber wir wissen sehr wenig über ihre innere Welt – ihre Vorstellungen, Gefühle und Denkmuster. Die Erfahrungen der untersuchten depressiven Frauen wurden von den Forschern so gefiltert, daß sie in die bestehenden Konzepte paßten. Selten hören wir die eigenen Worte der depressiven Frauen; statt dessen erhalten wir gewöhnlich Zusammenfassungen und Kurzdarstellungen, die vom Interpreten angefertigt und nach Konzepten aufbereitet wurden, welche die Lebensschilderungen der Frauen selbst häufig eher verdunkeln und überdecken. Unser Mangel an direktem Wissen über die innere Welt depressiver Frauen ist deswegen besonders schwerwiegend, weil die meisten Menschen, die sich wegen einer Depression in Behandlung begeben, Frauen sind.

Wenn wir hören, wie depressive Frauen den großen Stellenwert beschreiben, den eine Beziehung für sie hat, und wie abwertend sie darüber sprechen, erkennen wir, daß es dringend notwendig ist, neue Begriffe zu entwickeln. Bei einem ersten Gespräch mit Susan, deren Therapeut bei ihr eine Depression diagnostiziert hatte, fand folgender Gedankenaustausch statt. Susan war 30 Jahre alt, seit sieben Jahren verheiratet und Mutter von zwei kleinen Töchtern. Ich fragte sie: »Was hat Ihrer Ansicht nach zu Ihrer Depression geführt?« Sie sagte, daß sie das Gefühl habe, durch ihre Rolle als Ehefrau und Mutter »viel von mir selbst verloren« zu haben. In ihrer Selbstreflexion war Abhängigkeit eine zentrale und problematische Frage. »Zuerst muß ich sagen, daß ich ein sehr abhängiger Mensch bin. Und wenn man verheiratet und ans Haus gebunden ist und nicht arbeitet...« Auf die Frage, was sie unter »abhängig« verstehe, antwortete sie:

Ich mag Nähe. Ich mag Partnerschaft. Ich habe gern intime Nähe, auch zu meiner besten Freundin. Ich war meiner Mutter immer so nah... Ich war es in meiner ganzen Kindheit gewöhnt, intime Nähe zu haben... jemanden, der meine Gefühle, meine Ängste, meine Zweifel, mein Glück, meine Leistungen, meine Mißerfolge mit mir teilte. Und das hatte ich mit meinem Mann nie. Ich kann mit ihm auf dieser Ebene nicht sprechen... Er lebt in einer sehr konkreten, alltäglichen Schwarz-Weiß-Welt. Aber ich war immer daran gewöhnt, viel Energie aufzuwenden, um zu den Menschen ein engeres Verhältnis herzustellen und Dinge mit ihnen zu teilen... Und deshalb glaube ich, wenn ich sage, daß ich ein abhängiger Mensch bin, meine ich damit, daß ich gerne Nähe habe. Ich habe das Bedürfnis nach einer tiefen, intimen Freundschaft.

(Wieso ist das abhängig?) Vielleicht ist das gar keine Abhängigkeit. Aber ich habe nun einmal dieses Bedürfnis nach Nähe, und manchmal bin ich mit mir selbst unzufrieden, weil ich es habe. Ich sehe die anderen, die so selbständig und unabhängig wirken – und ich weiß nicht, ich habe eben immer Nähe gebraucht. Und vielleicht habe ich das als Abhängigkeit bezeichnet.

(Verbinden Sie damit etwas Negatives?) Früher nicht, aber seitdem ich verheiratet bin, stelle ich fest,

daß es negativ ist, so zu sein. Weil ich versucht habe, es zu unterdrücken. Und deshalb glaube ich, daß das auch viel zu meiner Frustration beigetragen hat.

Susan hatte das Gefühl,»daß mein Bedürfnis nach Intimität und mein Bedürfnis nach einer tiefen Freundschaft oder Beziehung zu anderen Menschen etwas Schlechtes war«, und sie fing an zu glauben,»daß mit mir etwas nicht stimmte«.

Susans Erzählung können wir entnehmen, wie sich Frauen der Sprache der sie umgebenden Kultur bedienen, um zu verleugnen, was sie auf einer anderen Ebene eigentlich positiv bewerten und sich wünschen. Was Susan uns berichtet, ist vor allem die Tatsache, daß sie um das eine nicht bitten kann, das sie am meisten braucht – intime Nähe. Verborgen bleibt in ihrer Schilderung, warum sie nicht darum bitten kann: Die Ungleichheit verschließt ihr den Mund und macht es ihr unmöglich, ihre Bedürfnisse direkt zu äußern. Sie fühlt sich nicht berechtigt, um die Befriedigung ihrer Bedürfnisse zu bitten, und sie hat auch nicht das Gefühl, daß diese legitim sind. Indem Susan darstellt, wie sie einen Teil ihres Selbst unterdrücken muß, um mit ihrem Ehemann auszukommen, zeigt sie, welche psychische Aktivität erforderlich ist, um das Selbst zu unterdrücken und zu versuchen, den selbstentfremdenden Bildern vom autonomen Erwachsenen gerecht zu werden.

Wir sehen, wie dieser Frau ihre gesunde Fähigkeit zur Intimität, ein Kennzeichen von Reife und Gesundheit eines erwachsenen Menschen, von der sie umgebenden Kultur als Schwäche vorgehalten wird. Susan legt an ihre Gefühle einen Maßstab an, der besagt, daß das Bedürfnis nach Nähe Abhängigkeit schafft und daß man lieber selbständig und autonom sein sollte. Sie denkt über ihre eigenen Erfahrungen, Fähigkeiten und Bedürfnisse nicht in der Weise nach, daß sie von sich und ihren Wünschen ausgeht, sondern indem sie überlegt, wie die anderen sie sehen. Sie verleugnet und entwertet ihren Wunsch nach tiefen Beziehungen, da »es negativ ist, so zu sein«. Dieser Prozeß der Selbstentfremdung wird in der Therapie oft noch vertieft, wenn die

Probleme einer Frau als nicht gelungene Trennung, als übertriebene Abhängigkeit interpretiert werden. Ihre Fähigkeit zur Nähe und Intimität wird nicht als eine Stärke anerkannt, sondern als etwas hingestellt, das sie überwinden müsse, um sich in ihrer Ehe besser einzurichten. Das Problem wird nicht in der Unzugänglichkeit des Ehemannes, sondern in der »Bedürftigkeit« der Ehefrau gesehen.

Dieses Beispiel zeigt, wie dringend notwendig es ist, die traditionelle Gleichsetzung von »Bedürfnis nach Nähe« und »Abhängigkeit« durch neue Begriffe zu ersetzen. Die vorherrschenden kulturellen Normen, die Autonomie und Unabhängigkeit positiv bewerten, tragen dazu bei, das Selbstwertgefühl der depressiven Frau zu verringern. Ich-Stärke wird gleichgesetzt mit dem Verzicht auf die emotionale Unterstützung durch andere Menschen; Selbständigkeit wird als reif und Anlehnung an andere Menschen als unreif betrachtet. So werden die Frauen dazu gebracht, ihr Bedürfnis und ihren Wunsch nach Verbundenheit als »neurotisch« und »abhängig« zu bezeichnen. So sind die Frauen in einer paradoxen Situation gefangen: Die Gesellschaft erwartet immer noch von ihnen, daß sie sich über ihre Beziehungen definieren, setzt dann aber ihren Wunsch nach Bindung herab, indem sie die Wichtigkeit von Bindungen abwertet; wenn die Beziehung dann aber nicht reibungslos funktioniert oder scheitert, glaubt die Frau häufig, daß dies ihre Schuld sei. Und in der Tat sind die Beziehungen einer Frau häufig gerade dadurch gefährdet, daß sie sich bemüht, in allen Bereichen optimale Leistungen zu erbringen (Miller, 1976).

Wie sollten wir damit umgehen, daß Beziehungen für depressive Frauen einen so großen Stellenwert haben? Wir sollten uns eingehender mit einigen Grundannahmen über das Selbst, über Bindungen und Verlust befassen, welche die gedankliche Grundlage für die Einschätzung von Abhängigkeit und Depression bei Frauen bilden.

Vorstellungen vom Selbst

Eine Depression ist wie ein großer Kummer, weil in beiden Fällen das Gefühl von Verlust und Traurigkeit vorherrschend ist. Besondere Kennzeichen einer Depression sind allerdings ein geringes Selbstwertgefühl und ein ganzes Bündel spezifischer Symptome, welche Denken, Schlaf, Appetit, Energie und Verhalten beeinflussen. Frauen und Männer reagieren mit Depressionen auf unterschiedliche Arten von Verlust. Frauen werden am häufigsten depressiv, wenn in einer engen Beziehung Konflikte auftreten oder wenn es zu einer Trennung kommt, während Männer depressiv reagieren, wenn sie ein Ideal oder ein leistungsbezogenes Ziel verloren haben oder wenn sie bestimmte Leistungserwartungen nicht erfüllt haben.[3] Jahrelang war der Standpunkt vorherrschend, daß diese Unterschiede zwischen den Geschlechtern darauf hindeuten, daß Frauen stärker von Beziehungen abhängig seien und daß es ihnen schwerfalle, Individuation und Autonomie zu erreichen.

Ob die Depression, die eine Frau als Reaktion auf die Störung oder den Verlust einer Beziehung entwickelt, als Abhängigkeit interpretiert wird, hängt vor allem davon ab, wie der Interpret selbst die Rolle versteht, die Beziehungen für das psychische Leben spielen. Daher sind die Annahmen über das Selbst und die Funktion von Bindungen im Erwachsenenalter für die Depressionstheorien von entscheidender Bedeutung. Diese Annahmen bestimmen, wie der Bericht eines depressiven Menschen interpretiert und was unter Gesundheit und Heilung verstanden wird. Zwei Vorstellungen vom Selbst liegen den Auffassungen über den Stellenwert von Bindung und Verlust im psychischen Leben zugrunde: das abgegrenzte Selbst und das beziehungsorientierte Selbst.

Das abgegrenzte Selbst

In der philosophischen Tradition des Individualismus stehend, geht die in der Psychologie vorherrschende Vorstellung vom Selbst von der Prämisse aus, der Mensch sei ein von den anderen Menschen getrenntes Wesen: »Normalerweise ist uns nichts gesicherter als das Gefühl unseres Selbst, unseres eigenen Ichs. Dieses Ich erscheint uns selbständig, einheitlich, gegen alles andere gut abgesetzt.« (Freud, 1930). Freuds Triebtheorie zufolge schreitet die Entwicklung von dem »ozeanischen Gefühl« der unbegrenzten Verbundenheit, das für das Kleinkind typisch ist, fort zur klar abgegrenzten Autonomie des reifen Erwachsenen.

Um zu erklären, warum dann Beziehungen für diese autonomen Individuen so wichtig werden, stützt sich Freud auf eine »Theorie der berechnenden Liebe von Objektbeziehungen« (Bowlby, 1969). Triebe wie Sexualität und Aggression werden durch andere Menschen befriedigt; folglich werden Menschen als Triebobjekte emotional wichtig. Bindungen an andere Menschen haben somit in dieser ökonomistischen Triebtheorie nur eine zweitrangige Bedeutung. Das heranwachsende Kind wird von der »Zufuhr« von Trost, Nähe, Sicherheit und Selbstachtung durch einen anderen Menschen unabhängiger, da diese ins Innere verlagert werden (und als Introjektionen, Identifikationen und Über-Ich Teile des Selbst werden). Reife impliziert Autonomie; Unreife wird gleichbedeutend mit einer kindlichen Abhängigkeit von anderen.

Die psychologische Vorstellung vom abgegrenzten Selbst fügt sich nahtlos in die dominierende Ideologie der Vereinigten Staaten ein – Individualismus ist der Zwillingsbruder des Kapitalismus. Der Kapitalismus erfordert autonom funktionierende Individuen, deren wirtschaftliche Entscheidungen ihrem Eigeninteresse entspringen. Spiegelbildlich zu der Matrix, aus der es entstand, hat das reife, abgegrenzte Selbst seine eigene innere Ökonomie: es besitzt sich selbst.[4] Dieser Besitz impliziert Kontrolle, Selbststeuerung, Unabhängigkeit und die Fähigkeit, frei an wirtschaftlichen Strukturen teilzuhaben, die oft die ungeteilte Zeit und Energie eines autonomen Erwachsenen fordern. Das Vermächtnis von Adam Smith liefert eine moralische Rechtfertigung für dieses eigennützige Wirtschaftssubjekt: »Indem der einzelne sein eigenes Interesse verfolgt, fördert er das der Gesellschaft oft wirksamer, als wenn er dies wirklich beabsichtigt« (1937, S. 423). Dieses Gemisch von politisch-theoretischen und philosophischen Ideen sowie kulturellen Legenden – der einsame Cowboy, der Held, der Krieger – hat der psychologischen Theorie vom abgegrenzten Selbst als Unterfütterung gedient und ihr den Anstrich der »Richtigkeit« gegeben.

Das Konzept vom Selbst als abgegrenzter, autonomer Einheit bestimmt auch die Auffassung, die wir von unseren Beziehungen zu anderen Menschen haben:

> Wenn man nur sich selbst verantwortlich ist, folgt daraus, daß die Beziehungen zu anderen Menschen nur dazu da sind, ausgenutzt zu werden, wenn sie (emotional) etwas bringen, und beendet zu werden, wenn sie nichts mehr bringen. Die Grundannahme ist die, daß jeder Mensch, der sich in einer Beziehung befindet, ein bestimmtes Quantum an emotionalen, sexuellen oder anderen »Bedürfnissen« hat, die befriedigt werden sollen. Wenn sie von einem Freund oder einem Sexualpartner nicht mehr befriedigt werden, dann kann die Beziehung ebenso gelöst werden, wie ein Käufer seine Geschäftsbeziehung zu einem Verkäufer abbricht, wenn er anderswo günstiger einkaufen kann. Die *Bedürfnisse* sind durch sich selbst legitimiert – die *Menschen* sind ersetzbar. (Ehrenreich und English, 1979, S. 274–275)

Aus diesen Vorstellungen ergibt sich ein Individuum, für das Beziehungen primär funktional sind und das Beziehungen nicht »braucht«, sondern einfach haben sollte. Objekte können ersetzt werden; daher sind Beziehungen nicht in sich wertvoll, sondern nur, sofern sie dazu dienen, elementare Triebe oder Bedürfnisse zu befriedigen. Die Auffassung, die jemand von der Rolle einer Beziehung hat, beeinflußt die Art und Weise, wie er das Engagement in einer Beziehung und die Folgen ihres Verlustes einschätzt, und bestimmt seine Meinung über die Anstrengungen, die unternommen werden sollten, um die Beziehung zu erhalten. Wenn Beziehungen in diesem ökonomischen Sinn funktional sind, sollte die Verschlechterung oder der Verlust einer Beziehung das Individuum nicht bis in seine Grundfesten erschüttern, und das Ziel sollte sein, die verlorene Beziehung möglichst reibungslos durch eine andere zu ersetzen. Viele dieser Auffassungen über den Charakter des Selbst und die gesunde Reaktion auf Verlust tragen noch immer den Stempel des Freudschen Denkens. In »Trauer und Melancholie« kam Freud zu dem Schluß, daß eine Depression Ausdruck einer nicht gelungenen Trennung von einer problematischen Liebesbeziehung sei. Wenn eine Liebesbeziehung scheitert, vollzieht die »freie Libido« keine Trennung und bindet sich an ein neues Objekt, sondern zieht sich in das Ich zurück und dient dazu, »eine *Identifizierung* des Ichs mit dem aufgegebenen Objekt herzustellen«:

> Der Schatten des Objekts fiel so auf das Ich, welches nun von einer besonderen Instanz wie ein Objekt, wie das verlassene Objekt, beurteilt werden konnte. Auf diese Weise hatte sich der Objektverlust in einen Ichverlust verwandelt, der Konflikt zwischen dem Ich und der geliebten Person in einen Zwiespalt zwischen der Ichkritik und dem durch Identifizierung veränderten Ich. (Freud, 1917)

Nach Freuds Auffassung ist diese Veränderung des Selbst durch Identifizierung mit dem verlorenen Objekt die Grundlage für die innere Spaltung, die harte Selbstbeurteilung und das Verlustgefühl, die für eine Depression charakteristisch sind. Seine Formulierung läßt zwei Grundannahmen erkennen: erstens, daß die Struktur des gesunden erwachsenen Selbst unabhängig von Beziehungen ist und durch diese nicht verändert wird; zweitens, daß eine Depression durch die Unfähigkeit hervorgerufen wird, sich von einer verlorenen Beziehung zu lösen, und nicht durch die Unfähigkeit, zu einem geliebten Menschen ein enges Verhältnis herzustellen. Freuds Auffassung zufolge verfällt ein Mensch in eine Depression, weil er unfähig ist, in den Grenzen des autonomen Selbst zu bleiben; so wird das

Selbst »durch die Identifizierung« mit einem anderen »verändert«.[5]

Viele Therapeuten, die Depressionen behandeln, sind heute noch immer der Ansicht, daß die Ursachen einer Depression mit den Problemen der individuellen Persönlichkeit zusammenhängen. Selbst wenn eindeutig erwiesen ist, daß es ein zwischenmenschliches Ereignis war, das den Menschen emotional aus der Bahn geworfen hat, setzt die Behandlung schwerpunktmäßig beim einzelnen und dessen – kognitiven, entwicklungsmäßigen oder verhaltensmäßigen – Defiziten an, welche die Depression perpetuieren. Das Abgleiten in die Depression nach einem zwischenmenschlichen Konflikt wird als Ausdruck dafür gewertet, daß das positive Selbstgefühl des Menschen in ungesunder Weise von der Beziehung abhängig war. Es offenbart die Unfähigkeit, ein autonom funktionierender Erwachsener zu sein, der auf eigenen Füßen steht.

Das beziehungsorientierte Selbst

Die Beziehungstheorie vertritt eine völlig andere Auffassung vom Selbst, von Beziehungsfragen, von Bindung und Verlust und von der Rolle, die sie bei einer Depression spielen. Von diesem Standpunkt aus ist das Selbst (bei Männern und Frauen) das Produkt einer sozialen Grunderfahrung. Wir alle sind durch Beziehungen geprägt worden: »In einem psychologisch relevanten Sinn gibt es kein ›Selbst‹ in der Isolation, außerhalb eines Geflechts von Beziehungen zu anderen Menschen« (Mitchell, 1988, S. 33). Bindungen sind nicht nur funktional, sondern bilden auch die Grundlage, auf der sich das Selbst, die Psyche und das Verhalten entwickeln. Das Streben nach enger Verbundenheit ersetzt Sexualität und Aggression als Verhaltensmotivation; Bindungen sind der Boden, aus dem Erkenntnisse, Gefühle und Verhaltensweisen erwachsen.

Dieser theoretische Ansatz betrachtet das Erreichen einer tiefen menschlichen Verbundenheit als ein Ziel der menschlichen Entwicklung. Die Kleinkindforschung widerspricht der psychoanalytischen Annahme, daß der Reifungsprozeß in der Loslösung von einer symbiotischen Einheit und in einer fortschreitenden Individuation besteht. Daniel Stern und andere Forscher, die die Interaktionen zwischen Kleinkindern und Betreuungspersonen systematisch untersucht haben, sind der Ansicht, daß Babys die Bereitschaft, den Wunsch und die Ausstattung zu sozialer Interaktion mitbringen. Für diese konträr zur freudianischen Theorie stehende Auffassung von menschlicher Entwicklung besteht das Ziel des kindlichen Verhaltens darin, eine sichere Bindung zu dem Menschen herzustellen, der es versorgt, und nicht darin, sich von der ›Symbiose mit ihm zu lösen. Verbundenheit ist von diesem Standpunkt aus nicht »das Resultat einer nicht gelungenen Abgrenzung; ... sie ist ein Erfolg des psychischen Funktionierens« (Stern, 1985, S. 241). Dieser Theorie zufolge haben nicht nur Kinder, sondern auch Erwachsene das grundlegende, bio-soziale Bedürfnis, eine sichere, intime Beziehung zu anderen Menschen herzustellen.

Um die Depression unter dem Blickwinkel der Beziehungsproblematik zu betrachten, ist es erforderlich, den Schwerpunkt von der innerpsychischen auf die zwischenmenschliche Ebene, auf die Qualität und den Charakter von Bindungen zu verlagern. Wenn die Verbundenheit mit anderen Menschen von elementarer Bedeutung ist, läßt sich verstehen, warum ein Mensch bereit ist, alles zu tun, ja sogar sein Selbst zu verändern, um enge Bindungen zu schaffen und zu erhalten. Verzweiflung kommt auf, wenn jemand die Hoffnung verliert, den emotionalen Kontakt zu anderen aufrechterhalten zu können. »Bei den meisten depressiven Störungen, einschließlich einer chronischen Trauer, ist das wichtigste Problem die Hilflosigkeit eines Menschen, dem es nicht gelingt, affektive Beziehungen zu anderen herzustellen und aufrechtzuerhalten« (Bowlby, 1980, S. 247). Aus der beziehungstheoretischen Perspektive hat die Depression also *zwischenmenschliche* Ursachen.[6]

Die Psychologie der Frau

Eine steigende Anzahl von Arbeiten über die Psychologie der Frau geht bei der Darstellung von Ursachen und Entwicklungen der weiblichen Beziehungsorientierung von den oben dargestellten Annahmen über den sozialen Charakter des Selbst aus. Diese Arbeiten zeigen uns, wie die Einbeziehung der sozialen Geschlechtsnormen die Konturen des durch Beziehungen geprägten Selbst auf eine für das Verständnis der weiblichen Depression entscheidende Weise verändert. Carol Gilligan und ihre Kollegen von der Harvard-Universität haben zum Beispiel einen entwicklungspsychologischen Rahmen erarbeitet, der es möglich macht, die unterschiedlichen Berichte von Frauen über ihr Selbst, über Beziehungen und über Moral durch genaueres Hinhören besser zu verstehen – insbesondere aber zu verstehen, wie sich die moralischen Wertvorstellungen von Frauen auf ihre Selbsteinschätzung und ihre Konfliktlösungsstrategien in Beziehungen auswirken. Klinische Psychologen vom Stone Center am Wellesley College in Massachusetts, welche die Entwicklung des weiblichen Selbst in Beziehungen zu anderen untersucht haben, geben uns Einblick in ideale und problematische Reifungsprozesse. Nancy Chodorow hingegen schreibt von einem psychoanalytischen Standpunkt aus über das subjektive Erleben, die Entwicklung und die zwischenmenschliche Orientierung von Frauen. Und doch stimmen diese Autoren trotz wichtiger theoretischer Differenzen darin überein, daß die zwischenmenschliche Intimität das strukturierende Grundelement des weiblichen Erlebens und der Schlüssel zum Verstehen der »anderen Stimme« von Frauen ist. Sie sind sich auch darin einig, daß geschlechtsspezifische Unterschiede in bezug auf Fähigkeiten, Verletzlichkeiten und Stärken des Ichs ein Produkt des unterschiedlichen sozialen Umfeldes und der kulturellen Normen sind, welche die Entwicklung von Männern und Frauen auf charakteristische Weise beeinflussen.[7]

Die Beziehungsorientierung von Frauen

Der Prozeß der geschlechtlichen Identitätsbildung verläuft bei Männern und Frauen unterschiedlich und führt dazu, daß sie ein anderes Selbstgefühl, eine andere Ich-Stärke und eine andere Emotionalität entwickeln. Daß Beziehungen für Frauen einen großen Stellenwert haben, ergibt sich aus dem kulturell bedingten und daher zufälligen Sachverhalt, daß die Frau häuslich-familiäre Funktionen und der Mann Herrschaftsfunktionen ausübt. Chodorow (1978, 1989) stellt fest, daß die nahezu universell gegebene Tatsache, daß die Frauen die Kinder großziehen, für Jungen und Mädchen unterschiedliche Folgen hat. Die Entwicklung einer geschlechtlichen Identität im Verhältnis zu einer weiblichen Betreuungsperson zwingt Jungen, sich von der Weiblichkeit abzugrenzen und Männlichkeit durch Anderssein zu definieren: männlich zu sein bedeutet teilweise, nichtweiblich zu sein. Von den Mädchen verlangt der Prozeß der Identitätsbildung nicht diese Art der Abgrenzung von der primären Betreuungsperson. Töchter bringen in das Jugend- und Erwachsenenalter mehr Aspekte der ursprünglichen, engen Mutter-Kind-Beziehung ein, während die Jungen die Nähe dieser Beziehung aufheben müssen, um eine geschlechtliche Identität bilden zu können, die auf der Trennung von der Mutter basiert.

Wegen der ungebrochenen Identifikation mit einer primären Betreuungsperson erleben sich Mädchen als »weniger abgegrenzt« als Jungen und haben eine stärkere Disposition, »die Bedürfnisse oder Gefühle eines anderen Menschen wie die eigenen« zu erleben (Chodorow, 1978, S. 167). Da Mädchen außerdem ihre frühesten Identifikationen mit der Mutter nicht unterdrücken oder vollständig aufgeben, reproduzieren sie nicht nur das Bemuttern, sondern sind auch bereit, die spezifischen Verhaltensweisen, Einstellungen und Werte der mütterlich-fürsorglichen Rolle und die kulturelle Abwertung ihres weiblichen Geschlechts zu übernehmen. Diese primäre Bindung an die Mutter führt dazu, daß die weibliche Geschlechtsidentität auf fortdauernder Verbundenheit, die männliche Geschlechtsidentität auf Abgrenzung beruht (Chodorow, 1978, 1985; Gilligan, 1982, 1990).

Die Entwicklung der Frau

Der Entwicklungsprozeß von Frauen scheint nicht durch sukzessive Stadien der Abgrenzung und Individuation gekennzeichnet zu sein, sondern durch verschiedene Formen der Bindung, die in Beziehungen realisiert werden (Gilligan, 1982). Die Veränderung und Entwicklung der eigenen Begabungen und Fähigkeiten und die Entfaltung der eigenen Initiative *im Rahmen von Bindungen* führen zu einem reiferen, komplexeren Selbstgefühl im Verhältnis zu anderen Personen als die Abgrenzung. Stärke, Vitalität und Selbsterkenntnis ergeben sich aus der Erfahrung der »gegenseitigen Empathie«, die Miller (1986b) als die kognitive/emotionale Aktivität beschreibt, wodurch die eigenen Gedanken und Gefühle und zugleich die der anderen Person erlebt werden, was auch die Wirkung des emotionalen Austausches auf die eigene Person und den anderen einschließt. Diesem Entwicklungsschema zufolge ist »Differenzierung nicht Abgrenzung und Trennung, sondern eine bestimmte Art, mit anderen verbunden zu sein« (Chodorow, 1985, S. 9). Das heißt, die eigene Differenzierung vollzieht sich nicht durch eine Trennung, die den *Unterschied* zum anderen betont, sondern durch das Einbringen des eigenen Potentials – Bedürfnisse, Gefühle, Fähigkeiten – in Beziehungen.

So braucht man Bindungen nicht zu lösen, um sein eigenes Selbst zu entwickeln. Aspekte der Eigenentwicklung wie Kreativität, Autonomie, Kompetenz, Reife und Selbstachtung entwickeln sich im Rahmen der engsten Beziehungen, die man zu anderen Menschen hat. Eine Entwicklungshemmung tritt nicht deswegen ein, weil die Trennung nicht gelungen ist, sondern weil es nicht gelungen ist, eine enge Beziehung aufrechtzuerhalten und gleichzeitig ein eigenes Selbstgefühl zu entwickeln (Gilligan, 1982, 1990).[8]

Für Frauen sind positive Beziehungen zu anderen Menschen eine wesentliche Voraussetzung dafür, daß sie sich wohl fühlen und daß ihre weitere Entwicklung einen gesunden Verlauf nimmt. Ihre Selbstachtung ist mit der *Qualität* der mitmenschlichen Beziehungen verknüpft (Brown u. a., 1986; Surrey, 1984); Schuld- und Schamgefühle sowie Depressionen hängen eng mit dem Scheitern intimer Beziehungen zusammen (Gilligan, 1982; Jack, 1987; Kaplan, 1984). Vor diesem Hintergrund wird es leichter, den Wunsch von Frauen nach einer engen, vertrauten Beziehung als gesund einzustufen und zu erkennen, wie spezifische soziale Umfelder und bestimmte Beziehungsformen diesen Wunsch deformieren und durchkreuzen.

Aufgrund unterschiedlicher Entwicklungswege erreichen Frauen und Männer das Erwachsenenalter mit unterschiedlichen Ängsten und Bedürfnissen hinsichtlich Beziehungen. Frauen sehen eine Gefahr in jenen zwischenmenschlichen Situationen, welche die Beziehung bedrohen, während sich Männer von Situationen bedroht fühlen, die ihre Autonomie einschränken: Frauen fürchten die Isolation, Männer die Vereinnahmung.[9]

In der weiblichen Entwicklung ist die Adoleszenz zum Beispiel eine Zeit besonderer Verletzlichkeit, die durch eine Zunahme von depressiven Stimmungen und Eßstörungen gekennzeichnet ist.[10] Das Mädchen muß darum kämpfen, seinen Wunsch nach fortdauernder Bindung mit dem kulturellen Gebot der Trennung in Einklang zu bringen. Die Adoleszenz ist

> eine Zeit, in welcher der Wunsch der Mädchen nach Beziehung und Wissen auf eine Wand von kulturellen Verboten stößt und in der die Mädchen eine Reihe von Trennungen vornehmen müssen – zwischen Psyche und Körper; zwischen dem, was sie sagen und dem, was sie wünschen; zwischen dem Selbst und der Beziehung zu anderen; zwischen der inneren Welt der Gedanken und Gefühle und der äußeren Welt der öffentlich anerkannten Meinungen –, wenn sie den konfliktfreien Übergang in eine Welt schaffen wollen, in der sie als junge Frauen zu leben haben. (Brown und Gilligan, 1990b, S. 3)

Im größeren gesellschaftlichen Kontext stößt die Beziehungsorientierung von Frauen auf gesellschaftliche Strukturen, die den Beitrag einer solchen Orientierung zum sozialen Leben herabsetzen und verleugnen (Belenky u. a., 1986; Jack und Jack, 1989).

Geschlechtsnormen

Geschlechtsnormen üben einen starken Einfluß auf die zwischenmenschlichen Interaktionen aus; sie prägen die Erfahrungen des Selbst in seinen Beziehungen zu anderen, wozu auch die grundlegenden Ängste, die Entwicklung der Selbstachtung und das Bewußtsein für Vorrechte in einer Beziehung gehören. Obwohl John Bowlby und andere Theoretiker den zwischenmenschlichen Charakter von Depressionen eingehend dargestellt haben,[11] weisen ihre Schriften doch eine erstaunliche Lücke auf. Es fehlt nämlich eine Untersuchung der Auswirkungen des Geschlechts auf die Art und Weise, wie das Selbst und wie Bindungen erlebt werden. Während diese Autoren den gesellschaftlichen Charakter der Psyche und des Erlebens hervorheben, übersehen sie die prägende Kraft des Geschlechts für Bewußtsein und Verhalten.

Wenn das Selbst durch Beziehungen geformt wurde und auf diese angewiesen ist, folgt daraus zwingend, daß wir auch untersuchen müssen, wie die Welt der Interaktionen (und damit das Selbst) durch die Geschlechtsnormen beeinflußt wird. Es ist erwiesen, daß sich das Geschlecht von Geburt an auf die Formen und auf die Qualität der zwischenmenschlichen Bindungen auswirkt. Als Kind lernt man durch Interaktionen mit anderen Menschen, welche anerkannten Formen für Herstellung und Aufrechterhaltung von Beziehungen es gibt – durch Einfühlung, Zuhören und Austausch, durch Gefühle und Nuancen von Blick und Berührung. Von Anfang an haben die Eltern die Tendenz, auf männliche und weibliche Kinder unterschiedlich zu reagieren; im allgemeinen gewöhnen sie Jungen die Artikulation von Bedürfnissen ab, die auf Nähe und Bindung gerichtet sind, indem sie sie zur Unabhängigkeit ermutigen, während sie Mädchen erlauben, offener ihren Wunsch nach Nähe, Bestärkung und Unterstützung zu äußern. Diese geschlechtsspezifischen Interaktionsmuster fördern die Entwicklung bestimmter Züge: Unabhängigkeit, Entdeckertrieb und Leistungsdenken bei Jungen; Bereitschaft zu Nähe, Fürsorglichkeit und Verantwortungsbewußtsein bei Mädchen. Zahlreiche Untersuchungen belegen, daß Männer mehr zu aktivitätszentrierten Beziehungen neigen, während Frauen jeder Altersstufe größten Wert auf emotional enge Beziehungen legen.[12]

Der Körper eines Menschen hat eine gesellschaftliche Bedeutung, die sein Selbstgefühl stark beeinflußt. Wir treten mit Menschen durch einen Körper in Kontakt, dessen Geschlecht, Größe und Form bei den anderen Reaktionen hervorrufen, die unser Selbstvertrauen, unsere Selbstachtung und unsere Sicherheit vergrößern oder verringern. Der Körper einer Frau ist ein Auslöser für bestimmte soziale Interaktionsformen, die ein integraler Bestandteil ihres Selbstgefühls in bezug auf andere sind. Das Betreten eines Raumes voller Menschen ist für eine Frau, die als attraktiv gilt, eine ganz andere soziale Erfahrung als für eine Frau, die andere als unattraktiv einstufen. Die kulturelle Sexualisierung und Abwertung von Frauen kann zu einer geringen Selbstachtung und zu einem Gefühl der Wertlosigkeit führen (Westkott, 1986). Und der häufige sexuelle Mißbrauch von Mädchen sowie die zahlreichen Vergewaltigungen und Gewalttätigkeiten gegen Frauen steigern das Gefühl von Hilflosigkeit, Wut und Scham.[13]

Die gesellschaftlichen Erwartungen gegenüber dem Geschlecht drücken sich am deutlichsten im zwischenmenschlichen Verhalten aus. Selbst die Eigenschaften, mit denen die männlichen und weiblichen Stereotypen beschrieben werden – stark, unabhängig, durchsetzungsfähig; sanft, sensibel, mitfühlend –, sind von Verhaltensweisen aus dem zwischenmenschlichen Bereich abgeleitet. Die Untersuchung weiblicher Depressionen ohne Berücksichtigung des gesellschaftlichen Umfeldes und der geschlechtsspezifischen Normen muß folglich zu einem verzerrten Verständnis der depressionsauslösenden Dynamik führen.

Die von einer Frau entwickelten Selbstbilder, von Psychologen allgemein »kognitive Schemata« oder »Selbstrepräsentationsmodelle« genannt, spiegeln ihre zwischenmenschlichen Erfahrungen direkt wider – ob sie fähig ist, Liebe zu geben und zu empfangen, oder nicht; ob sie es wert ist, daß andere sich um sie kümmern und sie unterstützen, oder nicht; ob sie die Freiheit hat, sie selbst zu sein und gleichzeitig eine Beziehung zu haben, oder nicht. Das gesellschaftliche Umfeld einer Frau sowohl in einer bestimmten Beziehung als auch im größeren gesellschaftlichen Rahmen wirkt sich stark auf diese Selbstbilder aus. Weil das grundlegende Selbstgefühl von Frauen mehr auf Beziehungen ausgerichtet ist als das von Männern und weil es von Normen geprägt wird, die Anpassung und zwischenmenschliche Sensibilität betonen, übt die Qualität einer aktuell gegebenen Beziehung – ebenso wie die Qualität der in früher Kindheit erlebten Beziehungen – auf das weibliche Selbst anscheinend einen größeren Einfluß aus als auf das männliche.[14]

Richtet man den Blick auf die große Bedeutung von zwischenmenschlichen Beziehungen für Frauen, auf die Entwicklung der Frau und auf die Geschlechtsnormen, welche die gesellschaftlichen Interaktionen bestimmen, dann erscheint die Beziehungsfrage für die Psychologie der Frau in einem neuen Licht.

Der beziehungstheoretischen Sichtweise zufolge entsteht eine Depression aus der Unfähigkeit, zu einem geliebten Menschen eine tragfähige, authentische Beziehung herzustellen oder aufrechtzuerhalten. Wenn das abgegrenzte, autonome Selbst nicht mehr als alleiniges Modell für »gesund« dient, dann bedeutet »auf eigenen Füßen stehen« auch nicht mehr, daß man alles allein durchsteht, sondern daß man sich in einer Beziehung aufgehoben fühlt und darauf vertrauen kann, daß ein vertrauter Mensch da ist, wenn man ihn braucht. Der Schwerpunkt der Untersuchung verlagert sich damit von den Abhängigkeit schaffenden Entwicklungsdefiziten des Individuums auf die Beziehungsformen, die bei Frauen zu »Selbstverlust« und Depression führen.

»Abhängigkeit« als Hindernis

Warum stellt der Begriff »Abhängigkeit« ein solches Hindernis dar, wenn depressive Frauen versuchen, ihre Erlebnisse zu schildern, und wenn Therapeuten und Forscher versuchen, sie zu verstehen? Weil dieser Begriff, der eine grundsätzliche Voreingenommenheit gegenüber der Beziehungsorientierung von Frauen beinhaltet, die Auffassungen über Depressionen seit Freud und Abraham beeinflußt hat. In allen wichtigen Theorien wird Abhängigkeit entweder als etwas betrachtet, das einen Menschen depressionsanfällig macht oder das charakteristisch für eine Depression ist: »Pathologische Abhängigkeit ist wohl das einzige Merkmal einer Depression, das in der gesamten psychiatrischen Literatur einhellig hervorgehoben wird« (Arieti und Bemporad, 1978, S. 163). Abhängigkeit wird gemeinhin als eine übermäßige Bindung an eine Person, eine Sache oder Organisation definiert, so daß die Selbstachtung von einem äußeren Objekt und nicht aus einer internalisierten Quelle oder von autonomen Handlungen bezogen wird. Allgemeiner ausgedrückt: als das Gegenteil von Unabhängigkeit bedeutete Abhängigkeit Hilflosigkeit, womit entweder das Zurückfallen in einen kindlichen Zustand oder eine Entwicklungshemmung in frühester Kindheit gemeint ist. Abhängigkeit bedeutet nicht eine spezifische Bindung an einen anderen Menschen, sondern einen Zustand kindlicher Bedürftigkeit; das, was gesucht und empfangen wird, zählt mehr als die Person, von der es empfangen wird.[15]

Nicht alle Menschen werden aufgrund von Beziehungsproblemen klinisch depressiv; bei denjenigen aber, die es werden, nimmt man an, daß ihre Selbstachtung und ihre Identität zu stark von der Beziehung abhängig sind. Wir lesen über einen depressiven Menschen, daß er »verzweifelt nach Liebe ruft... ähnlich dem hungrigen kleinen Kind, das laut nach Hilfe ruft« (Rado, 1968b, S. 98); oder man sagt uns, daß depressive Menschen »an ihren Objekten wie Blutsauger kleben... und sie aussaugen, als wollten sie sie völlig verschlingen« (Rado, 1968a, S. 74). Oder wir lesen:

Depressionsanfällige Menschen sind übermäßig stark und fast ausschließlich von der narzißtischen Bestätigung abhängig, die sie von anderen Menschen bekommen und die sie für ihre Selbstachtung brauchen. Ihre Frustrationstoleranz ist niedrig, und sie benutzen verschiedene Techniken – Unterwerfung, Manipulation, Zwang, das Erregen von Mitleid, Fordern und Besänftigen –, um die dringend gebrauchten, im wesentlichen aber ambivalenten Beziehungen zu den äußeren oder verinnerlichten Objekten ihrer Forderungen aufrechtzuerhalten. (Chodoff, 1972, S. 670)

In der aktuellen Literatur erscheint »Abhängigkeit« nicht mehr im Zusammenhang mit den psycho-sexuellen Stadien der freudianischen Theorie, sondern ist zu einem Synonym für übertriebene Bedürfnisse nach Zuwendung und Unterstützung geworden. Wie sehr dabei die Grenze zwischen normalen menschlichen Bedürfnissen und »Pathologie« verwischt wird, zeigt sich in dem 1980 erschienenen Begriffswörterbuch *Psychiatric Glossary*, wo »Abhängigkeit« definiert wird als das »vitale Bedürfnis nach Bemutterung, Liebe, Zuwendung, Schutz, Halt, Sicherheit, Nahrung und Wärme; [dieses] kann ein Zeichen von Regression sein, wenn es bei Erwachsenen offen zutage tritt« (S. 28). Da die meisten Erwachsenen jedoch ohne die Äußerung und Erfüllung solcher »Abhängigkeits«-Bedürfnisse nicht leben könnten, spricht die Haltung, die sich in einer solchen Definition offenbart, Bände. Psychische Gesundheit wird mit den dominierenden kulturellen Werten gleichgesetzt: Autonomie, Unabhängigkeit, Macht und Reichtum.[16]

Die meisten Schriften über die Abhängigkeit depressiver Menschen von ihren Beziehungen nehmen die Arbeit von John Bowlby nicht zur Kenntnis, der untersucht hat, wie Menschen wichtige Beziehungen zu anderen Menschen eingehen und wie sie sich verhalten, wenn diese Beziehungen gefährdet sind oder zerbrechen. Bowlby ist der Ansicht, daß die Begriffe Abhängigkeit und Unabhängigkeit durch die Begriffe Bindung, Vertrauen, Anlehnung und

Selbständigkeit ersetzt werden sollten. Er definiert Bindung als ein Element, das für das lebenslange gesunde Funktionieren eines Menschen notwendig ist, und weist darauf hin, daß das Bedürfnis von Erwachsenen nach dieser »sicheren Grundlage« in den Entwicklungstheorien übersehen oder mit Geringschätzung behandelt wird. Seine Erkenntnisse deuten darauf hin, daß »Menschen aller Altersstufen am glücklichsten sind und ihre Begabungen am besten entfalten können, wenn sie sich darauf verlassen können, daß eine oder mehrere Personen hinter ihnen stehen und ihnen zur Hilfe kommen, wenn irgendwelche Schwierigkeiten auftreten« (1979, S. 103). Verhaltensweisen wie Weinen, Rufen, Nachgehen, Festhalten oder Suchen sind Teil eines Repertoires von zwischenmenschlichen Reaktionen, die zur Entwicklung von affektiven Bindungen führen. Bindungen und das Vertrauen auf sie sollten nicht als Abhängigkeit verstanden werden, sondern als gesundes, normales menschliches Verhalten und als wertvolle Kraftquelle.

Bei Untersuchungen, wie Menschen auf vitalen Streß reagieren, haben Forscher festgestellt, daß Gestreßte immer dann am besten funktionieren, wenn sie zumindest eine enge Bindung an einen anderen Menschen haben.[17] Unsicherheit hinsichtlich der Verfügbarkeit und Verläßlichkeit von Unterstützung schafft hingegen, was Bowlby ein »ängstliches Bindungsverhalten« nennt; dieses äußert sich bei Erwachsenen wie bei Kindern in Anklammern, Trennungsangst und dem Wunsch nach Vergewisserung. Zudem beschreibt Bowlby eine vorhersehbare Sequenz von Protest, Verzweiflung und Distanzierungsverhalten als Reaktion auf die Bedrohung oder den tatsächlichen Verlust einer wichtigen Bindung. Diese Verhaltensweisen sind bei allen Menschen und in jedem Lebensalter zu beobachten.[18]

Angesichts solcher Forschungsergebnisse über die Bedeutung von Beziehungen für die psychische Gesundheit des Menschen und in Anbetracht der theoretischen Erkenntnisse über die lebenslange zentrale Rolle von Beziehungen stellt sich natürlich die Frage, warum der Begriff Abhängigkeit weiterhin einen so großen Einfluß auf Verständnis und Behandlung von Depressionen hat. Zwei Antworten bieten sich an. Erstens: dieses Wort verknüpft die Depression mit den ideologisch bedingten Geschlechtsstereotypen – daß Frauen unreif, schwach, hilflos und *abhängig* von ihren Beziehungen und daß Männer stark, selbständig und unabhängig seien.[19] Zweitens: der Begriff Abhängigkeit deckt eine Vielzahl von – ökonomischen, politischen, sozialen und psychologischen – Bedeutungen ab; aber so, wie er in den klinischen Arbeiten über Depressionen gebraucht wird, hat er nur eine Bedeutung: nämlich die psychologische. Gleichwohl sind alle anderen Bedeutungen unterschwellig ebenfalls präsent und geben dem Wort eine besondere Tragweite.

Der Ausdruck »Abhängigkeit« verstellt den Blick für äußere Situationen wie Armut, ökonomische Abhängigkeit, körperliche Krankheit, Feindseligkeit eines Partners und macht die Reaktion darauf statt dessen zu einem inneren Wesensmerkmal, das als unreifes Bedürfnis nach anderen Menschen interpretiert wird. Die Aufmerksamkeit wird so auf den Fehler oder das Entwicklungsdefizit des betreffenden Menschen gerichtet, und es erscheint überflüssig, die spezifischen kulturellen Bedingungen zu untersuchen, die hervorbringen, was als abhängige Position in einer Beziehung wahrgenommen wird. Teilweise aus diesem Grund konzentrieren sich die Theoretiker weiterhin auf die individuellen, innerpsychischen oder kognitiven Aspekte der Depression, obwohl sie seit langem erkannt haben, daß Depressionen im wesentlichen ein zwischenmenschliches Problem sind.

Die übliche dichotomische Entgegensetzung von Abhängigkeit einerseits und Unabhängigkeit, Stärke, Männlichkeit, Freiheit andererseits sowie die kulturell bedingte Abneigung der Männer, Verletzlichkeit zu zeigen, führen dazu, daß Abhängigkeit ein »natürliches« Merkmal von Frauen zu sein scheint. Und weil unsere Realitätswahrnehmungen nun einmal durch Begriffssysteme vorgeprägt werden, haben die mit dem Begriff Abhängigkeit verbundenen Bedeutungen die Herausbildung neuer Betrachtungsweisen behindert.

Würde ein Forscher oder Therapeut mit einer depressiven Frau wie Susan sprechen und hätte er dabei die traditionelle Vorstellung von Abhängigkeit im Kopf, dann könnte er ihren Fall ohne weiteres als Bestätigung der vorherrschenden Meinung ansehen, daß depressive Frauen von ihren Beziehungen »zu abhängig« seien und daß sie ihr Selbstwertgefühl aus anderen Quellen schöpfen müßten. Aber ein solches Urteil trägt wenig zu unserem Verständnis bei. Wenn wir depressiven Frauen zuhören, die über ihre Beziehungen sprechen, stellen wir nämlich fest, wie wichtig es ist, zwischen einer gesunden, reifen Interdependenz und einer lähmenden Beziehungsform zu unterscheiden. So wie der Begriff Abhängigkeit gemeinhin gebraucht wird, hindert er uns daran, diesen Unterschied wahrzunehmen; er bewertet die Tatsache, daß Beziehungen für Frauen einen großen Stellenwert haben, als Schwäche oder als pathologischen Befund. Die entscheidenden Fragen aber sind: Was bringt einen Menschen dazu, sein Selbst aufzugeben, um eine Beziehung mit einem anderen Menschen einzugehen, und diesem anderen Menschen die Macht zu geben, die eigene Identität und den eigenen Selbstwert zu definieren? Was liegt der Sehnsucht von Frauen nach einer engen Beziehung oder ihrem persönlichen Gefühl des Scheiterns zugrunde? In welcher Weise trägt die Form ihrer Beziehung, trägt die Qualität ihrer Bindung an einen anderen Menschen zu ihrer Depression bei?

Wir leben in einer Zeit, in der die Geschlechterrollen in Bewegung geraten sind und viele Frauen gerne jene Autonomie erlangen würden, die traditionell den Männern vorbehalten ist. Denn die Anforderungen einer Beziehung können zweifellos das Selbst auffressen und einem die Möglichkeit nehmen, kreativ zu sein, zielgerichtete Aktivitäten auszuüben und die eigenen Fähigkeiten zum Ausdruck zu bringen. Da Frauen durch die weibliche Rolle in die ökonomische Abhängigkeit gezwungen wurden, möchten sich heute viele Frauen von solchen Einschränkungen und Zwängen befreien und in die männliche Welt eintreten, die Freiheit und Macht zu bieten scheint. Mit den Worten von Catherine Keller: »Da alternative Modelle für menschliche

Reife fehlen, hat die von den Männern bevorzugte klare Abgrenzung gegen andere zweifellos eine starke Anziehungskraft« (1986, S. 132). Margaret Thatcher beschloß nach der Geburt ihrer Zwillinge: »Davon lasse ich mich nicht unterkriegen« und fing sofort ein Jura-Studium an.[20] Die vielen populären Bücher mit Titeln wie *Wenn Frauen zu sehr lieben* und *Süchtig nach Liebe* zeigen den tiefen Wunsch vieler Frauen, sich von den Fesseln der »Liebe« zu befreien und Männer nur noch wie ein »Dessert« zu »vernaschen«: als etwas Angenehmes, aber nichts Notwendiges. Was diesen Büchern – und dem Trend, für den sie stehen – fehlt, ist eine Vision von Beziehungen, die weder rigide Abgrenzung und Trennung implizieren, wie sie für das traditionelle männliche Modell typisch sind, noch jene für das traditionelle weibliche Modell typische nachgiebige Offenheit, Nicht-Abgrenzung und »Abhängigkeit«. Für Frauen, die darum ringen, ihren eigenen Standpunkt zu finden, gibt es weder eine Sprache noch Beschreibungen, die ihnen vermitteln, wie eine gesunde, reife Interdependenz in heterosexuellen Beziehungen aussieht.[21]

Wenn wir depressiven Frauen zuhören, erkennen wir die Notwendigkeit, neu über den Verlust nachzudenken, der gewöhnlich als Auslöser für eine Depression betrachtet wird. Die traditionellen Theorien stellen das Problem des depressiven Menschen als eine Unfähigkeit dar, den Partner nach einem realen oder eingebildeten Verlust loszulassen, als eine übermäßige Abhängigkeit der eigenen Selbstachtung von dem verlorenen Partner, als eine zu starke Fixierung auf eine Beziehung. Wenn wir jedoch den Standpunkt der depressiven Frauen einnehmen und uns anhören, was sie sagen, fragen wir uns bald, was eigentlich verlorengegangen ist: der Partner oder das Selbst. Wenn depressive Frauen über ihre Erfahrungen in unbefriedigenden Beziehungen sprechen, kommt am häufigsten der Ausdruck »Selbstverlust« vor. Etwa so: »Ich habe mich selbst in dieser Beziehung verloren.« »Ich habe das Gefühl dafür verloren, wer ich bin.« »Ich habe mich als Person aus dem Bild herausgenommen.« »Ich habe Angst, wieder eine Beziehung zu haben, weil ich mein Selbstwertgefühl verlieren werde.«

Weit davon entfernt, den Objekt-Verlust in einen Ich-Verlust zu verwandeln, deuten diese häufig von Frauen benutzten Formulierungen darauf hin, daß eine Verkümmerung des Selbst *innerhalb* einer unbefriedigenden Beziehung stattfindet.

So führen die verschiedenen Forschungsansätze auch zu dem unabweisbaren Schluß, daß die Depressionsanfälligkeit von Frauen nicht in ihrer »Abhängigkeit« von ihren Beziehungen oder in ihrer depressiven Reaktion auf einen Verlust begründet ist, sondern in dem, was ihnen in ihren Beziehungen widerfährt. Untersuchungen haben beispielsweise gezeigt, daß Beziehungskonflikte und Trennungen entscheidende Faktoren für den Ausbruch einer Depression bei Frauen sind. Sind also einerseits Beziehungsprobleme stark mit weiblichen Depressionen verbunden, so deuten andererseits weitere Forschungsergebnisse darauf hin, daß enge, tragfähige Beziehungen Frauen vor Depressionen schützen. Eine enge, vertrauensvolle Beziehung zu einem Partner schützt eine Frau auch unter sehr belastenden Bedingungen (wie Armut, schlechten Wohnverhältnissen, kleinen Kindern oder Krankheit) vor Depressionen.[22]

So offenbaren sich also in weiblichen Depressionen gestörte Bindungen, der Verschleiß des Beziehungsteppichs, in den die Erfahrungen des weiblichen Selbst hineinverwoben sind; sie erhellen schlaglichtartig die *Qualität der Beziehung, die eine Frau mit ihrem Partner hat.* In den meisten Berichten über Depressionen fehlen die Konflikte, die daraus entstehen, daß Intimität in einem Kontext der Ungleichheit erlebt wird. Wie wir in späteren Kapiteln sehen werden, machen Frauen ständig die Erfahrung, daß Bindungen zwischen Erwachsenen mit Fragen wie Herrschaft und Unterordnung verquickt sind. Jean Baker Miller stellt dazu fest:

> Die Frauen haben in der von Männern dominierten Gesellschaft eine spezifische Rolle gespielt, die sich von der aller anderen unterdrückten Gruppen unterscheidet. Sie sind mit den Männern durch intime, intensive Beziehungen verbunden gewesen und haben dabei das

Umfeld – die Familie – geschaffen, in dem die Psyche, so wie wir sie kennen, geformt wurde. Daher ist die Situation der Frauen ein entscheidender Schlüssel zum Verständnis des psychologischen Gesamtzusammenhangs. (1976, S. 1)

Was geschieht mit der Psychologie einer Frau, wenn die gesellschaftlichen Normen vorschreiben, daß die heterosexuelle Bindung, die sie als Erwachsene eingeht, eine Ungleichheit reproduziert, die sie bereits als Kind erlebt hat? Welches Selbstgefühl entwickelt sie, um sich dieser Position anzupassen, und auf welche Weise trägt diese Anpassung zu ihrer Depressionsanfälligkeit bei?

Wenn wir depressiven Frauen zuhören, ist eine Interpretation ihrer Berichte unausweichlich. So etwas wie echte Rohdaten gibt es auf diesem Gebiet nicht; selbst das Sammeln von Daten erfordert bereits einen Rahmen, mit dessen Hilfe die Realität verstanden und geordnet wird. Aber wir sind in einer schwierigen Situation, wenn die alten Theorien ausgedient haben oder in dem Verdacht stehen, gegenüber Frauen voreingenommen zu sein, und neue erst im Entstehen begriffen sind. Wir müssen daher besonders aufmerksam auf jene Einflüsse achten, die unser Zuhören und unsere Interpretation bestimmen. Andernfalls kann es passieren, daß wir die Fehler unserer Vorgänger wiederholen, die im Übersehen, Unterschätzen, Ausklammern, Projizieren und Abwerten bestanden, oder daß wir in neue Fehler verfallen, indem wir übertreiben, verzerren und überschätzen (Lauter und Rupprecht, 1985).

Während ich mich an neuen Theorien über die Psychologie der Frau orientiere, üben die depressiven Frauen selbst einen korrigierenden Einfluß aus, indem sie dort, wo es nötig ist, Begriffe verändern oder neu schaffen. Wenn wir uns gründlich damit auseinandersetzen, wie Frauen ihre Depression selbst erleben, können wir die Merkmale besser verstehen, die mit dem Frausein verbunden sind, und die Idealisierung und Verdinglichung dieser Merkmale verhindern, indem wir ihre historischen, gesellschaftlich bedingten Aspekte deutlich machen. Während beispielsweise die

Merkmale, die mit der weiblichen Entwicklung verbunden sind – Empathie, flexible Ich-Grenzen, Neigung zur Fürsorge – von den Feministinnen unter den Psychologen, welche den Schwerpunkt auf die Beziehungen eines Menschen legen, als Stärken bewertet werden, bringen dieselben Eigenschaften doch auch eine Verletzlichkeit mit sich, die viele Frauen erleben mußten, die unter einer Depression leiden. Carol Gilligan (1982), Jean Baker Miller (1976; 1986a) und Marcia Westkott (1986) haben gezeigt, wie verletzlich ein fürsorglicher Mensch in einer Kultur der Ungleichheit ist, aber die komplizierten Auswirkungen dieser Verletzlichkeit auf die einzelne Persönlichkeit und ihr Zusammenhang mit der Depression sind bisher nicht eingehend dargestellt worden. Die traditionelle gesellschaftliche Rolle der Frau, insbesondere der Preis, den Frauen zahlen, die sich um andere Menschen kümmern, ohne selbst Unterstützung zu erfahren (Belle, 1982a), ist zwar implizit als eine Ursache von Depressionen angenommen worden, aber wir wissen trotzdem nicht, wie sich die gesellschaftliche Rolle in den inneren Konflikten einer Frau oder in ihren Interaktionen mit ihrem Partner konkret manifestiert.

Depressive Frauen weisen uns den Weg

Da die traditionellen Theorien über Depressionen nicht angemessen berücksichtigen, daß das Selbstgefühl von Frauen stark durch Beziehungen bestimmt wird, und weil sie auch nicht der Frage nachgehen, wie sich die Geschlechtsnormen und die Ungleichheit zwischen den Geschlechtern auswirken, müssen wir uns auf die Suche begeben – auf die Suche nach einer besseren Einsicht in den Charakter der weiblichen Depression und nach neuen Begriffen, welche die emotionalen Realitäten von Frauen angemessen wiedergeben. Die Menschen, die uns bei dieser Suche am besten den Weg weisen können, sind die depressiven Frauen selbst, denn sie wissen ja, wodurch sie in die Depression hineingeraten sind und wie sie die Depression auch wieder überwinden können.

Im Bereich menschlicher Beziehungen gibt es keine »objektive Realität«, da es bei allem, was geschieht, prinzipiell mehrere Standpunkte gibt. Um zu verstehen, welchen Einfluß die innere und äußere Welt einer Frau auf deren Depression haben kann, müssen wir in Erfahrung bringen, wie sie selbst diese sieht und interpretiert. Was auf sie einwirkt, ist nicht eine klar wahrnehmbare, objektive Gegebenheit, sondern eine Erfahrung, so wie *sie* sie wahrnimmt. Um diese richtig zu erfassen, gibt es keine bessere Quelle als die Frau selbst.

In diesem Buch gehe ich von einem phänomenologisch-deskriptiven Ansatz aus, dem die Annahme zugrunde liegt, daß Frauen verläßliche Zeuginnen ihrer eigenen psychischen Erfahrungen sind. Dabei wendet sich die Annahme, daß depressive Frauen die besten Informationen über ihre Krankheit liefern können, gegen eine lange Tradition, die den distanzierten Beobachter, ob Forscher oder Therapeut, zu jener Instanz erhoben hat, die am besten geeignet sei, das Problem zu beschreiben. Klinische Psychologen und Forscher haben aus mindestens drei Gründen gezögert, sich auf die Berichte der depressiven Personen selbst zu stützen.

Erstens legt es die psychoanalytische Betonung des Unbewußten und der Abwehrstrategien des Ichs nahe, daß den Erklärungen, welche die Menschen für ihr eigenes Verhalten oder ihre Emotionen geben, nicht getraut werden kann. Dieser Standpunkt gilt noch stärker in der Psychopathologie. Die klinische Auffassung geht davon aus, daß die gestörte Person das schmerzliche, bedrohliche Material unterdrückt und ihren psychischen Zustand nicht zutreffend erklären kann; Verhalten und Emotionen der Person müssen von Experten erklärt werden. So werden andere Menschen zu notwendigen Interpreten der Erfahrung eines depressiven Menschen; diese Interpreten haben ein Monopol auf die Wahrnehmung dessen, was bei einer Depression abläuft.

Zweitens gilt die Depression als eine Krankheit, die einen Menschen dazu bringt, die negativen Aspekte seiner Erfahrungen zu übertreiben (Beck, 1967, 1976). Eine pessimistische Selbst- und Weltsicht ist eines der Symptome einer Depression, und man geht davon aus, daß diese kognitiven Verzerrungen dem Bild, das ein depressiver Mensch von der Realität zeichnet, eine negative Färbung geben.

Drittens hat der positivistische Ansatz in der empirischen Forschung mit der klinischen Betonung innerer Konflikte gemeinsam, daß er viele Forscher veranlaßt, eine »kontextfreie Betrachtungsweise« (Mishler, 1979) zu praktizieren und die Situation außer acht zu lassen, in der es zu einer Depression kommt. Dieser Auffassung zufolge erfordern die Versuche, die Ursachen einer Depression aufzudecken, eine objektive Beurteilung der äußeren Umstände bzw. eine unabhängige Verifizierung der Wahrheit des subjektiven Berichts, den die betroffene Person gibt. Diese Suche nach der »objektiven Wahrheit« sowie der Argwohn der klinischen Psychologen gegenüber dem Eigenbericht haben die Tendenz geschaffen, die Meinung zu mißachten, welche die depressive Person selbst von ihrer Krankheit hat.

Diese Vorbehalte gegen das, was depressive Frauen selbst zu sagen haben, sind durch neue Erkenntnisse über die Verläßlichkeit von Eigenberichten entkräftet worden. Mehrere Untersuchungen, in denen Berichte depressiver Frauen über äußere Ereignisse mit den Beschreibungen derselben Ereignisse durch außenstehende Beobachter verglichen wurden, weisen darauf hin, daß die Berichte der Frauen akkurater sind, als bisher angenommen wurde.[23] Mein Interesse für die Eigenberichte depressiver Frauen rührt allerdings weniger daher, daß sie die äußere Realität »richtig« beschreiben, sondern daß sie imstande sind, uns über zwischenmenschliche und subjektive Erfahrungen zu informieren. Sie sind am besten geeignet, uns ein klare Bild von dem Zusammenhang zwischen der weiblichen Persönlichkeit und der Kultur zu vermitteln.

So wollen wir also mit der Einstellung von Anthropologen, die sich Wissen über eine Kultur aneignen, depressive Frauen als Informantinnen aus der Sphäre der Frauen betrachten (Bernard, 1981), indem wir ihnen zutrauen, die

Belastungen zu lokalisieren und zu beschreiben, die sie anfällig für eine Depression machen. Dem »Ich« zuzuhören, dem subjektiven Erleben des Selbst und der Verbundenheit mit anderen nachzuspüren, ist ein notwendiger Schritt, um die Fäden der weiblichen Depression aus einem Theoriegeflecht herauszulösen, das vorwiegend aus den Denkstrukturen und psychologischen Präferenzen von Männern gewebt wurde. Die Erkenntnisse, die wir aus der epidemiologischen und biologischen Forschung gewinnen, können zwar auf Risikofaktoren verweisen, durch die Depressionen hervorgerufen werden, aber sie können nicht erklären, warum manche Frauen depressiv werden und andere nicht, wenn ähnliche soziale Situationen und Beziehungen vorliegen. Um zu wissen, wie eine Frau auf ihr Umfeld reagiert, müssen wir wissen, welche Bedeutung sie diesem Umfeld gibt – wie sie ihre Handlungen interpretiert und sich und ihren Wert in ihrer Kultur und ihren Beziehungen einschätzt. Wenn wir uns anhören, wie depressive Frauen über sich selbst nachdenken, und wenn wir sorgfältig darauf achten, wie sie sich ausdrücken und welche Themen von ihnen immer wieder angesprochen werden, dann können wir ihr Erleben sichtbar machen und es aus den traditionellen Interpretationsmustern herausschälen.

Die depressiven Frauen, die uns in diesem Buch den Weg weisen, nahmen an einer Reihe von Untersuchungen teil, die dem Wesen der weiblichen Depression gewidmet waren.[24] Mein erstes Ziel war es, ein wirklich offenes Ohr für die Berichte dieser Frauen zu haben, charakteristische Ausdrucksweisen und Diskursmuster herauszuhören. Zu diesem Zweck plante ich eine Langzeituntersuchung über zwölf klinisch depressive Frauen. Bevor die Frauen an dieser Untersuchung teilnahmen, waren von Ärzten und klinischen Psychologen bereits Depressionen bei ihnen diagnostiziert worden, und zwar gemäß den Kriterien des psychiatrischen Handbuches *DSM III* (1980) für Depressionen. Entsprechend der Bevölkerungsstruktur des ländlichen Gebietes, aus dem sie kamen, waren diese zwölf Frauen weiß. Ihr Alter lag zwischen 19 und 55 Jahren, ihr sozialökonomischer Status reichte von Armut (Sozialhilfe) bis Wohlstand.

Acht der Frauen hatten Kinder, und nur eine Frau war nicht verheiratet oder lebte nicht in einer heterosexuellen Beziehung, als das erste Gespräch stattfand. (Weitere Einzelheiten finden sich in Anhang A.) Ich sprach mit den Frauen, als sie akut depressiv waren, und interviewte sie ungefähr zwei Jahre später erneut, um festzustellen, welche Veränderungen in ihrer Depression eingetreten waren und was sich sozial, kognitiv und emotional verändert hatte.

Ich benutzte halbstrukturierte Intensivinterviews, um die Erfahrungen der Frauen zu ergründen, und versuchte, die Fragen so zu formulieren, daß sie keine Kategorien für die Antworten lieferten. Indem ich den Frauen gestattete, sich in ihren eigenen Worten auszudrücken, hörte ich, welche Konflikte und Sorgen sie hatten, und nahm ihre Beschreibungen als Grundlage für die Entwicklung von Konzepten.

Um die Erkenntnisse aus dieser Vorstudie in größeren Stichproben zu testen, entwarf ich die Selbstunterdrükkungs-Skala, um herauszufinden, wie Frauen die Entwicklung ihres Selbst in intimen Beziehungen einschätzen (siehe Anhang B). Bislang ist diese Skala bei drei sehr unterschiedlichen weiblichen Bevölkerungsgruppen angewandt worden – bei Studentinnen, Bewohnerinnen von Frauenhäusern und jungen Müttern, die während der Schwangerschaft Kokain genommen hatten.[25] Weitere Daten, auf die mich stütze, stammen aus Intensivinterviews mit fünf mißhandelten Frauen sowie aus schriftlichen Äußerungen, welche die Befragten zu einem Punkt des Fragebogens formuliert haben.

Die Befunde dieser Untersuchung können nicht dahingehend verallgemeinert werden, daß sie für alle depressiven Frauen gelten. Da die ersten Untersuchungspersonen weiß und heterosexuell waren, wissen wir nicht, wie sich die rassische Zugehörigkeit oder die sexuelle Präferenz in das Erleben und die Sprache der weiblichen Depression auswirkt. Die hier präsentierten Konzepte müssen auf unterschiedliche soziale, rassische und ethnische Gruppen angewandt werden, um uns eine Vorstellung von der Vielfalt des weiblichen Erlebens zu geben. Und doch müssen alle Frauen mit der Voreingenommenheit gegenüber ihrem Geschlecht, mit der alles durchdringenden Sexualisierung und der Abwertung des Weiblichen fertigwerden. Die in diesem Buch formulierten Konzepte berücksichtigen diese weibliche Grunderfahrung auch bei der Erforschung weiblicher Depressionen.

Wenn wir depressiven Frauen zuhören, stellen wir fest, daß die heute vorherrschenden kollektiven Vorstellungen über Weiblichkeit einen konstanten Hintergrund ihrer Äußerungen bilden. Die kulturellen Vorstellungen von der Frau sind verarmt und entwertet; sie haben keinen Bezug mehr zu tieferen, archetypischen Symbolen. Heute stehen Frauen vor der schier unlösbaren Aufgabe, die Glaswand unsichtbarer Barrieren zu durchbrechen, damit sie die gleichen Leistungen wie ein Mann vollbringen können, und gleichzeitig das eigene Selbst so zurechtzubiegen, daß es in den traditionellen gläsernen Schuh paßt, der eine glückliche Beziehung verheißt. Diese oberflächlichen Bilder existieren inmitten eines harten Alltagslebens, das für viele Frauen von Armut, Gewalt, verlorenen Bindungen an eine religiöse oder ethnische Gemeinschaft und steigenden Scheidungszahlen geprägt ist. Die kulturellen Mythen oder Bilder, die sagen, wie eine Frau zu sein hat, helfen ihr kaum, stark zu sein, in einer Beziehung sie selbst zu bleiben oder die Entwicklung ihrer eigenen Persönlichkeit mit intimer Nähe zu verbinden.

Um die Botschaft von depressiven Frauen zu verstehen, müssen wir ihr gesellschaftliches Umfeld berücksichtigen, zu dem die gelebte Realität ihrer untergeordneten Stellung und eine Kulturgeschichte gehören, welche die spezifischen Orientierungen von Frauen mit Geringschätzung behandelt hat. Dieses Umfeld hat einen ganz wesentlichen Einfluß auf die Sprache und die Begriffe, welche die Frauen benutzen, wenn sie über sich selbst nachdenken und sprechen. Obwohl Frauen und Männer die gleiche Sprache benutzen, um ihre Erfahrungen darzustellen, wollen sie mit dieser Sprache unterschiedliche Bedeutungen vermitteln (Brown und Gilligan, 1990a). Wir müssen gewissermaßen zweisprachig werden, um die spezifische Art und Weise zu verstehen, in der Frauen über ihr Leben sprechen. Wir müssen erkennen, daß Frauen negativ besetzte Worte – abhängig, passiv, unsicher, unreif – verwenden, wenn sie versuchen, Aspekte einer subjektiven Realität darzustellen, für die es bislang noch keine anderen Bezeichnungen gibt. Zweisprachig zu werden, bedeutet, die Bedeutungs- und Sprachmuster aus den negativ besetzten Worten herauszuhören und sie dann in weniger negative Begriffe zu übersetzen, die geeigneter sind, die Erfahrung widerzuspiegeln, welche die Frauen mitteilen möchten.

Abgestempelt als Wesen, die in ihre Abhängigkeit verstrickt sind und wie »Blutsauger« an Beziehungen kleben, beschreiben sich depressive Frauen als isoliert. Sie fürchten nicht den Verlust des Partners, sondern den Verlust ihres Selbst. Die klinische Literatur sagt, daß depressive Frauen ein Problem mit Trennung und Selbstachtung haben, weil sie von ihrer Beziehung abhängig sind; und Frauen beschreiben die Herstellung und Aufrechterhaltung einer engen Verbundenheit mit dem Partner als ihr Problem. Nach ihrer Darstellung ist ihre Depression nicht durch den Verlust einer Beziehung bedingt, sondern durch die Erkenntnis, daß sie sich selbst verloren haben, als sie versuchten, eine Intimität herzustellen, die sich dann doch als unerreichbar erwies. Bei den meisten depressiven Frauen rührt das Gefühl der Hoffnungslosigkeit und Hilflosigkeit daher, daß sie verzweifelt versuchen, ihre eigenen Bedürfnisse und Initiativen in ihre Beziehung einzubringen, und daß sie das Scheitern der Beziehung mit moralischem Versagen gleichsetzen. Da die Ursachen der Depression zwischenmenschlicher Natur sind, ist es sehr wichtig, sich eingehend damit zu beschäftigen, wie eine depressive Frau ihre engsten Bindungen sieht. Um das Aufgehen der Frau im »Wir« der heterosexuellen Beziehung zu begreifen, müssen wir untersuchen, welche Rolle Geschlecht, Persönlichkeit, gesellschaftliches Umfeld und die Besonderheiten der individuellen Erfahrung dabei spielen.

2. Kapitel

Der Verlust des Selbst

Ich wollte immer die Anerkennung meines Mannes. Und ich will sie immer noch, obwohl ich weiß, daß das nicht alles ist, wonach man streben sollte. Ich weiß, daß ein Teil des Problems der Mangel an Kommunikation war, daß ich meine wirklichen Gefühle nicht geäußert habe. Ich wollte einfach manche Dinge tun und nicht das tun, was er von mir verlangte, aber ich habe ihm nicht gesagt, warum ich es nicht tun wollte. Schließlich hatte ich das Gefühl, daß ich mich selbst in meiner Ehe verloren hatte; ich weiß nicht einmal mehr, was ich wirklich empfinde.

Wenn Frauen das beherrschende Gefühl beschreiben, das die Depression bei ihnen hervorruft, benutzen sie am häufigsten die Metapher »Verlust des Selbst«, um ihre innere Erfahrung zu schildern. Eine Metapher – die Verwendung eines Wortes oder eines Ausdrucks in einem neuen Sinn – wird benutzt, um eine Lücke im bestehenden Vokabular zu füllen. Viel ist über die Schwierigkeiten geschrieben worden, auf die Frauen stoßen, wenn sie mit einer männlichen Sprache kämpfen, die nicht das ausdrückt, was sie sagen wollen (Heilbrun, 1988), aber diese Sprache ist alles, was wir haben. Die Frauen müssen sich ihrer bedienen, um die Geschichte ihrer Depression, ihren Schmerz und ihren Verlust mitzuteilen. Wenn wir sorgfältig auf die Metaphern achten, die depressive Frauen benutzen, können wir uns von den eingeführten Begriffen lösen und erfahren, wie sie selbst ihren Leidensweg sehen.

Da man sich zum Beispiel im wörtlichen Sinne nicht selbst verlieren kann, fragt sich, welchen Zweck dieser

Ausdruck für die Frauen erfüllt, die ihn benutzen. Was sagt er uns über die innere Welt einer Frau und ihre zwischenmenschlichen Beziehungen? Ist der von ihr geschilderte Verlust des Selbst vorübergehend oder endgültig? Wenn wir nicht auf die psychologischen Theorien hören, die uns sagen, was wir zu denken haben, sondern auf die depressiven Frauen selbst, was können wir dann über das Selbst lernen, das bis zu einem Punkt unterdrückt, ausgeschlossen oder geschwächt wird, so daß eine Frau schließlich seinen Verlust beklagt?

Mit Ausnahme der Metapher »Verlust des Selbst« beziehen sich die von depressiven Frauen häufig gebrauchten Metaphern ausdrücklich darauf, wie sie sich selbst in einer intimen Beziehung erlebt haben. Sogar der Verlust des Selbst, der sich oft wie ein roter Faden durch die Erzählungen von Frauen zieht, impliziert eine Beziehung, in der dieser Verlust stattfindet. In Anbetracht der Forschungsergebnisse über das stark an Beziehungen gebundene Selbstgefühl von Frauen sollte es uns nicht überraschen, daß diese auf den zwischenmenschlichen Bereich bezogenen Metaphern eine große Bedeutung haben, wenn Frauen ihre Depressionen beschreiben. Man erwartet geradezu, daß Frauen Ausdrücke erfinden oder bestimmte Worte benutzen, um eine subjektive Realität auszudrücken, die sich von dem autonomen, individualistischen »Ich«, dem Selbst der westlichen Psychologie, unterscheidet. Daß depressive Frauen diese Metaphern verwenden, schärft nicht nur unsere Aufmerksamkeit für die Konturen ihres subjektiven Erlebnishorizonts, sondern zwingt uns auch zu untersuchen, wie die Depressionsanfälligkeit von Frauen durch gewisse geschlechtliche Rollenzuweisungen hervorgerufen wird, welche die Art und Weise strukturieren, wie sie ihr Selbst und ihre engen Bindungen erleben.

Der Verlust der Stimme

Depressive Frauen benutzen den Ausdruck »Verlust des Selbst«, wenn sie ihre Erfahrungen in einer Ehe oder einer intimen Beziehung mit einem Mann beschreiben. Dabei ist verblüffend, wie sehr sich die Sprache der Frauen ähnelt, ungeachtet dessen, wie alt sie sind oder welchen Bildungsstand sie haben.

Seit drei Jahren dreht sich bei mir alles darum, diese Ehe zusammenzuhalten und für meine Kinder, die noch klein sind, eine Mutter zu sein... Ich hatte das Gefühl, ich kann sagen, daß ich mich in den Jahren meiner Ehe verloren habe. Aber es war nicht wirklich so, denn sonst hätte ich nicht so schnell den Absprung geschafft. Ich denke, daß ich ziemlich tief unten war, aber ich hatte immer noch die Bindungen und Wurzeln, die es mir möglich gemacht haben, nicht zu verkümmern und einzugehen, sondern schließlich da 'rauszuwachsen. Ich möchte nicht noch einmal eine Beziehung, in der ich mich selbst so verlieren würde... Ich glaube, daß das meine größte Angst ist, daß ich wieder in dieses Muster zurückfalle, daß ich versuche, so zu sein, wie der andere mich haben will, anstatt so zu sein, wie ich bin.
(Linda, 39 Jahre alt, Magister-Abschluß, nach fünfzehnjähriger Ehe getrennt)

Ich war so verzweifelt und deprimiert über die Situation, in die wir geraten waren [Mangel an Intimität und Kommunikation], und ich dachte, so wie die Dinge liegen, scheine ich überhaupt nicht mehr zu zählen. Und ich dachte, es reicht mir einfach. Als ich in der Scheune war, hatte ich die meiste Zeit zum Nachdenken, wie es schien. Es waren vielleicht vier Stunden, morgens und abends, Melken und dieser ganze Kram, und ich dachte, du liebe Zeit, ich werde nicht noch 30 Jahre so verbringen. Könnte ein Selbstmord schlimmer sein, als noch dreißig Jahre in dieser leeren Ehe auszuhalten? Jeden Tag starb ich innerlich etwas mehr ab, jedes andere Gefühl oder der Bruchteil eines Gefühls war wie eingefroren. Ich habe ständig etwas von mir selbst verloren. Ich versuchte, alles zu vertuschen, und darum

war John so schockiert, als ich ihn verlassen habe, als ich ihn endlich verlassen habe.
(Therese, 32 Jahre alt, High-School-Abschluß, nach zehnjähriger Ehe getrennt, keine Kinder)

Und ich weiß, daß ich in den sieben Jahren unserer Ehe viel von mir selbst verloren habe. Wenn man so viel Energie aufbringt, und wenn es körperlich, emotional und geistig so an einem zehrt, kleine Kinder zu haben, und Mutter, Ehefrau und Hausfrau zu sein, und wenn man es immer mit anderen Müttern zu tun hat... Man neigt dazu, die eigenen Ziele und Leistungen und die eigenen Talente und das eigene Selbst irgendwie aufzugeben. Das klingt vielleicht sehr klischeehaft, aber ich habe das Gefühl, daß ich in den sieben Jahren meiner Ehe viel von dem verloren habe, was mir etwas Selbstvertrauen gegeben hat.
(Susan, 30 Jahre alt, College-Abschluß, seit sieben Jahren verheiratet, zwei Kinder)

In diesen Beispielen ist »Verlust des Selbst« zu einer verbalen Kurzformel geworden, die dem Zuhörer eine Reihe von Dingen vermittelt. Erstens: So wie die Frauen es darstellen, fällt der Verlust des Selbst mit dem Verlust der Stimme, der Artikulationsfähigkeit, in der Beziehung zusammen.[1] Die Stimme ist ein Indikator für das Selbst. Das Ausdrücken der eigenen Gefühle und Gedanken ist Teil der Herausbildung, Erhaltung und Weiterentwicklung eines authentischen Selbst. Da sich diese Frauen nicht mehr mit ihrem Partner sprechen hören, sind sie unfähig, die Überzeugungen und Gefühle des »Ichs« aufrechtzuerhalten, und zweifeln statt dessen an der Legitimität ihres Erlebens, das sie für sich behalten. Da Therese zum Beispiel befürchtet, daß die Äußerung negativer Gefühle zu einer Katastrophe führen könnte, »friert« sie ihre Gefühle »ein«. Sie legt ihr verstummtes fühlendes Selbst auf Eis, wo es auf unbestimmte Zeit konserviert wird, während das pflichtbewußte »gute Selbst« die Interaktionen mit ihrem Ehemann steuert. Je größer die Kluft zwischen der äußeren Darstellung des

Selbst und dem inneren Erleben ist, desto wahrscheinlicher ist es, daß eine Frau wegen ihres Selbstverrats und ihres Sich-Versteckens Angst und Verzweiflung empfindet. Da ein vitaler Teil ihrer selbst vom Dialog ausgeschlossen ist, rückt die Erfüllung ihrer zwischenmenschlichen Wünsche – Liebe, Anerkennung, Intimität – gleichzeitig in noch größere Ferne.

Zweitens: Wir stellen fest, daß Frauen »sich selbst verlieren«, wenn sie versuchen, einem Bild zu entsprechen, das sich jemand anders von ihnen macht – der Ehemann, die Kinder, die Kultur. Dadurch, daß sie »versuchen, so zu sein, wie der andere mich haben will, anstatt so zu sein, wie ich bin«, um Lindas Worte zu gebrauchen, lösen Frauen ihre eigenen Konturen auf, um sich ein Selbst zuzulegen, das für den Intimpartner akzeptabel ist. Zwar hat jeder von uns mit Sicherheit viele mögliche Formen des Selbst, die uns Interaktionen in unterschiedlichen gesellschaftlichen Situationen ermöglichen und die für unseren Selbstschutz notwendig sind. Aber die Art und Weise, wie das Selbst in die intime Interaktion eingebracht wird, ist, wie die Forschung zeigt, für die Selbstachtung der Frauen und für ihre Anfälligkeit oder Resistenz gegenüber Depressionen äußerst wichtig. Wird das Selbst im Bereich intimer Beziehungen zurechtstilisiert – das heißt, wird es so zurechtgebogen, daß es den Vorstellungen eines anderen Menschen entspricht –, dann verringert sich die Möglichkeit einer authentischen Beziehung, während die Wahrscheinlichkeit wächst, daß die Suche nach Intimität den Verlust der Stimme und des Selbst mit sich bringt.

Drittens: In ihren Erzählungen weisen die Frauen darauf hin, daß sie nicht nur deshalb schweigen, weil sie Konflikte vermeiden wollen, sondern auch, weil sie Angst haben, sie könnten sich irren. Über den Umgang mit ihrem Mann sagt Cathy: »Ich hatte eine Menge Fragen an ihn; ich wollte wissen, warum er immer seinen Willen durchsetzt. Aber das war mein Standpunkt, und ich hatte das Gefühl, er könnte falsch sein.« Dieses weitverbreitete Gefühl, daß man gegenüber dem männlichen Partner eine »falsche« Meinung haben könnte, entspringt der gesellschaftlichen

Stellung der Frau und nicht ihrer individuellen Psyche. In einem sehr realen Sinn wendet sich eine Frau gegen die männlich dominierte Kultur – physisch, ökonomisch, moralisch und geistig –, wenn sie fragt, warum ihr Partner »immer seinen Willen durchsetzt«. Denn allein schon dadurch, daß er ein Mann ist, hat der Ehemann oder Partner die geballte Kraft der westlichen Kultur hinter sich, eine Kraft, welche die Männer stets gerechtfertigt und erhöht hat, während sie die Frauen entsprechend geringgeschätzt und abgewertet hat.

Zu der Bereitschaft, eine Auseinandersetzung zu riskieren und die vorhandenen Unterschiede auszuloten, gehört es, daß man von der Legitimität des eigenen Standpunktes überzeugt ist. Auch andere Wissenschaftler, die sich eingehend mit Erfahrungsberichten von Frauen beschäftigt haben, beschreiben, wie Frauen kulturell darauf getrimmt werden, ihre eigene Betrachtungsweise und Werteskala aufzugeben, um die vorherrschende männliche Perspektive anzunehmen. Mary Belenky und ihre Kollegen (1986) belegen, daß Frauen durch die Inhalte und Strukturen des Bildungssystems ihren eigenen »Erkenntnisformen« entfremdet werden. Carol Gilligan (1988) zeigt auf, wie heranwachsende Mädchen das Vertrauen in die eigene Wahrnehmung verlieren, wenn sie feststellen, daß ihr Geschlecht und ihre Sichtweise in jenen Texten nicht vertreten sind, welche die menschliche Erfahrung angeblich in allgemeingültiger Weise darstellen. Die sozialpsychologische Forschung zeigt, daß die Meinungen von Frauen nach wie vor weniger zählen als die von Männern: Männer sprechen oft mehr, während Frauen zuhören; und die geistigen Produkte von Frauen werden geringschätziger behandelt.[2] Durch die Anpassung an die kulturellen Normen und Gepflogenheiten übernehmen Frauen die männliche Praxis, die Feminität selbst herabzusetzen – ihr Wissen, ihre Sichtweise, ihre Werte.

Hören wir zum Beispiel, was Alison zu sagen hat. Sie ist 35 Jahre alt, seit 13 Jahren verheiratet, hat zwei Kinder und arbeitet in der Verwaltung eines großen Unternehmens in Boston:

Eine Freundin von mir sagte: »Menschenskind, Alison, als du frisch verheiratet warst, hast du diese Dinnerparties gegeben, und alles war perfekt. Und du hast dagesessen, gelächelt und allem zugehört, was Steve sagte, egal, wie langweilig oder öde es war. Und du hast dir auch von allen anderen alles angehört, und dann hast du dich zurückgezogen, das ganze Geschirr gespült, alles saubergemacht, und alles war perfekt. Dann gingen alle nach Hause, und du hast die ganze Zeit gelächelt.«

Und neulich sagte sie: »Weißt du, als ich früher zu euch nach Hause gekommen bin, hast du mit den Leuten geredet und bist aus dir herausgegangen.« Und ich glaube, daß ich das selbst gemerkt habe. Meine mitteilsame Seite war mir irgendwo abhanden gekommen. Weil ich nicht wußte, was ich zu sagen und zu denken hatte. Als ich Steve heiratete, war ich 21 und er 36, und ich dachte, daß er alle die Dinge wußte, von denen ich keine Ahnung hatte... Er wußte, wie man denken muß, und alles, was er dachte, hätte man so auch lesen können. Er reiste viel und hatte viel gesehen und war weltgewandter und gebildeter und hatte mehr drauf... So spielte ich diese kleine Rolle der Matrone aus Boston und ging ins Konzert, machte alle diese Dinge und bewirtete die Leute, war eine liebevolle Frau und eine liebende Mutter und immer eine gute Gastgeberin.

Wenn es um eine so einfache und doch wichtige Sache geht wie darum, in einer Beziehung die eigene Sichtweise zu behalten und zu artikulieren, kommt es häufig vor, daß eine Frau zögert: Ist das legitim? Irre ich mich? Was steht auf dem Spiel? Ist es das wert? Verstärkt wird dieses Zögern durch den Ausschluß der Frauen von der gesellschaftlichen und wirtschaftlichen Macht, durch das Wissen, daß eine Scheidung für viele Frauen den direkten Weg in die Armut bedeutet. Obwohl dieses Wissen vielleicht nur unterschwellig da ist, fördert eine solche gesellschaftliche Realität eine bestimmte psychische Haltung sich selbst gegenüber: »Sie sind einem Konsens oder einem Urteil unterworfen, das von den Männern gebildet und durchgesetzt wird, von deren Schutz und Unterstützung sie abhängig sind und deren Namen sie tragen« (Gilligan, 1982, S. 67). Wenn eine Frau eine solche Haltung angenommen hat, wird es schwer für sie, ihren eigenen Standpunkt geltend zu machen, da sie die möglichen Konsequenzen fürchtet.

Obwohl es einerseits zu einfach ist, kulturelle Werte direkt in individuelles Bewußtsein zu übersetzen, ist es andererseits aber auch nicht angemessen, den familiären Hintergrund einer Frau als die Hauptursache dafür anzusehen, daß es ihr schwerfällt, in einer Beziehung ihre Meinung zu vertreten. Auch der Familienhintergrund und die persönliche Geschichte werden nämlich stark durch die kulturellen Muster der Vorrechte des Mannes geprägt. Wenn diese kulturellen Muster der Überlegenheit des Mannes und der Unterlegenheit der Frau durch die Eltern verstärkt werden, die dem Kind gegenüber die Kultur repräsentieren, sind sie schwer zu durchbrechen, wenn eine Frau als Erwachsene versucht, Beziehungen zu Männern herzustellen und aufrechtzuerhalten. Selbst wenn eine Frau ein enges Verhältnis zu ihrem Partner hat, hat sie bei Differenzen in wichtigen Fragen schnell das Gefühl, daß »mein Standpunkt... vielleicht falsch gewesen ist«.

Die Furcht, im Unrecht zu sein, und der Verlust der Stimme kommen auch häufig vor, wenn ein Mann Gewalt anwendet, um sein »Vorrecht« durchzusetzen. Meine Untersuchungen über 140 depressive Frauen in Frauenhäusern (Jack und Dill, 1992) haben ergeben, daß Depressionen immer dann auftreten, wenn eine Frau durch einen gewalttätigen Partner zum Schweigen gebracht wird. Sue, 47 Jahre alt, drei Kinder, kam in das Frauenhaus, um einer seit fünf Jahren andauernden Beziehung zu einem Mann zu entrinnen, bei dem es gefährlich war, überhaupt etwas zu sagen.

> Es ist so schleichend und so stückweise gekommen, daß in dem Moment, als ich es merkte, der Teil von mir, der total wütend sein sollte, nicht einmal mehr da war... Erst versuchte er immer, mich herunterzu-

machen. Er sagte zum Beispiel: »Du quengelst wieder, warum quengelst du immer wie ein kleines Kind« und »Keine Frau sagt mir, was ich zu tun habe. Keine gottverdammte Frau sagt mir, was ich zu tun habe und kontrolliert mein Leben« und »Ich werde das tun, was mir paßt. Du bringst mich noch so weit, daß ich dich verdresche. Du willst wohl, daß ich dich windelweich schlage.« Bei solchen Reaktionen steckt man zurück. Und nach einer gewissen Zeit, vielleicht nach zwei oder drei Jahren, hat man sich daran gewöhnt, gar nichts mehr zu sagen. Und irgendwann glaubt man, daß das Leben nun mal so ist. Nicht im Kopf, da glaubt man es nicht. Aber irgendein Teil von einem glaubt, daß es einem recht geschieht.

Beraterinnen in Frauenhäusern bestätigen die Forschungsergebnisse, die besagen, daß mißhandelte Frauen den Ausdruck »Verlust des Selbst« benutzen und ihn mit dem Verlust der Stimme in einer Beziehung, mit dem Verlust der Selbstachtung und mit unterdrückter Wut verbinden.

Aus den Erzählungen der Frauen geht hervor, daß der Dialog mit einem intimen Partner, der interaktive Prozeß von Sprechen und Angesprochenwerden, Hören und Angehörtwerden entscheidend für das Erleben von Verbundenheit und für die Lebendigkeit des eigenen Selbst ist. Wenn der Dialog stirbt, was geschehen kann, wenn eine Person aufhört, zu sprechen, zuzuhören oder den anderen anzuerkennen, stirbt auch ein Teil des Selbst. Depressive Frauen in und außerhalb von gewalttätigen Beziehungen berichten, wie ihre Versuche, ihre Stimme (ihr Selbst) in die Beziehung einzubringen, auf die Macht ihres Partners stoßen, dies zu verhindern, und daß bei ihnen das Gefühl entsteht, daß zu große Hartnäckigkeit entweder zu noch größerer Isolation oder zu Gewalt führt. Susan sagt:

Wenn ich nicht klein beigebe und aus dem Zimmer gehe oder wenn ich ihm nicht das letzte Wort lasse oder ihn einfach nicht mehr beachte, wird er ärgerlich. Und wenn ich nicht locker lasse, wird er wahnsinnig ärgerlich und kriegt einen Wutanfall – und wird gewalttätig. Bis jetzt hat er mich sozusagen noch nicht richtig verprügelt; also er hat noch nicht mehrmals hintereinander auf mich eingeschlagen. Aber hat mich verfolgt, mich gegen die Wand geschmissen und seine Hände um meinen Hals gelegt, als wollte er mich erwürgen, bis ich fast in Ohnmacht fiel. Ich habe Angst vor ihm. Ich habe Angst vor ihm. Und darum habe ich meine Meinung lieber für mich behalten oder ich hatte das Gefühl, ich sollte mich aus allem heraushalten, keine Fragen stellen oder Vorschläge machen – mit anderen Worten, ich muß meinen Mann wie ein rohes Ei behandeln, in fast jeder Hinsicht, ob es die Kinder sind, unsere persönliche Beziehung oder sein Geschäft.

Während Susan ihre Gefühlsäußerungen aus Angst vor der Aggressivität ihres Partner kontrolliert, berichten andere depressive Frauen von einer ebenso wirksamen Selbstzensur, weil sie fürchten, sie könnten ihre Beziehung durch die Unzufriedenheit ihres Partner verlieren. Diese ständige Kontrolle der Gefühle, diese Selbstzensur, dieser Mangel an Bestätigung in einer Beziehung, die Intimität und Identität verspricht, führt teilweise zu dem existentiellen Gefühl, sein Selbst verloren zu haben, und zur Depression.

Die Beziehungsformen

Wenden wir uns noch einmal den Metaphern zu, die Frauen verwenden, wenn sie über ihre Beziehungen sprechen, und hören wir uns an, welche Themen sie noch ansprechen, um darzustellen, wie sich ihre Beziehung zu ihrem Partner gestaltet und wie sie sich in dieser Beziehung selbst verlieren. Wenn drei klinisch depressive Frauen schildern, nach welchen Maßstäben sie ihr Verhalten in der Ehe ausrichten, ordnen sie sich selbst in eine Bedeutungshierarchie ein:

Was die Prioritäten betrifft, so würde ich sagen, daß zuerst mein Mann kommt, nun ja, meine Wohnung und

mein Mann und dann ich. Ich habe viel darüber nachgedacht – Sie haben mich letztes Mal gefragt, was gut für mich ist, und vielleicht mache ich mir das nicht genügend klar. Denn, wissen Sie, das nenne ich egoistisch.
(Diana, 30 Jahre alt,
schwanger mit ihrem zweiten Kind)

Bei mir kommen erst alle anderen... Ich hatte alle Hände voll zu tun, die Kinder großzuziehen und mich um meinen Mann zu kümmern, und ich denke, daß ich mich dabei einfach zurückgestellt habe.
(Anna, 55 Jahre alt,
36 Jahre verheiratet, zwei erwachsene Kinder)

Ich habe versucht, mich an alles anzupassen, was er mir vorgab. Sein Hobby war Bergsteigen, ich mochte es nicht, aber ich paßte mich an. Er aß gerne gut. Und ich... ich habe einfach versucht, es ihm recht zu machen, so gut ich konnte.
(Betty, 32 Jahre alt,
14 Jahre verheiratet, zwei Kinder)

Diese Frauen machen den Ehemann zum Mittelpunkt ihres Lebens, sehen in ihm den Akteur, den »Helden«, während sie den unterstützenden Part übernehmen und ein Selbst erfinden, das zu den Eigenheiten des Mannes paßt. Sie nehmen sich selbst zurück – »ich habe mich einfach zurückgestellt« –, um ihren Partner so zu lieben, wie es die herrschende Kultur vorschreibt. In ihren Erzählungen scheinen die Mythen von Frauen auf, die warten, die sich für den Ritter in schimmernder Rüstung bereithalten, die gerettet werden, die gewählt werden, während die Männer in die Welt hinausgehen, um durch nach außen gerichtetes Handeln Identität, Abenteuer, Romantik und Männlichkeit zu finden. Wie die am Webstuhl sitzende Penelope nehmen diese Frauen jeden Tag aufs neue ohne Murren die eintönigen Alltagsaufgaben eines Lebens auf sich, das um die Heldentaten eines anderen Menschen zentriert ist.[3]

Wenn depressive Frauen genauer beschreiben, wie sie sich um ihre Männer kümmern, hören wir wieder die Abwesenheit des Selbst, eines aktiven, selbständig handelnden »Ichs« heraus; statt dessen gibt es nur Reaktionen auf den Ehemann oder Partner. In ihrer Beziehung kommt es darauf an, dem Mann zu gefallen und für sein Wohlbefinden zu sorgen, und sei es auch auf Kosten der eigenen Identität.

Man macht es ihnen recht, man kümmert sich um sie, man liebt sie, man tut alles, um sie glücklich zu machen. Ich glaube, ich denke eigentlich nie an mich selbst, ich nehme mich aus dem Bild heraus und stelle mich auf die Bedürfnisse anderer ein.
(Anna)

Ich habe viele Bücher gelesen, die sich mit der Ehe beschäftigen und damit, wie man seinen Mann zufriedenstellt, und ich dachte, ich sollte es versuchen. Ich habe immer sehr darauf geachtet, sein Ego nicht zu verletzen, sondern zu schonen, und ich habe immer versucht, seine Wünsche zu erfüllen.
(Cathy, 36 Jahre alt,
17 Jahre verheiratet, zwei Kinder)

Meine Grundregel war immer, es meinem Mann recht zu machen – oder, um es andersherum auszudrücken: eine gute Ehefrau zu sein, das heißt, eine Frau zu sein, die von ihrem Mann geliebt wird. »Sie ist meine bessere Hälfte, sie kocht toll, sie hält das Haus in Ordnung und hat einen 50-Stunden-Job, und wir haben 39 Kinder, ja, sie ist einfach große Klasse.« Ich dachte, das würde dann die Runde machen. Er würde anderen Leuten erzählen, was für eine Perle ich bin, und die würden es dann wieder anderen erzählen.
[Jan, 24 Jahre alt, ein Jahr verheiratet, keine Kinder)

Diese Frauen versuchen, ihre Ziele zu erreichen – ihren Ehemann zufriedenzustellen und dadurch die Bindung aufrechtzuerhalten –, indem sie die traditionelle Rolle der

»guten Ehefrau« spielen. Da sie ihr Wirken aus der Perspektive anderer Menschen sehen (für andere da sein, andere versorgen, es anderen recht machen), gehen sie mehr auf die Wünsche und Forderungen anderer Menschen als auf ihre eigenen Gefühle und Bedürfnisse ein. Wenn dies in einem Kontext geschieht, der nicht durch Gegenseitigkeit geprägt ist, erleben sie den Verlust ihres Selbst – sie fühlen sich allein gelassen, ungeborgen und selbstentfremdet.

Unterordnung in der Beziehung

Der symbolische Akt der Eheschließung bringt die Verheißung von Intimität und einer neuen Familie mit sich. Das Eingehen einer festen Beziehung, besonders in einer Ehe, weckt bei einer Frau den tiefen Wunsch, die Beziehung zu pflegen und zu verbessern, und alles zu tun, damit sie sich weiterentwickelt. Die Ehe aktiviert auch die Ideale und Vorstellungen von Intimität, die der Frau frühzeitig in der Familie vermittelt wurden. Stephen Mitchell, der die Bedeutung des Wortes »Intimität« untersucht hat, bemerkt, daß »die Sprache ein Gefühl der Unterlegenheit ausdrückt – einen Abstand oder eine Kluft zwischen sich selbst und dem anderen, die man überbrücken möchte« (1988, S. 105).

Die Überbrückung dieser Kluft oder dieses Abstands mit dem Ziel, ein intimes Verhältnis zu einem anderen Menschen herzustellen, ist ein sehr komplizierter und vielschichtiger Vorgang. Jedes Geschlecht erlernt gewisse Verhaltensweisen – sprachliche, nicht-sprachliche, sexuelle –, die geeignet sind, die Distanz zum anderen aufzuheben.[4] Wenn depressive Frauen über ihre Beziehungen sprechen, erfahren wir, daß es ein Verhaltensmuster gibt, mit dem sie versuchen, Distanz zu überwinden, um ein intimes Verhältnis zu ihrem Partner herzustellen; dieses – kulturell vorgeschriebene – Muster schadet den Frauen und schränkt die Möglichkeit von Intimität geradezu ein, denn es besteht darin, *Nähe durch Unterordnung* herzustellen.

Unterordnung in der Beziehung ergibt sich aus inneren und äußeren Faktoren. John Bowlby beschreibt, wie das sichere Gefühl, daß man sich jederzeit auf eine enge Bindung verlassen kann, Selbstvertrauen, Selbständigkeit, innere Freiheit und Neugierde fördert, während das Fehlen dieser Sicherheit ein ängstliches Anklammerungsverhalten hervorruft. Bei Erwachsenen schaffen enge Beziehungen, die durch ein hohes Maß an gegenseitiger Zuneigung, Kommunikation, Bestätigung, Unterstützung und Verläßlichkeit gekennzeichnet sind, bei beiden Partnern Gefühle der emotionalen Sicherheit und der Zufriedenheit mit der Beziehung. Diese Qualitäten einer Beziehung »sind sehr wahrscheinlich mit persönlichen Eigenschaften wie Vertrauen, Offenheit und einer gesunden Selbständigkeit verbunden, so daß man gleichzeitig unabhängig und miteinander verbunden bleibt« (Kotler, 1985, S. 305).

Eine Nähe, die auf Unterordnung beruht und die durch eine Einschränkung der Eigeninitiative und der eigenen freien Ausdrucksmöglichkeiten gekennzeichnet ist, gleicht einem ängstlichen Anklammerungsverhalten und rührt von der tiefsitzenden Angst her, der geliebte Mensch könnte nicht für einen da sein, wenn man nicht ständig um ihn herum ist und versucht, ihn zufriedenzustellen. Dazu sagt Bowlby:

> Von den vielen angstauslösenden Situationen, die sich Kinder oder alte Menschen vorstellen können, ist keine so erschreckend wie die Möglichkeit, daß eine Bezugsperson abwesend ist oder, allgemeiner ausgedrückt, nicht da ist, wenn sie gebraucht wird. Eine Bezugsperson muß nicht nur erreichbar sein, sie muß auch bereit sein, in der richtigen Weise zu reagieren... Nur wenn eine Bezugsperson sowohl erreichbar ist als auch potentiell positiv reagiert, kann man sagen, daß sie wirklich da ist. (1973, S. 201–202)

Das kulturelle Muster der größeren Unzugänglichkeit und Distanziertheit des Mannes löst bei Frauen Angst um die Verläßlichkeit und Sicherheit ihrer Bindung aus. Wie eine Versicherungspolice, die Schutz vor einem möglichen Verlust bieten soll, ist die Unterordnung in einer Beziehung für Frauen eine Möglichkeit, sicherzustellen, daß ihr Partner »erreichbar ist und potentiell positiv reagiert«, wenn sie ihn brauchen.

Von diesen Faktoren abgesehen, haben Frauen als Gruppe auch aufgrund ihrer untergeordneten gesellschaftlichen Stellung weniger Sicherheit hinsichtlich der Stabilität ihrer Bindung. Obwohl die gesellschaftlichen Regeln in den letzten Jahren lockerer geworden sind, müssen Frauen immer noch einen Mann »anziehen und halten«. Männer haben gewöhnlich eine größere, wirtschaftlich bedingte Bewegungsfreiheit und das Vorrecht, sich eine jüngere Partnerin zu suchen, wenn sie in die mittleren Jahre kommen. Männer können immer noch mit mehr gesellschaftlicher Unterstützung rechnen, wenn sie häufig wechselnde Beziehungen haben; etwas Vergleichbares wie das Syndrom der »beschädigten Ware« gibt es für sie nicht. Daß Frauen für ihr Aussehen so viel Zeit und Energie aufwenden, von der Kleidung bis zur kosmetischen Chirurgie, zeigt, welche Bedeutung ihr Aussehen ihrer Ansicht nach für Beziehungen hat. Man geht wohl nicht fehl in der Annahme, daß diese übergreifende gesellschaftliche Realität zu dem diffusen Unsicherheitsgefühl in einer Beziehung beiträgt, und daß Frauen ihr Heil in der Unterordnung und in anderen absichernden Verhaltensweisen suchen, weil sie hoffen, so die Bindung aufrechterhalten zu können.

Die ungleiche Machtverteilung in heterosexuellen Beziehungen fördert ebenfalls die Tendenz von Frauen, sich unterzuordnen, um sich so die Verbundenheit mit ihrem Partner zu erhalten. Frauen sind die häufigsten Ziele männlicher Gewalt, und sie lernen frühzeitig, daß ein Schutz vor der männlichen Feindseligkeit die »liebenswürdige Unterordnung« ist (Westkott, 1986). Depressive Frauen beschreiben ihr äußerlich fügsames Verhalten als eine direkte Reaktion auf die Gewalttätigkeit ihres Partner, aber dafür gibt es auch noch komplexere Gründe.

Nehmen wir zum Beispiel die Äußerung von Zorn in einer Ehe. Zorn entsteht, wenn eine wichtige Beziehung gefährdet ist, und er zielt auf deren Verbesserung, nicht auf deren Beeinträchtigung ab. Zorn, »der im Dienst einer affektiven Bindung ausgelebt wird«, hat das Ziel, Hindernisse zu beseitigen und eine Vertiefung der Trennung zu verhindern (Bowlby, 1973). Zorn, der einem geliebten Menschen gegenüber empfunden wird, geht häufig mit der Angst um die Bindung einher, da beide Gefühle durch die gleichen Umstände hervorgerufen werden. Sexuelle Untreue in der Ehe löst zum Beispiel Angst um die Sicherheit der Beziehung und Feindseligkeit gegenüber dem Partner aus.[5]

Die Ungleichheit erschwert die Äußerung von Zorn in einer solchen Situation noch mehr. In ungleichen Beziehungen hat die dominierende Person eine größere Freiheit, ihren Zorn direkt mitzuteilen. Wie Jean Baker Miller (1976) festgestellt hat, müssen unterlegene Partner ihren Zorn versteckt mitteilen, wodurch die komplizierte Situation noch verstärkt wird, in der eine solche Gefühlsäußerung steht. Wenn eine Frau zum Beispiel wütend auf ihren Partner ist, weil er Affären hat, emotional unzugänglich ist oder droht, sie zu verlassen, dann kann sie Angst davor haben, daß er es ihr mit noch größerer Wut heimzahlt oder daß er seine Drohung, sie zu verlassen, wahr macht, wenn sie ihre Gefühle deutlich zeigt. Aber ihre Unfähigkeit, ihre Gefühle direkt mitzuteilen, führt dazu, daß sie die Hoffnung verliert, eine unbefriedigende Situation überhaupt verändern zu können. In einer solchen ausweglosen Konfliktsituation kann eine Frau das Gefühl haben, daß sie, was immer sie tut, die Gefahr des Verlustes heraufbeschwört.

Eine Untersuchung, welche die Gefühlsäußerungen von 30 Paaren untersucht hat, stellte große Unterschiede in der Art und Weise fest, wie Frauen und Männer ihre negativen Gefühle mitteilen. John Gottman und Robert Levenson untersuchten die Interaktion von unglücklichen Paaren anhand von physiologischen Reaktionen, Eigenberichten und Videodaten. Auf den ersten Blick sieht es so aus, als würde jeder Partner negative Gefühle mitteilen und mitgeteilt bekommen. In Wirklichkeit zeigen der Ehemann und die Ehefrau jedoch ihre negativen Gefühle auf ganz unterschiedliche Weise: 78 Prozent der negativen Gefühle des Ehemanns äußern sich als Zorn und Geringschätzung, während 93 Prozent der negativen Gefühle der Frau in Form von »Weinerlichkeit, Traurigkeit und Angst« geäußert werden (1986, S. 43). Diese Daten offenbaren »eine deutliche Dominanzstruktur... Er reagiert mit Zorn auf ihren Zorn, aber sie tut das nicht; statt dessen reagiert sie auf seinen Zorn mit Angst, die bei ihm wiederum Zorn hervorruft« (ibid.).

Paare drücken mit ihren Gefühlsäußerungen nicht nur diese Dominanzstruktur aus, sondern die Mitteilung bestimmter Gefühle entspricht auch einer Veränderung der Zufriedenheit bzw. Unzufriedenheit mit der Ehe. Gottman, der die Interaktionsmuster untersucht hat, die darauf hindeuten, daß sich im Laufe der Zeit die Zufriedenheit mit der Ehe verändert, hat festgestellt, daß positives verbales Verhalten und Unterordnung der Frau beim Ehemann kurzfristig positive Gefühle hervorriefen, daß sich die Zufriedenheit dieser Paare mit ihrer Ehe im Laufe der Zeit aber verringerte. Wenn die Ehefrau Zorn und Geringschätzung ausdrückte, korrelierte dies positiv mit ihrer (aber nur mit ihrer) Zufriedenheit mit der Ehe. Drückt sie Angst aus, war dies ein Indikator dafür, daß ihre Zufriedenheit abnahm, während ihre Traurigkeit darauf hindeutete, daß beide Partner mit der Ehe weniger zufrieden waren.

Wenn Konflikte nicht offen diskutiert und gelöst werden können, kann der Groll der Frau zum Rückzug des Ehemanns führen. So befinden sich die Frauen hinsichtlich ihrer Gefühlsäußerungen in der Ehe in einem echten Dilemma; sie scheinen in einer Situation zu sein, in der sie nie gewinnen können. Die Forschung zeigt, daß Frauen durchaus zu Recht befürchten, daß es sich negativ auf ihre Beziehung auswirken könnte, wenn sie ihrem Partner gegenüber Verärgerung, Unzufriedenheit oder Angst äußern. Diese Einschränkung der Äußerungsmöglichkeiten und des Dialogs kann einer Frau jegliche Hoffnung nehmen, ihr volles Selbst in ihre Partnerschaft einbringen zu können.[6]

Obwohl die Institution der Ehe einen Wandel durchmacht, institutionalisiert sie weiterhin die Ungleichheit zwischen Männern und Frauen, und gerade diese Ungleichheit trägt zur Unterordnung und zum Selbstverlust bei, die im Zusammenhang mit weiblichen Depressionen eine wichtige Rolle spielen. Neuere Untersuchungen von Philip

Blumstein und Pepper Schwartz bei über sechstausend Paaren zeigen, daß die Grundstruktur der Ehe schon bald nach der Hochzeit zutage tritt und die Beziehung zwischen den Partnern sowie ihr Verhalten prägt. Die Forscher weisen darauf hin, wie schwer es ist, das »Modell des Zusammenlebens von Ehepaaren« zu verändern:

> Die Institution der Ehe beruht, zumindest bis heute, auf der Ungleichheit, und Versuche, diese Struktur zu verändern, waren bislang nicht sehr erfolgreich. Die traditionellen Ehepaare unserer Untersuchung führten ihre Ehe auf der Grundlage einer Rollenverteilung, die die Beziehung zwar stabil machte, der Frau aber die weniger angenehmen Verantwortlichkeiten und Aufgaben zuwies, wie beispielsweise Hausarbeit und Einkaufen. Bei einer Verteilung der Aufgaben nach Effizienz oder Neigung hätten wir erwartet, daß die Ehepaare die Haushaltsarbeiten neu verteilten, ohne daß die Institution etwas von ihrer Stabilität verloren hätte. Wir stellten jedoch fest, daß die Paare schrecklich unglücklich wurden, als die Rollen umgekehrt wurden, d. h. als die Männer die Hausarbeit machten und die Frauen das Geld verdienten. *Sogar Paare, die wirklich bereit sind, das traditionelle männliche und weibliche Verhalten zu ändern, haben damit Schwierigkeiten.* Sie müssen nicht nur völlig umlernen und neue Fertigkeiten entwickeln, sondern auch die negative Reaktion der Gesellschaft aushalten. So haben wir gelernt, daß die Institution zwar größer ist als die dazugehörigen Individuen, aber nicht größer als die geschlechtsspezifischen Rollenzuweisungen. (Blumstein und Schwartz, 1983, S. 323–324, Hervorhebung von mir)

Als institutionalisierter Aspekt der menschlichen Beziehung spiegelt die Rolle der Ehefrau immer noch die ökonomischen und hierarchischen Verhältnisse wider, aus denen sie hervorgegangen ist; und das gilt selbst dann, wenn eine Frau ihr eigenes Geld verdient. Historisch hatte der Mann aufgrund seiner Verpflichtung, Frau und Kinder zu ernähren, das Recht, diese von ihm abhängigen Menschen zu kontrollieren und über sie zu verfügen; dafür war die Frau verpflichtet, ihm und den Kindern physische und zwischenmenschliche Dienstleistungen zu erbringen.[7] Im Mittelpunkt dieser Dienstleistungen stand die Forderung, daß die Frau die anderen versorgte, was bedeutete, daß sie deren Bedürfnisse an die erste Stelle setzte. Obwohl die heutige Betonung von Gleichheit, Liebe und Partnerschaft in der Ehe die der weiblichen Rolle innewohnende Versorgungspflicht verdeckt, bleibt diese Pflicht lebendig (insbesondere wenn die Frau ökonomisch abhängig ist) und wirkt auf Bewußtsein und Verhalten der Frau ein.[8]

Die Ehe kann die Geschlechterrollen nur deshalb so wirksam verstärken, weil sie ein mächtiger Mythos ist: »der zählebigste jener Mythen, die für Frauen wie ein Gefängnis wirken« (Heilbrun, 1988, S. 77). Als Mythos verspricht sie Intimität, Identität und einen klar vorgezeichneten Lebensweg, den schon kleine Kinder kennen. Wer diesen Weg allerdings zurücklegt, ohne vom konventionellen Kurs abzuweichen, erfährt nicht eine Erweiterung des Selbst durch Verbundenheit und gegenseitige Zuwendung, sondern eine Verringerung des Selbstvertrauens, der Entfaltungsmöglichkeiten und des Selbst. Wenn Frauen versuchen, die Wünsche, die sie an eine Beziehung haben, und die Fähigkeiten, die sie in sie einbringen könnten, in die Rolle der »Ehefrau« und »guten Frau« zu pressen, laufen sie Gefahr, sich den Bedürfnissen anderer anzupassen und sich selbst fremd zu werden. Anstatt die Rolle der Ehefrau dahingehend zu verändern, daß sie ihrer Persönlichkeit und ihren Beziehungen gerecht wird, leugnen die meisten Ehefrauen lieber wichtige Aspekte ihrer Persönlichkeit, um sich in die engen Grenzen dieser Rolle zu zwängen; dabei verlieren sie, wie Susan es ausdrückt, »die eigenen Ziele und die eigenen Leistungen und die eigenen Talente und das eigene Selbst«.

Als Mythos und soziale Realität stellt die Ehe Männer und Frauen vor ein Dilemma: Wie erreicht man Intimität in einer Beziehung, die auf Ungleichheit beruht? Die Schwierigkeiten dieses Dilemmas werden deutlicher, wenn wir uns ansehen, wie die Teile, die zusammengehören, durch Geschlecht und Kultur deformiert werden. Carol Gilligan und Grant Wiggins machen in diesem Zusammenhang eine hilfreiche Unterscheidung zwischen zwei Dimensionen der kindlichen Erfahrung von Verbundenheit mit geliebten Menschen, die das Selbstgefühl des Kindes in bezug auf andere prägen und zur Entwicklung von unterschiedlichen Sensibilitäten und moralischen Reaktionen führen. Die erste Dimension, die Ungleichheit, die sich aus der Realität der größeren Stärke und Autorität des Erwachsenen ergibt, ruft bei dem Kind Gefühle der Machtlosigkeit und Abhängigkeit hervor. Die an diese Dimension gebundene Moral konzentriert sich auf die Herstellung von Gerechtigkeit und Rechten und zielt darauf ab, ein gleichwertigeres Verhältnis zwischen den Parteien herzustellen. Die andere Dimension ist Bindung und Liebe, und sie schafft ein anderes Bewußtsein für das Selbst im Verhältnis zu anderen – dieses ist fähig, bei anderen Menschen positive Reaktionen hervorzurufen und selbst positiv auf sie zu reagieren; es ist fähig, die Gefühle und Handlungen der geliebten Menschen zu beeinflussen. »Im Rahmen von Bindungen entdeckt das Kind die menschlichen Interaktionsmuster und beobachtet, wie Menschen sich umsorgen und verletzen. Wie die Erfahrung von Ungleichheit hat auch die Erfahrung innerer Bindung, wenn auch auf unterschiedliche Weise, einen nachhaltigen Einfluß auf die Art und Weise, wie das Kind menschliche Gefühle versteht, und auf seine Vorstellungen, wie Menschen miteinander umgehen sollten« (Gilligan und Wiggins, 1988, S. 115).

In der Ehe, wo sich intime Bindung und Ungleichheit mischen, überschattet die eine Dimension – die Ungleichheit – die andere, die Bindungsdimension, oder sie verändert deren Bedeutung. Depressive Frauen schildern detailliert, wie sie ihr Bindungsverhalten – ihre Kommunikation, ihre Fürsorge, ihre Ansprechbarkeit – so gestalten, daß es sich in die Grenzen einfügt, die ihnen durch ihre Position der Ungleichheit gegenüber ihrem Partner gesetzt sind. Das Beispiel der Eltern, das größere kulturelle Umfeld und die Erwartungen des Partners lassen bei den Frauen die

Überzeugung entstehen, daß sie Verbundenheit mit einem Mann am besten dadurch erreichen, daß sie die »weiblichen« Verhaltensweisen kultivieren und einen Teil ihres Selbst gleichsam ausblenden. Die Forderung, daß eine Frau immer »sehr darauf bedacht« sein solle, »sein Ego nicht zu verletzen, sondern zu schonen... und immer... seine Wünsche zu erfüllen«, verweist nicht nur auf eine durch Unterordnung gewonnene Nähe, sondern auch auf das grundlegende Machtungleichgewicht, von dem ein solches Bindungsverhalten beeinflußt wird. Die Unterordnung in einer Beziehung ist eine Lösungsmöglichkeit für das Dilemma, Intimität in einer auf Ungleichheit basierenden Beziehung erreichen zu wollen: Das Selbst wird verändert, damit das Verhältnis zum Mann so gestaltet werden kann, wie es diesem nach Auffassung seiner Partnerin angenehm ist.

Normalerweise streben Frauen danach, die Kluft zwischen sich selbst und dem anderen durch Dialog zu überwinden. Wenn der Partner sich diesem Dialog wiederholt verweigert, verschwindet eine Möglichkeit, so miteinander umzugehen, daß Geschlechterrollen und Ungleichheit nicht mehr ins Gewicht fallen. Die emotionale Unzugänglichkeit des Partners verstärkt bei einer Frau das Gefühl, daß sie sich der Bindung nicht sicher sein kann. Dieses Verhalten verstärkt auch ihren Groll und ein – durch ihre Angst bedingtes – klammerndes und forderndes Verhalten, das den Partner unter Umständen noch weiter von ihr wegtreibt. Je mehr er sie von sich stößt, desto mehr Zorn und Angst entwickelt sie und desto mehr klammert sie sich an ihn; je unsicherer sie hinsichtlich der Beziehung ist, desto weniger selbständig fühlt sie sich und desto mehr sinkt ihre Selbstachtung.

Depressive Frauen beschreiben ausdrücklich diesen Kreislauf von zwischenmenschlichen Interaktionen, wenn sie von der Unmöglichkeit sprechen, mit ihrem Partner in einen Dialog einzutreten, der im Geben und Nehmen besteht. Betty berichtet von der mangelnden Bereitschaft ihres Mannes, mit ihr Gespräche zu führen, die für ihr emotionales Leben von zentraler Bedeutung sind:

> Wenn ich ihm sage, was ich bei irgendeiner Sache empfinde, fährt er mir sofort über den Mund. Er hält es einfach für dumm. Weil ich ihm gesagt habe, daß ich... mal sehen, ob mir ein Beispiel einfällt. Nun ja, wenn ich Angst habe, sagt er mir nur, daß das dumm ist. Daß er da oben [beim Bergsteigen] sicherer ist als in einem Auto, und er sieht einfach nicht ein, daß es einen Grund gibt, oder versucht nicht, zu verstehen, warum ich Angst haben könnte.

Wenn wir gegenseitige Abhängigkeit unter reifen Menschen dahingehend definieren, daß sie in der Fähigkeit besteht, einem Menschen Unterstützung zu geben und von ihm in angemessener Weise Unterstützung zu erbitten und anzunehmen, ist Bettys Sorge für uns kein Ausdruck von Abhängigkeit sondern ein Teil eines normalen Bindungsverhaltens. Erst die Art und Weise, wie ihr Mann mit ihrer Sorge umgeht, führt dazu, daß ihre Angst um ihre wichtigste Beziehung größer und nicht kleiner wird, was wiederum ihren Zorn und ihre Angst steigert.

Auch Susan beschreibt die Reaktion ihres Mannes auf ihre Gefühlsäußerungen:

> Ich habe von meinen Bedürfnissen gesprochen, und er wirft mir gleich an den Kopf, daß sie dumm oder albern sind oder daß ihm das nun mal nicht liegt und von ihm auch nicht erwartet werden kann. Wenn ich Nähe brauche, auch körperliche, wenn ich ihn umarme oder nur sage »setz dich einen Augenblick hin und rede mit mir«, sagt er »ich habe jetzt keine Zeit« und »du bist eine Nervensäge«.

Susans Versuche, durch den Dialog eine größere Intimität zu erreichen, werden sofort abgeblockt, indem ihr Mann ihr die kalte Schulter zeigt. Die Weigerung des Partners, zuzuhören, oder seine geringschätzige Reaktion auf die Versuche der Frau, ihre Gefühle mit ihm zu teilen, schneidet eine Möglichkeit ab, entweder Nähe herzustellen oder die Beziehung zu verändern. Während diese beiden Frauen versuchen, ihre Beziehung zu festigen und ihren Ehemann durch Gespräche besser kennenzulernen, weigern sich ihre Partner, sich zu öffnen oder auf die Sorgen und Bedürfnisse ihrer Frau einzugehen. Dies ist das Wesen der Ungleichheit: Die Realität der einen Person bestimmt die Beziehung, während die Gefühle der anderen Person ignoriert werden. Wenn der Partner, der die Sprache, die Werte und die Macht der Kultur auf seiner Seite hat, die Kommunikationsversuche einer Frau zurückweist, ist es durchaus naheliegend, daß sie ihre eigenen Bedürfnisse und Gefühle so beurteilt, wie *er* es tut: als nicht beachtenswert und irrelevant.

Das Spannungsverhältnis zwischen Ungleichheit und Bindung, das für die konventionelle Ehe kennzeichnend ist, tritt auch zutage, wenn Frauen über die Schwierigkeiten sprechen, in einer Beziehung sie selbst zu sein. Therese erzählt zum Beispiel, wie ihre Ehe ihrer Ansicht nach zu ihrer Depression beigetragen hat:

> Ich war in der Situation völlig aufgeschmissen. Ich konnte nicht ich selbst sein – dachte ich –, weil er meine Ecken und Kanten nicht akzeptieren und gehen würde, und weil ich nicht dem entsprach, was ihm seiner Ansicht nach zustand. So versuchte ich, so zu sein, wie ich gerne sein wollte, obwohl ich verdammt gut wußte, daß ich so nicht sein konnte und daß ich damit auch nicht glücklich sein würde. Ich hielt das lange durch. Aber das war nicht ich, und das werde ich auch nie sein.

Diese Frauen praktizieren eine so massive Selbstverleugnung, weil sie Intimität suchen – ein wichtiges Ziel im Leben eines Erwachsenen. Aber die Herstellung von Intimität ist nur eine der Aufgaben, die sich einem erwachsenen Menschen stellen. Das andere lebenslange Ziel besteht darin, die individuellen Fähigkeiten und Interessen zu entwickeln und zum Ausdruck zu bringen: authentisch zu sein, ein Selbst zu sein. Das Erwachsensein ist dadurch gekennzeichnet, daß jene geistigen und körperlichen Fähigkeiten entwickelt und integriert werden, die Menschen dazu befähigen, ihr Potential durch zielgerichtetes, organisiertes Handeln zu entfalten. Dabei werden die Möglichkeiten des einzelnen durch sein Geschlecht, durch den unmittelbaren Familienzusammenhang und durch das größere gesellschaftliche Umfeld beeinflußt.

Intimitäts- und Identitätssuche fallen zusammen, wenn man fähig ist, in einer Beziehung ein wachsendes, sich veränderndes Selbst zu sein, wenn die Intimität die Entwicklung eines authentischen Selbst erleichtert und wenn die Entwicklung des Selbst wiederum die Möglichkeit eröffnet, die Intimität zu vertiefen. In unserer Kultur erleben Frauen jedoch diese für eine gesunde Entwicklung notwendigen Komponenten – Intimität und Authentizität – häufig als einen Konflikt. Depressive Frauen befürchten, daß sie ihre Ehe verlieren, wenn sie versuchen, sie selbst zu sein; und dennoch beschreiben sie, wie sie sich selbst verloren haben, als sie den erfolglosen Versuch unternahmen, Nähe zu erreichen. Das Streben nach Intimität mit Hilfe der traditionellen weiblichen Rolle hemmt und gefährdet die kontinuierliche Weiterentwicklung ihres Selbstgefühls, während es gleichzeitig die Möglichkeit einschränkt, zu einer unverfälschten Verbundenheit zu gelangen. Umgekehrt wird ihre Fähigkeit zur Intimität durch ihre gefährdete Eigenentwicklung verringert. Die für ihre Depression kennzeichnende Hoffnungs- und Hilflosigkeit rührt teilweise von dem Gefühl her, daß ein wichtiges Lebensziel ein anderes ausschließt.

Wenn eine Beziehung durch fehlende Intimität, durch Konflikte und Getrenntsein beeinträchtigt ist, kann eine Frau das Gefühl haben, daß ihr Identitätsgefühl im Kern bedroht ist. Sieht sie sich selbst aus der Perspektive der Kultur, kann sie zugleich zu dem Schluß kommen, daß sie nach den gesellschaftlichen Maßstäben, nach denen Unabhängigkeit und Leistungsfähigkeit eines Erwachsenen gemessen werden, eine Versagerin ist. Außerdem hat ihre Mutter ihr vielleicht vermittelt, daß die ideale Ehefrau selbstlos zu sein hat – ein unerreichbares Ideal, welches das Gegenteil von dem bewirkt, was es bewirken soll.

Wenn für die Frau die »Selbstlosigkeit« in einer Beziehung mit »Gutsein« (Moral), mit Weiblichkeit (Identifikation mit einer Mutter, die in ihrer Beziehung »selbstlos« war) und mit Intimität verbunden ist (die Schutz vor dem Verlassenwerden bietet), muß eine Frau ganze Teile ihrer selbst verleugnen, einschließlich negativer Gefühle und direkter Selbstbehauptung.

Aber die Bereitschaft, anderen etwas zu geben, führt nicht zwangsläufig zu Selbstentfremdung und Depression. Entscheidend ist der Kontext, in dem dieses Geben stattfindet, und die Fähigkeit des Gebenden, zu *wählen*, wann, wie und in welcher Form er gibt. Wenn die dienende Fürsorge für andere Menschen als notwendiges Mittel zur Herstellung und Aufrechterhaltung von Intimität gesehen wird, dann unterwirft sich die Frau den Bedürfnissen anderer, was zur Folge hat, daß ihr Groll, ihre Unzufriedenheit und ihre Verstörtheit wachsen. Außerdem haben diese Frauen eine Idealvorstellung von einem Menschen, der liebt und geliebt wird, der in der Beziehung alles richtig macht. Ist ihre Beziehung aber unbefriedigend, machen sie sich selbst für die Schwierigkeiten verantwortlich, ganz im Sinne der kulturellen Norm, daß die Frauen für das emotionale Klima in einer intimen Beziehung stärker verantwortlich sind als die Männer.

Von außen betrachtet, mag das Verhalten einer solchen Frau »passiv«, »abhängig« und »hilflos« aussehen. Aber was die innere Dynamik betrifft, so erfordert die fügsame Rolle, die in der Hoffnung auf eine sichere Bindung übernommen wird, die gewaltige kognitive und emotionale Leistung der Manipulation des Selbst. Die Frau muß ihre negativen Gefühle, die sie (wie die Gesellschaft) für inakzeptabel hält, aktiv zum Schweigen bringen. Diese Selbstunterdrückung führt bei ihr zu Selbstverurteilung, innerer Spaltung und Depression.

Versteckte Auflehnung

Während depressive Frauen in ihrer Beziehung äußerlich fügsam und angepaßt erscheinen, sprechen sie sehr wohl über ihre tägliche indirekte Auflehnung, über die – für ihre Depression kennzeichnende – Mischung aus Wut und Angst, die dadurch noch weiter verstärkt wird. Die versteckte Auflehnung gibt Frauen ein Gefühl der Sicherheit, weil sie den äußeren Anschein von Harmonie und Illusion von Intimität erlaubt. Depressive Frauen berichten, daß sie von ihren Müttern gelernt haben, in der Ehe direkte Konflikte zu vermeiden. Anna erzählt, daß sie sich nie Zeit für sich selbst nehme, um zu malen oder zu weben. Auf die Frage, ob sie das Gefühl habe, ständig für ihren Mann da sein zu müssen, antwortet sie:

> Ich habe das Gefühl, daß ich es bin. Aber ich bin es einfach; ich habe nicht das Gefühl, daß ich es sein müßte, denn er erwartet es nicht von mir. Aber mein Vater hat es von meiner Mutter erwartet. Sie ging aus, um Bridge zu spielen, dann kam sie nach Hause und zog sich um, damit er nicht merkte, daß sie weg gewesen war.

Ein solcher Vorgang, einer von den unzähligen anderen, die tagtäglich vorkommen, vermittelt dem heranwachsenden Mädchen die ungeschriebenen Regeln für den Umgang mit dem eigenen Ehemann. Diese Regeln, von denen die Familienstrukturen geprägt sind, schreiben vor, wie Bedürfnisse ausgedrückt und befriedigt werden dürfen und wie Konflikte gelöst werden sollten. Cathy erzählt, wie sie einen langen Konflikt nicht durch eine direkte Auseinandersetzung mit ihrem Mann löste, sondern durch einen, wie sie es nennt, rebellischen Akt:

> Mein Mann sagte: »Nein, du kannst dir keine Ohrlöcher machen lassen, das ist schrecklich. Wenn du deine Ohrläppchen durchstechen lassen willst, werde ich es mit einer Heugabel machen.« Aber schließlich habe ich es einfach machen lassen. Aber ich habe jahrelang gewartet, weil ich wußte, daß er nichts davon hielt.

Cathy beobachtet die Auswirkungen ihres indirekten Vorgehens auf ihre Tochter.

Ich habe einfach rebelliert. Ich fühle mich nicht schlecht dabei, aber... ich bringe meiner Tochter dadurch indirekt bei, sich auch so zu verhalten. Darum glaube ich eigentlich nicht, daß es gut ist.
(Was bringen Sie Ihrer Tochter bei?) Zu rebellieren, glaube ich. Nicht direkt. Ich sage ihr nicht »mach es so«, aber sie hat mein Beispiel vor Augen. Und sie weiß, was läuft.

Was heißt das, daß ihre Tochter weiß, »was läuft«? Außer daß ihre Tochter lernt, daß der Ehemann das Sagen hat, wozu auch gehört, daß er ihr vorschreibt, was sie mit ihrem Körper zu tun hat, vermittelt ihr dieses Beispiel die Notwendigkeit, einen offenen Konflikt zu vermeiden. Die Tochter lernt, daß ein offener Konflikt die Gefahr der Trennung mit sich bringt und daß der Anschein von Unterordnung besser ist als eine offene Auseinandersetzung.

Wie diese Beispiele zeigen, lernt ein Mädchen früh, einen äußeren Eindruck von Harmonie zu schaffen, der das Gefühl von Einssein, von falscher Intimität, von Familienzusammengehörigkeit ermöglicht. Wenn sich die Frau nach den Beziehungsregeln richtet, die sie von der Familie und generell von der Kultur gelernt hat, ist das Motiv für ihr Verhalten die Gefahr einer Trennung. Zu diesen von Generation zu Generation weitergegebenen Interaktionsmustern gehört es, daß der Mann das Gefühl hat, in einer intimen Beziehung besondere Vorrechte zu genießen, während es für die Frau schwer ist, ihre eigenen Bedürfnisse zu erkennen, zu artikulieren, auszuleben und die Verantwortung für sie zu übernehmen.

Jean Baker Miller stellt einen Zusammenhang zwischen versteckter Konfliktlösung und der Ungleichheit her. Ausgehend von der Annahme, Wachstum erfordere, »sich auf die vorhandenen Differenzen einzulassen«, stellt sie die Komplikationen dar, die entstehen, wenn Partner versuchen, ohne offenen Konflikt Intimität zu erreichen:

Unter den Bedingungen der Ungleichheit wird die Existenz eines Konflikts geleugnet, und eine offene Austragung des Konflikts ist ausgeschlossen. Außerdem schafft die Ungleichheit zusätzliche Faktoren, die jegliche Interaktion verzerren und eine offene Auseinandersetzung über wirkliche Differenzen verhindern. Statt dessen schafft die Ungleichheit versteckte Konflikte, die sich um Fragen drehen, welche die Ungleichheit überhaupt erst hervorgerufen hat. Zusammenfassend kann man sagen, daß beide Seiten von einem offenen Konflikt um die wirklichen Differenzen abgelenkt werden und sich statt dessen in einem versteckten Konflikt um deformierte Strukturen verzetteln. Für diesen versteckten Konflikt gibt es keine anerkannten sozialen Formen oder Richtlinien, weil es diesen Konflikt ja angeblich überhaupt nicht gibt. (Miller, 1976, S. 13)

Die Wut und die versteckte Auflehnung von depressiven Frauen zeigen sich auch in imaginären Szenen, in denen sie sagen, was sie wirklich denken, und sich mit ihrem Partner konfrontieren. Diese in Gedanken durchgespielten Szenarien absorbieren einen Teil der Wut, und zwar gerade soviel, daß die Frau in einer Situation ausharrt, die sie eigentlich als unerträglich empfindet. Susan, die auf ihren Mann wütend ist, läuft ihm in ihrer Phantasie davon:

Ich denke immer an Scheidung, immer. Das ist mein Ventil, an das ich denke und von dem ich phantasiere, wenn er mich abkanzelt oder mich vor den Mädchen verletzt oder mir mit einem sarkastischen Kommentar das Wort abschneidet oder mich so behandelt, als würde ich unter ihm stehen. Meine Art, es ihm heimzuzahlen, besteht darin, daß ich mir vorstelle, wie ich mich eines Tages scheiden lasse und »es ihm zeige«. Das ist meine einzige Möglichkeit. Ich komme körperlich nicht gegen ihn an, weil ich schwächer bin, und es liegt mir einfach nicht, bissig zu sein und zu schreien. Meine einzige Möglichkeit ist, alles herunterzuschlukken, nichts zu sagen und an eine Scheidung zu denken. Das trage ich mit mir herum, das spare ich für den Augenblick auf, wenn ich endlich den Mut habe, ihm das anzutun, was er verdient – das heißt, wenn ich mich von ihm scheiden lasse. Manchmal denke ich: »Ich kann nicht mehr warten, ich kann nicht einen Tag mehr warten.« Manchmal denke ich, plane ich, in einem Jahr oder in einem halben Jahr oder gleich nach den Ferien, dann werde ich es tun.

Aber Susan ist sich der großen Diskrepanz zwischen ihrem Alltagsleben und der Welt ihrer Gedanken bewußt. Die Rache, die sie in Gedanken übt, steht in einem krassen und schmerzhaften Gegensatz zu ihrem äußerlich fügsamen Verhalten. Die Kluft zwischen dem, was sie tut, und dem, was sie denkt, wirkt sich negativ auf ihre Selbsteinschätzung aus.

Ich denke, daß ich schwach bin. Weil ich glauben will, daß er sich ändern wird. Wir haben Kinder. Und darum möchte ich alles zusammenhalten und ihm glauben, wenn er sagt, daß es ihm leid tut. Darum sorge ich dafür, daß alles so läuft, wie er es gerne hat. Aber manchmal frage ich mich, ob ich mich wegen dieses hohen Einkommens, das ich geheiratet habe, prostituiere.

Obwohl Wut, wenn sie durch die Gefährdung einer intimen Beziehung hervorgerufen wird, den Zweck hat, die Beziehung zu erhalten, schwächt sie diese, wenn Konflikte nie gelöst werden, sondern das Wutpotential ständig speisen. Da Ungleichheit die direkte Kommunikation einer Frau blockiert, versucht sie oft zuerst, Veränderungen durch eine innere Revolte gegen die äußeren Strukturen herbeizuführen, durch die sie sich so eingeengt fühlt. Wütende Phantasien, wie Susan sie durchspielt, können aber dazu führen, daß die Beziehung so weit aufgeweicht wird, daß die Ehefrau irgendwann zum Weggehen bereit ist. Interessanterweise beobachtete Freud, daß depressive Menschen

> im höchsten Grade quälerisch [sind], immer wie gekränkt und als ob ihnen ein großes Unrecht wider-

fahren wäre. Dies ist alles nur möglich, weil die Reaktionen ihres Benehmens noch von der seelischen Konstellation der Auflehnung ausgehen, welche dann durch einen gewissen Vorgang in die melancholische Zerknirschung übergeführt worden ist. (Freud, 1917)

Die von Freud beobachteten Ursachen für die Auflehnung liegen freilich in den Strukturen der Beziehung und nicht, wie Freud meint, in der innerpsychischen Struktur eines Menschen. Die »psychische Konstellation der Auflehnung« ist eine innere Verweigerungshaltung, die aus dem Groll und der Unzufriedenheit über den Charakter der Beziehung resultiert. Diese versteckte Auflehnung drückt sich in allen Bereichen der Beziehung als indirekter Groll aus und kann beispielsweise die Form der Verweigerung von Sexualität und emotionaler Wärme annehmen.

Die psychoanalytische Tradition betrachtet sogar die depressiven Symptome selbst als eine Form der Feindseligkeit. Freud erklärt, daß depressive Personen durch die Symptome »Rache an den ursprünglichen Objekten nehmen und ihre Lieben durch Vermittlung des Krankseins quälen, nachdem sie sich in diese Krankheit begeben haben, um ihnen ihre Feindseligkeit nicht direkt zeigen zu müssen«. Diese Rache durch Symptome wurde von der psychoanalytischen Tradition mit einer verringerten Feindseligkeit in der akuten Depression verknüpft. Aber die Forschung zeigt eindeutig, daß in der Depression eine *gesteigerte* Feindseligkeit vorliegt, die oft von der problematischen Beziehung zum Ehemann oder Partner auf die Kinder umgelenkt wird. Die Interaktionen von depressiven Müttern mit ihren Kindern sind durch Reibungen und mangelnde Wärme, durch einen feindseligen Umgangsstil und fehlende Offenheit für die Zuwendungsbedürfnisse der Kinder gekennzeichnet.[9]

Es stellt sich die Frage, warum Kinder die Feindseligkeit am meisten zu spüren bekommen, mehr noch als der Ehemann. Die klinischen Befunde deuteten darauf hin, daß der Ehemann in einigen Fällen emotionalen

Halt gab; daher hatte die Patientin ihm gegenüber keine feindseligen Gefühle. Häufiger indes hatte die Patientin solche Gefühle und hielt sich mit deren direkter Äußerung zurück, weil sie Angst vor den Konsequenzen hatte. Vor unmittelbaren Konsequenzen bei den Kindern hatte sie jedoch weniger Angst, so daß diese die Wut auf sich zogen, die gegenüber dem Ehemann nicht zum Ausdruck kam. (Weissman und Paykel, 1974, S. 147)

Da die depressive Frau erkennt, daß sie von anderen nichts bekommt, wenn sie sehr auf Unterstützung und Zuwendung angewiesen ist, entwickelt sie eine immer stärkere Wut auf ihren Partner, macht sich selbst Vorwürfe, versinkt immer tiefer in Hoffnungslosigkeit und verurteilt sich selbst wegen ihrer Wut.

Depressive Frauen machen uns auf ihre Erfahrung des Selbstverlustes in einer unbefriedigenden Beziehung aufmerksam. Auf der Suche nach Liebe und Nähe versucht eine Frau, Intimität zu schaffen, indem sie sich selbst verändert, um dem gerecht zu werden, was sie als die Bedürfnisse des geliebten Mannes wahrnimmt. Aber dadurch, daß sie sich selbst verändert – sich »als Person aus dem Bild herausnimmt« –, handelt sie sich nicht die emotionale und seelische Belohnung einer authentischen Intimität, sondern ein verkümmertes Selbst ein.

3. Kapitel

Vorstellungen vom Selbst in intimen Beziehungen

Ich dachte, ich könnte ihm helfen, und ich weiß, daß das vielleicht ein weitverbreiteter Gedanke ist, daß ich ihm vielleicht helfen könnte, wenn ich ihm eine gute, verständnisvolle, liebevolle Frau bin.

Depressive Frauen sprechen davon, daß sie ihrem Partner »helfen«, es ihrem Mann »recht machen« wollen, sprechen über die spezifische »Art zu helfen« und über das »Einssein«. Wenn wir uns diese Sprache anhören, erkennen wir, daß sie uns etwas über die spezifischen Verhaltensweisen sagt, die eine intime Beziehung sichern sollen. Auf der einen Ebene verfolgen diese Frauen dabei Ziele, die in wirklich altruistischer Weise auf den anderen ausgerichtet sind. Aber bei näherem Hinhören entdecken wir auch eine andere Ebene, ein weniger klar artikuliertes und weniger bewußtes Ziel: die Reaktionen des Partners kontrollieren zu wollen. Auf beiden Ebenen soll das gleiche Ergebnis erreicht werden: die Sicherheit und der Fortbestand einer primären Beziehung.

Das Bindungsverhalten, mit dem Frauen versuchen, dieses Ergebnis zu erreichen, hat einen spezifischen Aspekt: es ist *kulturell als weiblich definiert.* Solche Verhaltensweisen werden den Mädchen von Geburt an beigebracht; sie spiegeln die gesellschaftlich ungleiche Stellung der Frau wider und unterminieren die Selbstachtung der Frau. Selten erleben wir die in diesem Kapitel dargestellten Verhaltensweisen bei Männern, weil Männer ein ähnliches Ergebnis mit anderen Mitteln zu erreichen versuchen.

Jede dieser Verhaltensweisen – helfen, gefällig sein, das Einssein suchen, sich selbst unterdrücken – impliziert, daß eine Frau nicht alle Seiten ihres Selbst zeigen, daß sie nicht ehrlich sein kann. Wenn sie versucht, eine Beziehung auf diese Verhaltensweisen zu gründen, entsteht etwas, das sie so nicht gewollt hat. Zusammen ergeben sie eine verfälschte Beziehungsstruktur, in der die Frau zu Unehrlichkeit und Selbstverrat verurteilt ist. In diesem Kapitel werde ich die kulturellen Grundlagen dieses vorgeschriebenen weiblichen Zuwendungsverhaltens darlegen und ihre verhängnisvollen Folgen für das Selbstgefühl der Frau und für die Beziehung aufzeigen.

Das Spiel

Etliche Frauen erzählten mir, daß ihr Verhalten dem Wunsch entsprang, einem Mann mit begrenzter Liebesfähigkeit zu helfen, oder einem Mann zu helfen, sich stark und stabil zu fühlen. Depressive Frauen benutzen die Metapher »etwas vorspielen«, wenn sie ihre Versuche beschreiben, eine enge Beziehung zu einem Mann herzustellen, bei dem sie Probleme erkennen. Diese Frauen gehen in eine solche Beziehung nicht nur mit dem *Wunsch*, ihm zu helfen, sondern auch mit einer Vorstellung von der *Art*, wie sie ihm helfen könnten, die eine falsche Selbstdarstellung beinhaltet, das heißt ein Selbst, das sich das Ziel gesetzt hat, den Mann »aufzubauen« und die Bindung sicher zu machen. Wenn diese Vorspiegelung über einen längeren Zeitraum aufrechterhalten wird, gerät das Spiel außer Kontrolle, bemächtigt sich der Realität und zerstört das Vertrauen der Frau in ihre eigenen Wahrnehmungen sowie ihre Selbstachtung.

Wenn depressive Frauen über diese Spielregeln sprechen, beschreiben sie, wie sie ihre Frauenrolle spielen, wie sie glauben, einen Part übernehmen zu müssen, den die Kultur der Frau vorschreibt. Die Frauenrolle hat viele Facetten, die sich mit dem Kontext ändern, in dem eine Frau das Spiel mitspielt. So verwenden depressive Frauen zur Beschreibung ihrer verschiedenen Rollen folgende Ausdrücke: »die gute Frau«, »die Matrone aus Boston«, »die Hausfrau«, »Karrierefrau, ich trage Blazer und gehe ins Büro«, »total sicher und selbstbewußt«, »eine Mutter, die nie wütend auf ihre Kinder ist«, »gebe meinem Mann und meinen Kindern alle Liebe und Geduld«, »freundlich und immer lächelnd«, »schlank, sexy und verführerisch«.

Die Metapher des Spiels bezieht sich aber nicht nur darauf, daß Frauen kulturell zugewiesene Rollen spielen müssen, sondern auch darauf, daß Frauen Rollen spielen, um mit Männern umgehen zu können. Wird das Spiel so eingesetzt, ist es eine Möglichkeit, das Dilemma der Intimität in einer ungleichen Beziehung aufzulösen. Die Frau *gibt nur vor*, unterwürfig zu sein, und beobachtet aus einer gewissen Distanz, daß ihr Verhalten darauf gerichtet ist, die Beziehung zu sichern. Indem sie sich innerlich von ihrem äußerlich angepaßten Verhalten distanziert, glaubt sie, ihre persönliche Authentizität bewahren zu können.

Die Regeln dieses Spiels, die Positionen der Spieler, die Richtlinien, die bestimmen, was die Spieler tun können (oder müssen), und was Gewinnen bedeutet, sind Teil eines komplexen Gefüges von Interaktionen zwischen den Geschlechtern. Das Spiel wird in der Kindheit gelernt, oft am Rocksaum der Mutter, deren Verhalten gegenüber dem Vater beobachtet wird. Zusammen mit den Spielregeln verinnerlicht das Mädchen die komplexen Gründe, die eine Frau dazu bewegen, das Spiel zu spielen.

Die vierundzwanzigjährige Jan beschreibt die Regeln, nach denen sie sich in ihrer Ehe gerichtet hat und wie diese zum Verlust ihres Selbst geführt haben. Im Erstinterview gefragt, wie sie sich selbst beschreiben würde, antwortete sie:

> Nun, ich würde mich als eine starke Frau beschreiben – ich würde sagen, sympathisch und einfühlsam, sensibel, intelligent, begabt, bescheiden [sie lacht]... Ich würde sagen, von einer gewissen Schlagfertigkeit, obwohl mein Mann alles tut, um sie abzuwürgen. Wenn es um mich geht, fehlt ihm jeglicher Humor. Er steht mir sehr kritisch gegenüber.

Sie sagt, »die Ehe war für mich wirklich eine Ausnahme, und ich werde jetzt wieder Jan sein, dann ich mag die Eigenschaften, die Jan ausmachten«. Indem sie darlegt, warum ihre Ehe die Ausnahme war, beschreibt sie, wie sie die Schwächen ihres Mannes erkannt und wie sie versucht hat, ihm zu helfen. Sie hatte von diesem Typ im College gehört, wo er eine Legende war. »Er töpferte viel und ging völlig in seiner Archäologie auf; überall standen seine Werke herum.« Aber als sie ihm begegnete, sah sie sofort, daß mit ihm etwas nicht stimmte, daß er sehr verletzlich war.

> Ich war in der Töpferei, und Jim kam herein, und ich dachte, oh je, ich finde dich ja nicht gerade umwerfend. Ich war alles andere als beeindruckt. Doch hier wurde jeder an Jim gemessen. Und ich dachte: »Gut, diese Legende ist hin«, und damit war die Sache irgendwie für mich erledigt. Ich sah ihn ab und zu in der Uni, und dann fuhren wir nach Guatemala, wir waren in derselben Gruppe. Ich taxierte die Gruppe und dachte: »Er scheint von allen am meisten drauf zu haben.« Der Rest der Gruppe war ziemlich belanglos; die Frauen beäugten die Männer und die Männer beäugten die Frauen, und ich fragte mich, was ich da eigentlich zu suchen hatte. Ich war dorthin gefahren, um die Ruinen der Maya und Azteken zu untersuchen, und Jim ebenfalls. So saßen wir also zusammen im Flugzeug, im Bus, aßen zusammen, wanderten zusammen, und unsere Freundschaft wuchs. Und er erzählte mir von seinem Aufenthalt in einer [psychiatrischen] Klinik... aber unsere Freundschaft wuchs weiter. Und alles schien sehr gut anzufangen...
> Als wir dann in die Vereinigten Staaten zurückkehrten, lud er mich zu einem sehr schönen Abendessen ein. Ich erinnere mich noch ganz genau an unseren ersten Krach... Ich war schuld daran, und er brachte mir Rosen, und ich dachte: »Meine Güte, was kann da schon schiefgehen, wenn du Streit anfängst und er dir Rosen bringt?«

Als ich nachfragte, was denn nun »schiefging«, beschrieb Jan eine Art Vorspiegelung, auf die sie sich einließ, weil sie den Wunsch hatte, ihrem zukünftigen Ehemann zu helfen.

Nun, heute erkenne ich, daß er versucht haben muß, mich zu kontrollieren. Und weil ich ihn nicht verletzen wollte, und weil ich wußte, welche tiefen Gefühle ich für ihn hatte, denke ich, daß ich... Ich versuchte, ihm zu helfen, und er erzählte mir von der Familie, in der er aufgewachsen war und von allem, was – ich glaube, das war eine sehr seltsame Familie, und ich konnte erkennen, woher er vieles hatte und was er durchgemacht hatte und daß er glaubte, daß er ein sehr schwacher Mensch war. Und ich dachte bei mir: »Gut, Jan, gib ihm ab und zu das Gefühl, daß er der Starke ist.« Und das Ganze geriet außer Kontrolle. Ich habe mich wirklich selbst schwach gemacht: »Gut, du triffst die Entscheidungen«, und »Alles ist prima«, und immer beschwichtigen. Aber die Sache geriet außer Kontrolle.

Da Jan ein starkes Gespür für die Verletzlichkeit dieses Mannes hatte, erfand sie ein Selbst, das die Rolle der »schwachen«, unterwürfigen Frau spielte, weil sie glaubte, daß ihm das helfen würde. Sie übernahm die kulturellen Regeln, denen zufolge eine Frau auf die emotionalen und körperlichen Bedürfnisse eines Mannes einzugehen und ihre eigenen Stärken zu verstecken hat. Frauen wird ja beigebracht, mit ihrem Körper zu lügen: Das Haar wird so geschnitten, das Make-up so aufgelegt, die körperlichen Attribute so verändert, daß sie den Männern gefallen.[1] Was sollte eine Frau daran hindern, ein betrügerisches Selbst zu schaffen, das genauso gefallen soll wie die äußere körperliche Erscheinung?

Der Mann hat in diesem Spiel eine wesentlich gesichertere Position. Er braucht seine Verletzlichkeit nicht dadurch zu erfahren, daß er um Fürsorge bittet oder offen zugibt, daß er davon abhängig ist, daß die Frau seine Bedürfnisse befriedigt. Der Part des Mannes besteht darin, die kulturelle Norm zu erfüllen, die fordert, daß er stark ist und die ökonomischen Bedürfnisse der Frau befriedigt. Die traditionellen Anforderungen an die Rolle der Frau beinhalten, daß sie ihre Bedürfnisse versteckt und auf die Bedürfnisse eingeht, die sie beim Mann wahrnimmt. In Jans Worten ausgedrückt: Sie »spielte etwas vor«, als sie sich diese Regeln zu eigen machte, und dachte, sie könnten eine vorübergehende Maßnahme sein, um diesem Mann Selbstbewußtsein zu geben.

Aber Jans Kontrolle über das, was zunächst ein zweckgerichtetes Handeln war, wurde durch das Selbst untergraben, das sie schuf, um einem Mann zu helfen, an dem ihr viel lag. Sie wurde immer unfähiger, zwischen dem zu unterscheiden, was sie erfunden hatte, und dem, was sie als Realität der Beziehung kannte. Sie versuchte, ihre Liebe dadurch zu zeigen, daß sie auf Jims Wünsche einging, aber die Anstrengung, die erforderlich war, um sich den Anschein von Unterordnung zu geben, zehrte ihr früheres Gefühl auf, daß sie stark und kompetent sei:

> Aber ich hatte einen bestimmten Freundeskreis, und Jim sagte mir immer wieder, daß mir die Beziehung zu diesen Freunden nicht guttäte und daß ich mich von ihnen fernhalten sollte. Und ich dachte bei mir: »Gut, das werde ich tun, um ihm zu zeigen, wieviel Wert ich auf seine Meinung lege«, obwohl ich gar nicht davon überzeugt war, daß diese Beziehung nicht gut für mich war. Aber irgendwie verstellte ich mich wieder und versuchte, ihm zu zeigen: »Du bist wirklich stabil und stark.« Aber irgendwann war alles wirklich verkorkst.

Wenn eine Frau dem Menschen, mit dem sie am engsten zusammenlebt, eine unechte Version ihrer selbst präsentiert, kann die Folge sein, daß sie einen Verlust ihres eigenen Selbst spürt. Da es die intimen Bindungen sind, die einen Menschen schaffen, prägen und widerspiegeln, wirkt sich die primäre Beziehung einer Frau tiefgreifend auf den Kern ihres Identitätsgefühls aus. Um mit R. D. Laing zu sprechen: »*Das Identitätsgefühl erfordert die Existenz eines anderen Menschen, der einen kennt;* und eine Verbindung der Wahrnehmung des anderen Menschen von dem eigenen Selbst mit der Selbstwahrnehmung« (1969, S. 139).

Das Spiel »Wir wollen so tun, als wäre ich schwach und du stark« erfordert Unehrlichkeit im Dienste der Beziehung. Es erfordert auch den Kompromiß mit sich selbst und das Doppelspiel. Es führte bei Jan zu der für depressive Frauen charakteristischen Spaltung zwischen der äußeren Fassade von Unterordnung und der inneren Realität von Verwirrung und zunehmender Wut. Dadurch, daß Jan versuchte, nach außen ein respektvolles Verhalten zu zeigen und innerlich ihre Freiheit und Authentizität zu bewahren, hatte sie irgendwann das Gefühl, daß »immer ein innerer Kampf stattfand, so in der Art, ›ich will da raus, Jim weiß nicht, wer ich bin‹«. Und so wußte Jan immer weniger, welches Selbst real war, welche Sicht der Beziehung, der Welt, der Realität glaubwürdig war.

Sie wurde selbst in die Phantasiewelt verstrickt, die sie erfunden hatte, um Jim zu helfen: »Das Ganze geriet außer Kontrolle.« Sie fing an, den Kontakt zu ihrer eigenen Stärke und Integrität zu verlieren; sie fing an, sich mit den Augen ihres Partners zu sehen und die Legitimität ihrer eigenen Bedürfnisse in der Beziehung in Frage zu stellen. Vom Standpunkt ihres authentischen Selbst, ihres »Ichs« aus verurteilte sie sich wegen ihrer falschen Selbstdarstellung, wegen des »fehlenden Mutes«, ihre eigene Wahrheit zu sagen oder zu leben. Sie wurde von tiefen Zweifeln an ihrer Ehe ergriffen.

> Ich habe nicht viel Hoffnung. Wir stecken da immer noch drin. Ich weiß wirklich nicht warum, denn ich denke immer häufiger: »Jan, du bist doch noch jung, du bist erst 24 Jahre alt. Du verdienst es, glücklich zu sein – diese Beziehung bringt dir viel Kummer, vielleicht solltest du einfach gehen.« Aber da hängen noch viele andere Dinge dran – moralische, religiöse... Scheidung ist keine gute Lösung. Und dann spielt auch die Familie eine große Rolle. In meiner Familie gibt es niemanden, der geschieden ist oder sich getrennt hat. Das

kann man schwer durchbrechen... Mein Mann glaubt, daß er meine Bedürfnisse erfüllt. Und er wollte wissen, warum ich gestern unglücklich war, und es ist sehr schwer, darauf zu antworten. Ich meine, wirklich zu sagen: »Ich bin unglücklich, weil du so und so bist.« Niemand will das hören. Ich will ihn nicht verletzen. So habe ich das Gefühl, daß ich in der Falle sitze. Ich kann eigentlich nicht sagen, daß meine Bedürfnisse nicht befriedigt werden. Er war schockiert, er konnte nicht glauben, daß meine Bedürfnisse nicht befriedigt werden, und dann fing er an, mir klarzumachen, daß das daran liegt, daß meine Bedürfnisse zu stark sind. Aber ich wollte doch nur einen Gute-Nacht-Kuß haben und gedrückt werden. Ich glaube nicht, daß mein Mann damit überfordert ist. Aber ich weiß es nicht, ich sehe die Dinge nicht mehr klar. Vielleicht bin ich wirklich zu anspruchsvoll.

Zwischen ihrer eigenen Sichtweise und der von anderen Menschen hin- und hergerissen, verlor Jan ihren eigenen Standpunkt aus dem Blick. Sieht man sich selbst mit den Augen anderer, sei es der Herkunftsfamilie, der Kultur oder des Partners, dann entsteht eine doppelte Sichtweise, das Gefühl, daß die Dinge »nicht mehr klar sind«, wie Jan es ausdrückt. Da sie nicht mehr weiß, welche Sichtweise die richtige ist, traut sich Jan nicht, ihre eigene Sichtweise zu behaupten, welche die Autoritäten herausfordert, die ihr sagen, was sie tun oder fühlen sollte. Die Falle, die als eine äußere erscheint, besteht auch in ihr selbst, da diese Autoritäten nicht nur in der äußeren Welt, sondern auch in ihren eigenen moralischen Imperativen existieren. Aus den Worten ihres Mannes – »er fing an, mir klarzumachen, daß das daran liegt, daß meine Bedürfnisse zu stark sind« – spricht auch eine Kultur, die ihr sagt, die Durchsetzung ihrer Wünsche sei egoistisch und unreif.

Was in dem Interview mit Jan als der Wunsch erscheint, andere nicht zu verletzen, und als die Bereitschaft, dieses gute Ziel durch Selbstaufopferung zu erreichen, dient jedoch auch komplexeren – über die moralische Vorbildlichkeit und den Altruismus hinausgehenden – Zielen. In Jans Bereitschaft, ihr authentisches Selbst zum Schweigen zu bringen, als sie in eine heterosexuelle Beziehung eintritt, in ihrem Wunsch, ihren Mann nicht zu verletzen, sind sowohl kulturelle Normen als auch persönliche Ziele am Werk. Die kulturellen Regeln, die sagen, wie sich eine Frau verhalten muß, um einem Mann zu gefallen, und wie sie die Beziehung aufrechterhalten kann (indem sie die Bedürfnisse anderer befriedigt), spiegeln sich in Jans Verhalten wider. Diese Art, sich in einer Beziehung zu verhalten – die Jan »etwas vorspielen« nennt –, dient dem persönlichen Ziel der Stabilisierung der Bindung. Es ist wichtig, daß wir die gewaltige bewußte Willensanstrengung und Energie erkennen, die Jan aufwendet, um nach außen fügsam, traditionell weiblich, den Wünschen ihres Partners ergeben zu erscheinen, damit sie auf diese Weise Verbundenheit mit ihm herstellen kann.

Was Jim anfangs zu ihr hinzog – »er sagte mir, daß er die stärkste Frau suche, die er finden könne« – geht ironischerweise verloren, als sie die Verhaltensweisen annimmt, die ihrer Meinung nach günstig für die Beziehung sind: »Ich habe mich wirklich selbst schwach gemacht: ›Gut, du triffst die Entscheidungen‹ und ›Alles ist prima‹, und immer beschwichtigen.« Erinnern wir uns daran, daß Jan sagte, sie habe so gehandelt, weil sie stark nachempfinden konnte, woher das Gefühl von Schwäche bei ihrem Mann kam, und weil sie den Wunsch hatte, »ihm ab und zu das Gefühl zu geben, daß er der Starke ist«. Aber neben ihrem Mitgefühl und ihrem echten Wunsch zu helfen, besteht auch der Wunsch, die Reaktionen ihres Partners zu kontrollieren und ihn dazu zu bringen, sie zu lieben.

Die Tragödie dieser Vorstellung liegt in der falschen Auffassung, daß diese Täuschung die Intimität fördere. Viele Frauen sind sich der kontrollierenden Aspekte ihres helfenden Verhaltens nicht bewußt, und sind über den Groll verwirrt, den sie bei ihren Partnern wecken. Da sie sich auf ihr Ziel konzentrieren, die Bindung zu stabilisieren, erkennen sie die Unterminierung ihres Selbst erst, wenn sie schwer depressiv geworden sind.

In einer intimen Beziehung sind Frauen versucht, sich den konventionellen Definitionen zu beugen, die vorschreiben, wie Frauen in zwischenmenschlichen Beziehungen sein »sollten«. Der Grund dafür ist nicht nur das gesellschaftliche Umfeld, das von der männlichen Dominanz geprägt ist, sondern auch die Tatsache, daß sie von Kindheit an gelernt haben, wie die gesellschaftlich sanktionierte Interaktionsform mit Männern aussieht und wie sie Liebe und Fürsorge zu zeigen haben. Das Bindungsverhalten, das zur Depression führt – helfen, gefällig sein, sich selbst zum Schweigen verurteilen, Kontrollversuche –, erwächst aus dem Wunsch der Frauen, Nähe und bleibende Bindung herzustellen. Die Interaktionsformen zwischen einer Frau und ihrem Partner, die beide ihre individuellen Defizite und ihre persönliche Geschichte haben, schaffen eine Situation, die für die Frau das Risiko einer Depression in sich birgt. Obwohl sich der Groll der Frau gegen ihren Partner und sich selbst richtet, ist letztlich wohl das Dilemma an allem schuld, in dem sich die beiden befinden: Intimität in einem Kontext der Ungleichheit herzustellen.

Einssein

Um den Zusammenhang zwischen Depression und dem kulturell vorgeschriebenen weiblichen Bindungsverhalten besser zu verstehen, wollen wir uns anhören, wie Frauen über das Ziel sprechen, das sie anstreben, nämlich Intimität. »Einssein« ist die Metapher, die die Frauen am häufigsten benutzen, um ihr Bild von Intimität darzustellen. Nach vierzehnjähriger Ehe sagt Therese:

> Wenn man sich das Jawort gibt, ist man eins. Man hofft, daß man so handelt, als wäre man *ein* Mensch.

Zweimal geschieden und jetzt alleinerziehend, stellt Maya fest:

> Wenn eine Frau heiratet, wird sie mit ihrem Mann eins, und ich glaube, daß ich das wörtlich meine. Daß

sie sich ihm angleicht und mit ihm verschmilzt, und daß er alle Verantwortung übernimmt. Irgendwie verliert sich die Frau dabei und wird wie ihr Mann.

Im westlichen Denken ist das Einssein der Inbegriff von Intimität. Die Dichter schreiben von der Überwindung der Grenzen zwischen zwei getrennten Wesen, wenn sie die Verzückungen der Liebe besingen. So auch Octavio Paz bei der Beschreibung eines Liebespaares während eines Bombenangriffs im Spanischen Bürgerkrieg, in seinem großen Gedicht *Piedra de Sol* (Sonnenstein, 1957):

»Denn die verflochtene Nacktheit beider
überspringt die Zeit, ist unverletzlich,
nichts berührt sie, sie kehren heim zum Anfang,
Da ist kein Du, kein Ich, kein Morgen, Gestern,
nur namenlose Wahrheit, zweifach einig
Körper und Seele, volles Dasein...«
(Octavio Paz, 1957)

Das Einssein findet in einem Augenblick der Ekstase statt, wenn die Grenzen zwischen zwei Körpern, zwei getrennten Bewußtheiten durch die Leidenschaft überwunden werden. In seiner positiven Bedeutung kann Einssein mit Ganzheit assoziiert sein, mit der Zusammenführung von zwei getrennten Realitäten zu einem Ganzen, das groß genug ist, beide zu umschließen. Das Einssein drückt ein unmittelbares Gefühl aus, eine Aufhebung von Grenzen, eine Verbundenheit, die eine Rückkehr zur »Quelle« darstellt. Es erinnert mehr an die Nähe zwischen Mutter und Kind als an die Liebe zwischen Erwachsenen, außer in den herausgehobenen Momenten der sexuellen Leidenschaft, welche die Rückkehr zum Einssein ermöglichen.

Das im Westen von Jahrhundert zu Jahrhundert weitergegebene romantische Bild vom Einssein schafft ein Ideal, dessen Leuchtkraft so stark ist, daß die Ungleichheit im Schatten bleibt; auf sie fällt kein erhellendes Licht, sie ist kein Gegenstand der Untersuchung. Für die Frauen ist dies ein in sich widersprüchliches Bild, das ihnen das Gegenteil von dem bringt, was es verspricht. Wenn depressive Frauen vom Einssein in ihrer Ehe sprechen, lassen sie keinen Zweifel daran, daß die neue Einheit vor allem die Persönlichkeit, die Vorlieben und Ziele des Mannes widerspiegelt. Dem Bild vom Einssein und seinem Versprechen von Intimität verpflichtet, beschreiben die Frauen, wie sie ihr Anderssein auslöschen, wie sie unsichtbar werden, um ihrem Partner nah zu sein.

Die kulturellen Bilder, die Intimität als Einssein darstellen, verstärken dabei die Erfahrungen, die viele Mädchen frühzeitig mit ihren Eltern gemacht haben. Mütter und Väter, die Übereinstimmung mit ihren Ansichten und Werten als Bedingung für das Geliebtwerden fordern, legen den Grundstein für die spätere Anpassung ihrer Töchter an die Wünsche eines Partners. Ein überzeugendes Beispiel dafür ist das Protokoll von Merton Gill und Irwin Hoffman über eine psychoanalytische Sitzung mit der Patientin B:

In unserer Familie wurden wir bei wichtigen Dingen nie gefragt: »Was meint ihr?« oder »Was möchtet ihr?« Daran kann ich mich erinnern. Und selbst wenn wir gefragt wurden, machten unsere Eltern uns klar, daß wir ihrer Ansicht sein sollten, und daß wir, wenn wir nicht mit ihnen einer Meinung waren, dumm waren und von nichts eine Ahnung hatten oder unreif waren und daß wir es verstehen würden, wenn wir größer wären. Und das andere ist – ich glaube, daß das vielleicht noch wichtiger ist –, wie mein Vater ist, wenn man mit ihm einer Meinung ist, wenn man dasselbe Essen aussucht oder seiner politischen Philosophie zustimmt. Dann ist man fast ein Kumpel. Da entsteht Nähe, und er ist sehr gerührt, weil man ihm dadurch irgendwie Selbstvertrauen gibt, und ich glaube, daß er das braucht. Selbst wenn man sich ein Eis bestellte, lief das so. Wenn man die gleiche Sorte nahm wie er, dann entstand irgendwie eine Intimität, und er kam in eine sehr gute Stimmung. Man hatte seine Anerkennung und seine Zuneigung, wenn man das gleiche wählte wie er. Und ich dachte auch so – ich möchte, daß F [Ehemann] zuerst seine Entscheidung trifft, denn ich glaube jetzt, daß ich das mit F auch so mache – daß, wenn wir beide das gleiche essen oder die gleiche Meinung haben, eine gewisse Intimität oder Nähe entsteht. [Pause] Und andererseits habe ich angenommen, daß man getadelt wird, wenn man seine eigenen Wege geht, seine eigenen Ideen hat oder seine eigene Wahl trifft. (Gill und Hoffman, 1982, S. 35–36)

Wie diese Frau so deutlich schildert, wurde ein konformes Verhalten mit Liebe belohnt, so daß Gleichsein mit einer »gewissen Intimität oder Nähe« assoziiert wird. Da autonomes Denken und Handeln bestraft wird, denkt sie, daß Unabhängigkeit – seine eigene Meinung äußern, seine eigene Sichtweise haben – die Sicherheit der Bindung in Frage stellt. In dem Versuch, Sicherheit und Nähe in der Beziehung herzustellen, überbrücken die Frauen die Distanz zwischen sich und dem anderen, indem sie versuchen, mit ihrem Mann »eins« zu werden.

Wenn Frauen von Einssein sprechen, ist das für die meisten Psychologen ein Hinweis darauf, daß sie den ungesunden Wunsch haben, mit einem anderen Menschen ganz zu verschmelzen. Der Versuch, das Dilemma von Intimität und Ungleichheit durch das Aufgehen im Ehemann zu lösen, wurde in der Vergangenheit ausschließlich auf die beschädigte Psyche der Frau zurückgeführt. Übersehen werden dabei die gesellschaftlichen Normen, die den Frauen vorschreiben, was im Umgang mit Männern akzeptabel und inakzeptabel ist. Das Ideal der romantischen Liebe zeichnet das Bild eines selbstlosen Hinausgehens über sich selbst und einer Einheit, in die sich beide einbringen. Dieses Ideal verheißt Erweiterung, Wachstum, Kreativität und Freude. Es verschleiert das Problem der Ungleichheit; wo am Ende die perfekte Einheit steht, kann es kein Problem der Ungleichheit geben. Wo alles gewonnen wird, kann nichts verloren werden, schon gar nicht das Selbst. Im realen Leben bringen die sozialen Rollen von Mann und Frau dagegen Aufgaben, Verpflichtungen und Spielregeln mit sich, die zwischen den Partnern ein Gefälle entstehen lassen. Wenn depressive Frauen das Einssein in der Ehe beschreiben, formen sie das romantische Bild von Intimität so um, daß es zu ihrer untergeordneten Rolle in der Ehe paßt: Einssein bedeutet, genauso zu sein wie der Partner.

Der Wunsch zu helfen

Das Eingehen der Ehe oder das Ausharren in einer verletzenden Ehe beschreiben depressive Frauen als den Wunsch, dem Mann »zu helfen«. Unerwähnt bleibt dabei, daß sie den Wunsch haben, sich den Partner zu erhalten, indem sie für sein Wohlbefinden sorgen. Ihren Worten zufolge sehen sie in dem erwachsenen Mann ein geschädigtes Kind, dem sie bei der Gesundung helfen wollen. Da sie glauben, daß man einen anderen Menschen das Lieben lehren kann, indem man nicht Gerechtigkeit fordert, sondern für ihn sorgt und ihm verzeiht, sind sie bereit, gewisse Verletzungen (eine gewisse Ungerechtigkeit) in Kauf zu nehmen, wenn der Partner dadurch lernt, richtig zu lieben. Sie drücken ganz offen aus, daß sie ihren Mann so behandeln, als wäre er ein verletztes Kind, das Trost, Geduld und Zeit braucht, damit er irgendwann lieben kann.

Maya war sechs Jahre lang mit einem Mann verheiratet, der sie und ihren Sohn mißhandelte. Auf die Frage, warum sie ihren Mann nicht gleich verlassen habe, als die Mißhandlungen anfingen, antwortete sie:

> Ich dachte, ich könnte ihm vielleicht helfen, und ich weiß, daß wahrscheinlich viele so denken. Wenn man eine gute, verständnisvolle, liebevolle Frau ist, kann man ihm helfen, was überhaupt nicht realistisch war, zumindest nicht in dieser Situation. Vielleicht klappt das in anderen Ehen.

Kurz nach der Heirat wurde Maya schwanger:

> Weil ich dachte, daß ein gemeinsames Kind mit ihm vielleicht helfen würde, die Dinge in Ordnung zu brin-

gen, ihm helfen würde. Ich wußte, daß er viele emotionale Probleme hatte, das erkannte ich nach der Heirat. Ich dachte, daß ein Kind uns einander näher bringen würde und daß sich alles klären würde. Aber es änderte sich nichts.

Susan, 32 Jahre alt, zwei kleine Kinder, war in ihrer achtjährigen Ehe ebenfalls körperlich mißhandelt worden:

In vielen Bereichen meiner eigenen Ehe habe ich diese Behandlung hingenommen. Ich versuche, Harrys Verhalten mir gegenüber damit zu entschuldigen, daß er in seinem tiefsten Inneren ein sehr frustrierter Mensch sein muß. Gewöhnlich schiebe ich alles auf seine Kindheit. Und ich habe eine Tendenz in mir, mich so behandeln zu lassen, und gebrauche immer diese Entschuldigung: »Er hatte eben so eine schreckliche Kindheit. Er kann keine Liebe und Zuneigung zeigen, also erwarte es nicht von ihm.« So läuft das eben.

Es ist interessant, daß wir in vielen Fällen eine Frau für gesünder halten, wenn sie eine Beziehung verläßt; wir sind der Ansicht, daß die Trennung mehr Stärke verlangt als das Festhalten an einer Bindung. Wenn eine Frau dagegen beschließt, in einer schwierigen Beziehung zu bleiben, und versucht, sie zu verbessern, sind wir bereit, ihr eine geringe Selbstachtung zu bescheinigen, sie als abhängig und klammernd zu bezeichnen, ihr Rückgrat abzusprechen. Aber eine Beziehung zu beenden, bedeutet, ein persönliches Engagement zu beenden, während das Verbleiben in einer schwierigen Beziehung und der Versuch der Verbesserung eine aktive Mitwirkung bedeutet. Das Weggehen wird gelobt, während das Leiden für andere als krank oder unreif gilt (Holub, 1990). Darum ist es wichtig, zu erkennen, daß der Wert, den diese Frauen ihrer Beziehung beimessen, sie zu der Überzeugung bringt, daß es richtig ist, zu bleiben, und daß das Stärke erfordert. Wir müssen anerkennen, daß diese Frauen ehrlich versuchen, ihren Partner durch Liebe dazu zu bringen, Nähe zuzulassen, und erkennen, daß der

Erreichung dieses Ziels sowohl kulturelle als auch psychologische Hindernisse entgegenstehen.

Aber die Prämisse, auf der die Beziehung basiert, nämlich die aufrichtige Überzeugung einer Frau, daß sie einem nur begrenzt liebesfähigen Mann helfen könne, kann zu einer Zunahme der Verletzungen führen. Und zwar deswegen, weil sich die Frau nicht direkt mit den Problemen des Mannes auseinandersetzt und sagt, was diese für sie bedeuten, sondern weil sie eine Position der Unterordnung einnimmt, um eine Fassade von Intimität zu schaffen, und weil sie hofft, daß sich schon »alles regeln wird«. Sie schützt ihren Partner vor ihren eigenen Reaktionen, um die Illusion von Intimität aufrechtzuerhalten. Indem sie sich um Nähe bemüht, schafft sie eine noch größere Kluft zwischen der möglichen Verbundenheit, die sie anstrebt, und der Realität der Beziehung. Ironischerweise wird dabei Täuschung zur Basis der Beziehung – Täuschung über die eigenen Gefühle, die Wahrnehmung des Partners, die eigene Ambivalenz und die wachsende Wut.

Depressive Frauen unterdrücken ihre Kritik an ihrem Ehemann oder Partner und entschuldigen sein Handeln mit seinen Kindheitsproblemen. Durch ihr fürsorgliches Verhalten kann sich die Frau indirekt stark und mächtig fühlen. Sie kann etwas für sich selbst tun – die Beziehung kontrollieren –, dies aber als ein Handeln für den anderen bemänteln. Wie alle menschlichen Verhaltensweisen kann auch das »Helfen« positiv oder negativ sein, je nachdem, wie sich die Wahrheit in der Beziehung entwickelt. Die Wahrheit muß im Rahmen der Realität einer jeden Person definiert werden. Dazu sagt Adrienne Rich:

> Wenn wir von Lügen sprechen, kommen wir zwangsläufig auf das Thema Wahrheit. Das ist weder ein einfaches noch ein leichtes Thema. Denn es gibt nicht »die Wahrheit«, »eine Wahrheit« – die Wahrheit ist kein Ding oder gar ein System. Sie ist eine zunehmende Komplexität. Das Muster eines Teppichs ist eine Oberfläche. Wenn wir näher hinsehen oder wenn wir selbst weben, erkennen wir die vielen winzigen Fäden, die in

dem Gesamtmuster nicht sichtbar sind, und die Knoten auf der Unterseite des Teppichs. (1979, S. 187)

Die Fäden eines echten moralischen Bemühens durchziehen den Wunsch dieser Frauen, ihrem Ehemann zu helfen; sie kreuzen sich mit den Fäden ihrer vergeblichen Versuche, Liebe durch Selbstaufopferung zu bekommen und zu behalten. Zusammen ergeben sie ein komplexes Netz der Selbstverleugnung, in dem die Frau sich verfängt, wenn sie versucht, ihren Partner von seinen Defiziten zu befreien und eine sichere Beziehung zu schaffen, in der sie gebraucht und geliebt wird.

In dem Handeln dieser Frauen offenbart sich auch der Glaube an die verändernde Kraft der Liebe. Dieser Glaube, daß man andere durch Liebe retten könne, ist schließlich ein zentraler Bestandteil des Christentums. Die verändernde Liebe impliziert die Bereitschaft, seinen kostbarsten Besitz herzugeben – einen Teil des Selbst –, um andere zu erlösen. »Also hat Gott die Welt geliebt, daß er seinen eingeborenen Sohn gab.« Für einen Menschen wie Mutter Teresa sind persönliche Beschwerlichkeiten unerheblich, wenn es darum geht, sich hingebungsvoll um diejenigen zu kümmern, die von der Gesellschaft im Stich gelassen wurden. Die verändernde Liebe und die durch sie geschaffenen Möglichkeiten einer kreativen Beziehung können jedoch deformiert werden, wenn dieses Ideal auf spezifische menschliche Handlungen übertragen wird.[2] In Beziehungen, die durch Ungleichheit und körperliche wie emotionale Mißhandlung geprägt sind, wird die Idee der verändernden Liebe zu einem einengenden und erdrückenden Mythos.

So wie die Frauen es darstellen, steckt in der verändernden Liebe oder dem »Helfen« auch die Absicht, einen Mann an sich zu binden und seine Liebe zu einer verläßlichen Größe zu machen. Das Bedürfnis, auf diese Weise Bindung zu schaffen, scheint direkt mit der fehlenden Selbstachtung der Frau zusammenzuhängen. Viele depressive Frauen, mit denen ich gesprochen habe, sind mit einer geringen Selbstachtung aufgewachsen, insbesondere, was ihre »Attraktivität« für Männer betrifft.

Unter Attraktivität ist dabei nicht die bloße körperliche Attraktivität zu verstehen, sondern das grundlegende Gefühl, daß man liebenswert und gut genug ist, um sich die Zuneigung eines begehrenswerten Mannes zu erhalten. Infolge der Dynamik der elterlichen Beziehung und der Identifikation mit der geringen Selbstachtung der Mutter ist es leicht möglich, daß ein Mädchen die Überzeugung entwikkelt, daß sie es einem Mann immer recht machen müsse, um ihn zu »halten«. Sie wächst mit der Meinung auf, daß ein Mann nicht bei ihr bleibt, wenn er nichts von ihr braucht. Maya erzählt, was sie an ihrem zweiten Mann anziehend fand:

> Ich fand ihn körperlich attraktiv, und auch, daß er mir gegenüber sehr aufmerksam war, daß er sich für mich interessierte, daß er ein Problem hatte, und ich wollte ihm helfen.
> Und ich kann mich an meine Mutter erinnern, die gesagt hat: »Eine Frau kann einen Mann verändern, wenn sie es wirklich versucht.« Und gerade neulich habe ich in einem Buch gelesen, daß man die Grundstruktur eines Menschen nicht verändern kann, daß man es also auch nicht versuchen soll und daß man damit sein Leben vergeudet. Ich dachte, oh, wie gut ich das kenne.
> *(Bei welchem Problem hatten Sie das Gefühl, daß Sie etwas daran ändern könnten?)* Er war einsam, und er war Alkoholiker, und ich wußte, daß es dafür Behandlungen gibt. Das war es, kurz gesagt. Der Wunsch zu helfen.

Auf die Frage, wie sie reagiert hätte, wenn sie einen Mann getroffen hätte, der »toll« und »emotional intakt« gewirkt hätte, antwortete Maya:

> Damit hätte ich nicht umgehen können, ich hätte Angst gehabt.
> *(Wovor?)* Vor ihm. Ich weiß nicht, warum. Weil er dann so über mir gestanden hätte und so weit weg ge-

wesen wäre. Ich hätte keinen Kontakt zu ihm gefunden, er hätte mich nicht gebraucht. Was für einen Sinn hätte das Ganze dann gehabt?
(Was meinen Sie damit, daß er so über Ihnen gestanden hätte und so weit weg gewesen wäre?) Daß ich so unterlegen gewesen wäre. Daß ich nicht fähig gewesen wäre, mit ihm in Kontakt zu kommen. Es wäre für mich sinnlos gewesen, ihn zu heiraten, weil er selbst für sich sorgt. Warum sollte er mich heiraten wollen? Ich hatte das Gefühl, daß ich jemanden heiraten müßte, der mich braucht, dem ich helfen könnte.

In ihren weiteren Ausführungen stellt Maya dann einen Zusammenhang zwischen ihrem Bedürfnis, einem Mann zu helfen, und ihrer eigenen geringen Selbstachtung her.

Und ich frage mich, ob die Ursache dafür nicht meine fehlende Selbstachtung ist. Ich habe nicht viel von mir gehalten, schon als Heranwachsende nicht. Ich hatte immer das Gefühl, daß ich allen anderen unterlegen war, obwohl ich in der Schule gut war und Freunde hatte. Ich hatte nie das Gefühl, daß ich es mit ihnen aufnehmen konnte.

Führt man die Logik von Mayas Denken weiter, stößt man auf einen Kreislauf, der illustriert, wie sie sich selbst die Fesseln eines Denkens und einer Beziehung anlegt, welche genau das verhindern, was sie anstrebt (Abb. 1).

Wenn eine Frau aufgrund ihres geringen Selbstwertgefühls nicht glauben kann, daß sie »nur so« geliebt wird, um ihrer Eigenschaften und Fähigkeiten willen, sucht sie sich einen geschädigten Partner aus, dem sie helfen will. Wenn der Ehemann oder Partner die Frau *braucht*, damit sie ihm Stärke gibt oder irgendein wesentliches Defizit seiner Persönlichkeit ausgleicht, dann ist die Wahrscheinlichkeit geringer, daß er sie verläßt. Die Frau glaubt, daß ihr Partner, wenn sie ihre Bereitschaft bekundet, durch Geduld, Liebe und Nachsicht zu seiner Gesundung beizutragen, eine enge

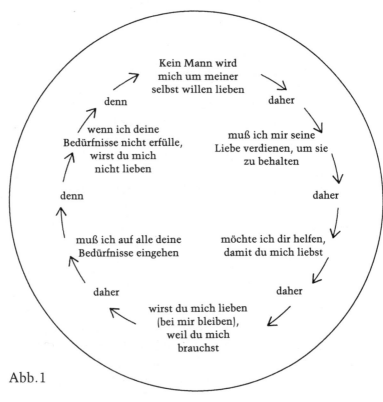

Abb. 1

Bindung zu ihr entwickeln wird. Auf diese Weise hat sie das Gefühl, die Kontrolle über ihre Unterwürfigkeit zu behalten, und erwartet als Belohnung für ihre Selbstaufopferung eine sichere Beziehung. Gleichzeitig wird sie es jedoch leid, sich ständig Liebe zu »verdienen« und entwickelt einen starken inneren Groll gegen die Falle, in der sie sich gefangen fühlt.

Da die Kultur den Wert der Frau im Verhältnis zum Wert des Mannes niedriger veranschlagt, versucht die Frau, dadurch einen Ausgleich zu schaffen, daß sie dem Mann gibt, was er braucht. Empfindet man sich so selbst als den Gebenden, hat man ein Gefühl der Ich-Erweiterung, während das Nehmen einem vielleicht das Gefühl gibt, in der Schuld des anderen zu stehen, was wiederum die Möglichkeit beinhaltet, daß man sich klein fühlt (Gaylin, 1978). Wenn eine Frau eine geringe Selbstachtung hat, kann sie das Gefühl haben, kein ganzer Mensch und unvollständig zu sein. Da sie weiß, daß sie die Ganzheit braucht, um sich besser zu fühlen, wählt sie einen Partner, der ebenfalls unvollständig ist, der ebenfalls die Ganzheit braucht, um sich besser zu fühlen, und dem sie folglich helfen kann. Symmetrie der Unvollständigkeit in dieser Beziehung scheint eine perfekte Übereinstimmung und eine größere Ganzheit zu verheißen.

Das kulturelle Sterotyp schreibt noch immer vor, daß die Männer wählen und die Frauen gewählt werden. Da die Männer in größerem Maße die Macht des Auswählens haben, versuchen die Frauen bewußt und unbewußt, deren Ansprüche zu erfüllen, damit sie daraufhin von ihnen gewählt werden. Wenn eine Frau gewählt wird, beweist ihr das ihre weibliche Identität und ihre sexuelle Attraktivität. So konzentriert eine Frau ihre Energien darauf, den Mann zu verstehen, damit ihr Eingehen auf seine Bedürfnisse zu der Macht wird, die ihn anzieht und hält.

Die Form des Helfens

Der Wunsch einer Frau, ihrem Mann bei der Bewältigung seiner Probleme zu helfen, ist an sich noch nicht ungesund oder ein Zeichen von Abhängigkeit. Er wird erst ungesund durch die *Art und Weise*, wie eine Frau sich um die Beziehung bemüht, nämlich durch den Zwang des selbstlosen Gebens. Die Frauen lernen diese Form der Hilfe für den Partner von ihren Eltern und durch die Kultur insgesamt. Wenn Frauen dieses vorgeschriebene weibliche Bindungsverhalten praktizieren (also die Interaktionsformen, die angeblich die Intimität in einer heterosexuellen Beziehung herstellen), werden sie als »abhängig« verurteilt, obwohl das genau die Regeln sind, die die Kultur ihnen vorgibt. Wenn sie versuchen, aus diesem Schema auszubrechen, handeln sie sich häufig Tadel ein, weil sie sich auf ihre eigenen Bedürfnisse, Ziele und Wünsche konzentrieren.

Viele Frauen richten sich automatisch nach den frühzeitig gelernten Beziehungsregeln, wenn sie eine intime heterosexuelle Beziehung eingehen. Sandra, 40 Jahre alt und von ihrem Mann getrennt, sagt:

> Ich weiß, daß sich die traditionelle Rolle, die ich in meiner Ehe gespielt habe, fast automatisch eingestellt hat. Meine Eltern haben das so gemacht, und bei ihnen hat es funktioniert, also glaubte ich, es würde auch bei mir funktionieren.

Die Rolle, die Sandra und andere beschreiben, ist hauptsächlich dadurch gekennzeichnet, daß man »alles gibt und soviel wie möglich gibt, um die Beziehung zusammenzuhalten«. Die Aufrechterhaltung der Beziehung hat oberste Priorität.

Die Rolle des selbstlosen Gebers enthält ihre eigene Blindheit und führt eine Frau direkt in die sogenannte Abhängigkeit. Nachdem sich Jan von ihrem Mann getrennt hatte, dachte sie über die Beziehung und die »Machtkämpfe« der beiden nach. Indem sie beschreibt, wie »ich ihm nahe sein wollte und er mich auf Distanz halten wollte«, erzählt sie von dem Kampf, den sie um das Geben führten:

> Ich versuche, den Machtkampf zu definieren, denn das war es. Ich glaube, ich weiß nicht, ob wir versucht haben, gleichzeitig zu geben oder gleichzeitig zu nehmen, denn bei unseren Absichten war vieles völlig verquer. Ich denke, es war ein Geben und Nehmen, aber aus den falschen Gründen. Ich glaube, wir haben uns zuliebe und nicht dem anderen zuliebe gegeben. Und beim Nehmen ging es wohl um den anderen und nicht um uns selbst. Es scheint, daß bei uns alles verdreht war.
> *(Wie sähe denn ein Nehmen dem anderen zuliebe aus?)* Vielleicht, um den anderen zu verletzen, weil er nicht auf die richtige Weise gegeben hat oder so etwas. Oder ich habe genommen, um Jim einen Gefallen zu tun, denn zu Beginn unserer Ehe hat er gesagt, daß ich geben, geben, aber nicht nehmen würde. Gut, du willst, daß ich nehme, also werde ich nehmen. Wenn es das ist, was ich deiner Ansicht nach tun sollte.

Diese Handlungen – »uns selbst zuliebe geben« und »dem anderen zuliebe nehmen« –, die in Absicht und Auswirkung gleichsam auf den Kopf gestellt sind, haben ihren Ursprung in einer Beziehung, die durch mangelnde Kommunikation und Gegenseitigkeit gekennzeichnet ist. Wenn kein Partner ein sicherer Halt für den anderen ist, kann keiner den Wunsch nach Unterstützung direkt ausdrücken, so daß es beide indirekt oder auf eine fordernde und aggressive Weise tun. Der von Jan beschriebene verborgene Aspekt dieser Art des Umgangs miteinander ist folgender: Der eigene Wunsch wird als Wunsch des anderen verschleiert, aber der andere wird nie gefragt, ob er möchte, daß ihm etwas in dieser Form gegeben wird. In ihrem Bemühen, ihren Mann zufriedenzustellen, »übernahm« Jan die Funktion der Gebenden, ließ ihrem Partner aber wenig Raum, ihr etwas zurückzugeben, und erwartete trotzdem, daß er ihr Handeln zu schätzen wüßte.

Jan ist ein gutes Beispiel für den Unterschied zwischen einer rollenbedingten und einer beziehungsbedingten Empfänglichkeit für den Partner. Gründet sich das, was sie für den anderen tut, auf dessen wirkliche Wünsche und Bedürfnisse oder auf die eigene Rolle der »guten Ehefrau«? Ironischerweise weiß Jan nie richtig, was ihr Partner will oder fühlt. Indem sie ihm gibt, was er *ihrer Ansicht nach* braucht, richtet sie sich nach dem anderen Rollenstereotyp, nämlich dem des »Ehemannes«. In dieser Situation entwickelt sich ein Geben, das für die wirklichen Bedürfnisse des anderen blind ist:

> Ich denke, daß wir uns das gegeben haben, von dem wir glaubten, daß es der andere brauchen sollte, und wir haben nicht wirklich hingeschaut.

Das Bild der »guten Ehefrau« besteht unabhängig von dem, was der Ehemann der betreffenden Frau tatsächlich will. Wenn eine Frau die Rolle der Ehefrau übernimmt, geht ihr Wunsch zu geben Hand in Hand mit einer klaren Vorstellung davon, in welcher Form, also *wie* sie zu geben habe. Jan drückt es so aus:

Schließlich fragte ich mich, warum ich, wenn ich so intelligent war, wie ich dachte, weiterhin all diese dummen Sachen mache, die mich unglücklich machen. Daß ich zum Beispiel darauf bestand, daß mein Maßstab für eine »gute Ehefrau« der war, den mein Mann an eine Ehefrau anlegen sollte. Wir gerieten deswegen ständig aneinander. Er wollte, daß ich aus dem Haus ging. Er wollte nicht jeden Abend ein komplettes Essen. Ihm reichte es manchmal, wenn er ein Sandwich aß oder gar nichts oder Popcorn, wer weiß. Und ich habe in der ersten Zeit unserer Ehe gedacht, oh Gott, wenn ich eine gute Ehefrau sein will, muß ich für ein ausgewogenes Essen sorgen, oder ich versage als Ehefrau.

(*Das haben Sie also am Anfang Ihrer Ehe empfunden und zu tun versucht?*) Oh ja. Oh, ja, das kommt alles von meiner Mutter. Ich habe Taschentücher gebügelt, wissen Sie, wie meine Mutter. Ich habe seine ganze Wäsche gebügelt, denn das taten die guten Ehefrauen. Sie kümmerten sich um ihre Männer, gingen auf jede Laune ein. Sie waren immer da, wenn ihre Männer etwas brauchten.

Jan ging nicht auf die von Jim geäußerten Bedürfnisse ein, sondern folgte ihrem eigenen Bild von den Bedürfnissen eines »Ehemannes«, das sie durch Identifikation mit den Einstellungen und Verhaltensweisen ihrer Mutter gelernt hatte. Das Mißverhältnis zwischen Realität und Rolle trat zutage, als Jim sich darüber beklagte, daß »seine Brille Kratzer bekam, wenn ich seine Taschentücher bügelte«.

Jan definiert die »gute Ehefrau«, indem sie sagt: »Das war immer meine Grundregel, es meinem Mann recht zu machen...« Sie sorgte für ihren Mann so, wie sie es von ihrer Mutter gelernt hatte – ausgewogene Mahlzeiten und gebügelte Taschentücher. Rückblickend stellte sie allerdings fest, daß sie ihm auch noch etwas Wichtigeres gegeben hatte: »Ich war in meinem Selbstwertgefühl von Jim abhängig, wirklich.« Und sie beschreibt, wie das funktionierte:

Ich trug nichts, was er nicht mochte, oder kaufte nichts, was er nicht mochte. Das ging so: Wenn mir eine Bluse gefiel, fragte ich ihn: »Wie findest du diese Bluse?«, und er sagte vielleicht: »Sie ist okay.« Dann legte ich sie wieder zurück, weil ich wollte, daß er sie wirklich mochte. Ich zog mich also für ihn an. Alles Äußere, wissen Sie, Haare, Make-up, was auch immer. Ich tat nichts, wenn ich nicht seine ausdrückliche Zustimmung hatte. Ich glaube, daß es natürlich ist, wenn in einer Beziehung viel diskutiert wird und man die Zustimmung des anderen möchte, aber das war nicht mehr natürlich. Ich versuche, an irgend etwas zu denken, was ich nicht – mir fällt spontan nichts ein. Aber es schien sich alles um ihn zu drehen, was für mich sehr frustrierend war.

Obwohl sich Jan stark und stabil fühlte, als sie die Beziehung einging, sah sie sich zunehmend mit den Augen ihres Partners und gab ihm dadurch die Macht, sie zu bewerten. Auf diese Weise wurde ihr Selbstwertgefühl von ihrem Partner abhängig. Diese Art Abhängigkeit verweist nicht auf Regression, Hilflosigkeit oder eine Entwicklungshemmung. Sie ist kein Charakterzug, sondern ein Kennzeichen der Situation; sie entsteht, wenn eine Frau die Rolle der Ehefrau übernimmt, welche die Forderung beinhaltet, den Ehemann zufriedenzustellen. Diese Forderung verstärkt die Ungleichheit der Geschlechter in einer intimen Beziehung und hindert die Frau daran, ihren eigenen Standpunkt zu vertreten. So führt die Vorstellung von einer spezifisch weiblichen Form des Gebens, der die Absicht zugrunde liegt, ihm zu helfen und für sich selbst die Beziehung zu festigen, zu Selbstentfremdung und zwischenmenschlicher Distanz.

Die depressiven Frauen, die sich von dem Bild des Einsseins und von ihrem Wunsch zu helfen haben leiten lassen und die um Intimität in einer ungleichen Beziehung kämpfen, schildern letztlich nur Denk- und Verhaltensmuster, die in heterosexuellen Beziehungen weitverbreitet sind. Die folgende Gedankenkette verdeutlicht die zugrunde liegenden zwischenmenschlichen Beziehungsmuster:

Ich möchte in meiner Beziehung gut und liebevoll sein

und

ich möchte Nähe, Intimität und Sicherheit bei meinem Partner

aber

mein Verständnis von Nähe und Gutsein bedeutet, daß ich keinen Konflikt auslöse oder Verärgerung zeige

daher

muß ich, wenn ich mit meinem Partner nicht übereinstimme, meine Meinung zurückhalten, um eine Trennung und eine Beeinträchtigung der Beziehung zu verhindern

daher

kann ich mich gegenüber meinem Partner nicht so geben, wie ich bin

daher

bleibt er bei mir, weil er mich für jemanden hält, der ich nicht bin

und

ich habe mich selbst in dieser Beziehung verloren und doch keine Intimität erreicht

daher

habe ich keine Hoffnung mehr, denn ich sehe keinen Weg, Intimität zu erreichen, ohne mich selbst aufzugeben

und

ich bin wütend darüber, daß er mich nicht so liebt, wie ich bin. Ich fühle mich in dieser Beziehung schlecht und verabscheuenswert und ich bin frustriert und selbstentfremdet, weil ich mein wahres Selbst nicht ausleben kann aber ich möchte in einer sicheren Bindung gut und liebevoll sein.

Die Bedeutung des Wohlverhaltens

Depressive Frauen sprechen häufig davon, daß es wichtig sei, es ihrem Mann »recht zu machen«. Wie kommt es, daß das so wichtig wird? Um dies vom Standpunkt der depressiven Frauen aus zu verstehen, müssen wir unser Augenmerk auf jene Stellen ihrer Erzählungen richten, an denen sie anfangen, von diesem Wohlverhalten gegenüber ihrem Ehemann oder Partner zu sprechen. Eingeleitet werden ihre Ausführungen über diesen Punkt durch Äußerungen über die Stärke des Mannes und die mangelnde Verantwortung der Frau für sich selbst in der Ehe. Die meisten Frauen beschreiben ihren Partner als »stärker«. Anna sagt:

> Er ist so stark, daß ich glaube, daß ich ihn mehr brauche als er mich, vielleicht.
> *(Was meinen Sie, wenn Sie »stark« sagen?)* Er kennt seinen Weg, weiß, was er will, wie er es will usw. Vielleicht setzt er häufiger seinen Willen durch.

Maya sagt, daß sie ihren ersten Mann, der sie mißhandelte, als »stark« und »in Ordnung« empfand, obwohl sie erkannte, daß er Probleme hatte.

> Ich hatte nie das Gefühl, ihn beschützen zu müssen, weil ich vielleicht andersherum dachte, nämlich daß er der Beschützer war. Aber ich fange an, zu erkennen, daß ich ihn beschützt habe.

Nach fünfzehnjähriger Ehe beschreibt Linda, wie ihr Mann ihr als der »Stärkere« erschien, während sie »emotional«, »irrational« war. Aber während der Trennung, in der sich Linda auf die Scheidung vorbereitete, überprüfte sie noch einmal diese Vorstellungen von sich selbst und ihrem Mann und stellte sie in Frage.

Ich erkenne jetzt, daß *ich* diejenige war, welche die Entscheidungen traf, und daß er auf mich hörte. Ich war diejenige, die beschloß, ein Auto zu kaufen und ein Haus zu kaufen und eine Menge anderer Dinge, um die sich in vielen anderen Ehen der Mann wohl mehr kümmern würde.

Aus verschiedenen Gründen idealisieren diese Frauen ihre Partner als stark. In einer intimen Beziehung muß man zwangsläufig den Menschen idealisieren, dem man sich unterordnet. Wenn das Selbst als verletzlich erfahren wird, muß der andere als stark gesehen werden, damit ein Gefühl der Sicherheit entsteht. Das Gefühl, daß der Mann stärker sei, beruht aber auch auf der Tendenz des Mannes, seine Bedürfnisse zu verschleiern und zu verstecken.

Die kulturellen Stereotypen erhalten auch den Mythos am Leben, daß der Mann stark und die Frau schwach sei. Jessie Bernard beschreibt den Schock, der eintritt, wenn »der trügerische Charakter der Rollenstereotypen entdeckt wird, welche die Ehefrau aufgrund ihrer Sozialisation akzeptiert hat und auf die sie ihr Leben ausgerichtet hat«.

Ihr Ehemann ist nicht die starke Eiche, auf die sie sich stützen kann. Es gibt kaum ein größeres Trauma als die Entdeckung des Kindes, daß seine Eltern fehlbar sind; als die Entdeckung der Ehefrau, daß ihr Mann von vielen Dingen abhängig ist; als die Entdeckung ihrer eigenen totalen Überlegenheit in tausend versteckten Nischen ihrer Beziehung; als die Erkenntnis, daß sein Urteil in vielen Situationen nicht besser ist als das ihrige; daß er eigentlich nicht mehr weiß als sie; daß er nicht der ruhige, rationale, unemotionale Experte für Fakten und relevante Argumente ist; daß er, kurz gesagt, überhaupt nicht die Person ist, als die das männliche Stereotyp ihn zeichnet. Ebenso schwerwiegend, wenn nicht noch schwerwiegender, ist ihre Erkenntnis, daß sie nicht das schwache Anhängsel ist; daß sie in der Beziehung häufig die Starke sein muß. Diese Traumata sind um so quälender, als sie als individuelle, einmalige, geheime Erlebnisse interpretiert werden, die man nicht mit anderen teilen und nach Möglichkeit nicht einmal sich selbst eingestehen darf. (1971, S. 154–155)

Und Jean Baker Miller schreibt, daß »es den Frauen ausgesprochen schwer fällt, die Stärken zuzugeben, die sie bereits haben, und sich selbst die Möglichkeit einzuräumen, ihre Fähigkeiten zu nutzen« (1976, S. 35–36). Sie stellt auch fest, daß Frauen an die »magische Stärke« von Männern glauben, damit sie das Gefühl haben, auf sicherem Grund zu stehen: »Viele Frauen entwickeln ein großes Bedürfnis, zu glauben, daß sie einen starken Mann haben, der ihnen Sicherheit und Hoffnung gibt. Und wenn es auch unwahrscheinlich klingt, dieser Glaube an die magische Stärke des Mannes geht mit einer intimen Kenntnis der Schwächen einher, welche sie als Frau auffängt« (1976, S. 34).

Die gedankliche Einstufung des Ehemannes als wichtiger, der echte Wunsch zu helfen, die kulturell und gesellschaftlich erwünschte Form des Helfens und die auf den Partner projizierte Stärke – alle diese Vorstellungen vom Selbst in einer intimen Beziehung führen dazu, daß die Frau darauf verzichtet, für sich selbst Verantwortung zu übernehmen. Auf die Frage: »Wie würde es aussehen, wenn Sie in einer Ehe für sich selbst verantwortlich wären?«, antwortete Therese:

> Hmm [lange Pause]. Das ist eine gute Frage, das ist interessant. Für mich bedeutet die Ehe, daß jemand anderes die Verantwortung für mich übernimmt, so daß es nicht leicht ist, auf diese Frage zu antworten. Ich kann es mir nicht vorstellen, ich kann es mir einfach nicht vorstellen.
> *(Was nicht vorstellen?)* Daß ich in einer Ehe Verantwortung übernehme. Ich kann mir nicht vorstellen, daß ich heirate und für mich selbst verantwortlich bin.

Thereses Einstellung zur Verantwortung ist ganz klar dadurch beeinflußt, daß ihre intime Bindung die ungleiche Position reproduziert, die sie als Kind hatte. Sie sagt, daß der Grund, warum sie sich nicht vorstellen kann, in einer Ehe für sich selbst verantwortlich zu sein, darin liegt, daß »der Mann die Verantwortung hat«. Obwohl sie ihre eigenen Ansichten hatte,

> lag die Entscheidung immer bei John. Er erwog das Für und Wider und traf die Entscheidung. Daher bin ich es nicht gewöhnt, für irgendwelche Entscheidungen verantwortlich zu sein. Ich kann nur viele Kommentare und Vorschläge machen.

Um diese kindliche Position zu akzeptieren, muß Therese die Verantwortung für sich selbst aufgeben.

Andere depressive Frauen äußern sich ähnlich zur Frage der Verantwortung, weil sie die gesellschaftliche Vorstellung von der Ehe teilen, derzufolge der Ehemann die Autorität (Vater) und die Frau die Untergeordnete (Kind) ist. Auf die Frage: »Wie übernehmen Sie Ihrer Ansicht nach in einer Ehe die Verantwortung für sich selbst?«, antwortete Maya:

> Ich weiß es nicht. Es gibt sie nicht. Wenn man verheiratet ist, hat man keine Verantwortung für sich selbst. Ich muß einfach glauben, daß in einer Ehe ein Mann verantwortlich ist. Ist das nicht richtig, ist das nicht der Weg, den ich gehe? Ich glaube nicht, daß eine Frau in einer Ehe für sich selbst verantwortlich ist.

Die Ähnlichkeit der Äußerungen von Maya und Therese (sowie anderer depressiver Frauen) deutet darauf hin, daß sie der gleichen Quelle entspringen, nämlich der Kultur der Ungleichheit. Diese Vorstellung von Verantwortung zeigt, wie mächtig die Bilder sind, die das Leben dieser Frauen und ihre Depressionsanfälligkeit beeinflussen. Der Glaube, daß die Ehe die Frau von der Verantwortung für sich selbst entbindet, trägt direkt zu dem Selbstverlust bei, den depressive Frauen erleben. Zu diesem Verzicht auf Verantwortung für sich selbst trägt auch die finanzielle Abhängigkeit bei, da sie die Entscheidungsfreudigkeit und das Unabhängigkeitsgefühl beeinträchtigt.

Die Einstellung der Frauen zur Frage der Verantwortung in einer ungleichen Beziehung kann schematisch folgendermaßen dargestellt werden:

>Ich habe die Verantwortung, meinen Mann glücklich zu machen
>
>und
>
>er hat die Verantwortung, für mich zu sorgen. Er ist verantwortlich dafür, wie sich mein Leben gestaltet
>
>daher
>
>bin ich nicht für mein eigenes Glück verantwortlich
>
>denn
>
>ich bin für sein Glück verantwortlich
>
>und
>
>glaube, daß er für meines verantwortlich ist.

Den Ausführungen von depressiven Frauen über ihr Wohlverhalten gegenüber ihrem Ehemann oder Partner liegen genau diese Annahmen über die Verteilung der Verantwortung zugrunde. Viele Frauen heben hervor, wie wichtig es sei, ihren Ehemann zufriedenzustellen, und verbinden dies mit der Betonung männlicher Autorität und Entscheidungsgewalt. Als Cathy der Frage nachging, warum sie ihrem Mann in achtzehn Ehejahren nicht einmal gesagt habe, daß sie nicht gerne im gemeinsamen Geschäft gearbeitet habe, und warum sie nicht ihrem Wunsch gefolgt sei, Lehrerin zu werden, beschrieb sie ein hypothetisches Beispiel, von dem sie gelesen hatte:

>Eine Frau hatte die Chance, Karriere zu machen. Aber ihr Mann wollte sich zu dem Zeitpunkt auch beruflich

verändern oder so. Ich glaube, sie hatte gearbeitet und ihn unterstützt, während er studierte. Und ich glaube, es wurde die Frage aufgeworfen, ob nicht jetzt er ihr helfen sollte, ihr Ziel zu erreichen. Oder sollte sie nur das tun, was er wollte. Ich weiß nicht, ich denke, es wäre ideal, wenn der Ehemann wirklich den Wunsch hätte, daß sie auch ihr Ziel erreicht, und sein Bestes tun würde, um ihr zu helfen. Ich denke, so sollte es gegenseitig sein. Aber wenn der Mann es nicht wirklich will, dann muß ich immer noch sagen, daß sie sich seinen Wünschen beugen sollte. Das ist eben meine Meinung.

Um zu verstehen, was Cathy sagt, wollen wir der Logik ihres Denkens folgen. Sie beschreibt ein »Ideal« von Gleichheit und Gegenseitigkeit: Der Ehemann hätte demnach den Wunsch, daß auch sie ihr Ziel erreicht, und er würde sein Bestes tun und sogar etwas aufgeben, um ihr zu helfen, so wie sie es für ihn getan hatte. Handelt es sich aber um eine von Ungleichheit geprägte Beziehung, kommt eine Machtdynamik ins Spiel: Er bekommt, was er will. In dieser Situation sieht Cathy nur eine Möglichkeit, nämlich das zu beeinflussen, was er will. Wenn das Grundprinzip die Ungleichheit ist, die impliziert, daß sich die Frau »seinen Wünschen beugt«, wird sie wahrscheinlich alles daransetzen, um zu erreichen, daß seine Wünsche sich mit den ihrigen decken. Aber das kann sie nicht durch direkte Selbstbehauptung tun. Um das sichere Gefühl zu behalten, daß sie es ihrem Partner recht macht, so daß er keinen Grund zur Unzufriedenheit (zum Weggehen) hat, muß sie seine Wünsche an die erste Stelle setzen und versuchen, sie zu ihrem eigenen Vorteil zu beeinflussen.

Andere Autoren haben die indirekten Versuche von Frauen, ihre eigenen Bedürfnisse zu befriedigen, als manipulativ bewertet. In ihrer Indirektheit sind solche Versuche manipulativ; in ihrer Zielsetzung sind sie jedoch darauf ausgerichtet, die Beziehung dadurch zu erhalten, daß alles ausgeräumt wird, was zu tiefen Meinungsverschiedenheiten führen könnte. Die Versuche der Frau, ihren eigenen

Bedürfnissen Geltung zu verschaffen, müssen verborgen bleiben, auch vor ihr selbst. Solche Indirektheit und »Manipulation« haben ihren Ursprung in jenem Gefühl von Machtlosigkeit, das es einer Frau verbietet, direkt ihre eigenen Interessen zu verfolgen.

Den Ehemann zufriedenzustellen, bedeutet für Cathy und andere Frauen außerdem, eine bestimmte Art der Beziehung aufrechtzuerhalten. Nachdem Cathy gesagt hat, daß sie »sofort die Gelegenheit beim Schopf gepackt hätte«, wenn ihr Mann sie in ihrem Wunsch unterstützt hätte, einer anderen Arbeit nachzugehen, erklärt sie: »Wenn er ihn nicht unterstützt, dann scheint irgendwie die Kommunikation gestört zu sein; man geht verschiedene Wege, und das enge Band ist nicht mehr da.« Cathy geht lieber Hand in Hand mit ihrem Mann den Weg, den er ausgesucht hat, als daß sie diesen Weg verläßt, ihre eigenen Ziele verfolgt und am Ende vielleicht allein dasteht. Sie befürchtet, daß ihre Selbstbehauptung in Form der Entwicklung ihrer Talente und der Verfolgung ihrer Interessen einen Graben aufreißen könnte, der die Beziehung gefährden könnte. In ihrer Ehe hält sie nach außen das Bild einer harmonischen Übereinstimmung aufrecht, während sie innerlich Jahr für Jahr mehr Groll und Erbitterung aufstaut und das Gefühl hat, so ihre eigenen Worte, »als ob ich innerlich absterben würde«. Unfähig, Verantwortung für sich selbst zu übernehmen, weil sie von der Vorstellung beherrscht wurde, daß ein solches Verhalten egoistisch sei und die Beziehung gefährden könnte, wurde der lebendige, kreative Teil des Selbst, der nach Ausdrucksmöglichkeiten suchte und sich nach Gegenseitigkeit sehnte, immer resignierter, und ein erbittertes, zornerfülltes Selbst gewann die Oberhand. Nicht wissend, wen sie verantwortlich machen sollte, nicht bereit, den Verlust der Beziehung durch das Artikulieren und Ausleben ihrer eigenen Bedürfnisse zu riskieren, richtete sich Cathy in der gegebenen Situation ein und verfiel in eine starke, lähmende Depression.

Wenn sich in der Bindung eines Erwachsenen die Ungleichheit eines Eltern-Kind-Verhältnisses wiederholt, erlebt eine Frau Gefühle der Machtlosigkeit und Hilflosigkeit, die den Schrecken der Kindheit ähneln und auch die Angst vor dem Verlassenwerden beinhalten. So wie die vertraute Angst, von anderen verlassen zu werden, kann eine Frau in dieser Lage auch eine namenlose Angst empfinden, die daher rührt, daß sie sich selbst verlassen hat. Das Wohlverhalten gegenüber dem wichtigen Partner gleicht diese überwältigenden Ängste aus und hindert eine Frau daran, Verantwortung für das Selbst zu übernehmen, das sie hinter sich läßt, wenn sie den Weg des Mannes einschlägt. Aber diese Situation, die der Frau Wohlverhalten abverlangt, gibt Cathy das Gefühl, in einer Weise »emotional abhängig« zu sein, die sie nicht mag. Auf die Frage: »Was ist daran unangenehm?«, antwortet sie:

> Ich glaube, es gibt einem das Gefühl, daß man irgendwie an einem Faden hängt. Ich hatte das Gefühl, daß mein Mann mir seine Liebe entziehen würde, wenn ich etwas tun würde, was er mißbilligt. Und daher habe ich, um seine Liebe zu behalten, immer gedacht, daß ich das tun mußte, was er wollte.

Eine so ungleiche emotionale Konstellation treibt Frauen direkt in die Abhängigkeit, und diese Erzählungen zeigen ganz eindeutig, daß diese Abhängigkeit mit den ungesunden Beziehungsmustern zusammenhängt, welche durch die Kultur gefördert werden. Was als Abhängigkeit erscheint, spiegelt nicht eine innere, psychische Schwäche wider, sondern stellt Überlebensstrategien dar, die von Generationen von Frauen entwickelt wurden, welche mit Männern in ungleichen Beziehungen zusammenlebten. Diese Strategien – helfen, zufriedenstellen, sich unterordnen –, die nach außen den Eindruck von »Abhängigkeit« erwecken, sind die aktiven Versuche von Frauen, mit den schlechteren Karten, welche die Kultur ihnen zugeteilt hat, Intimität zu erreichen. Die gesunden Bindungsbedürfnisse einer Frau (der Wunsch, zu lieben und geliebt zu werden) werden so deformiert, daß sie als Abhängigkeit erscheinen; richtiger wäre es, von einem Bindungsverhalten zu sprechen, das durch kulturelle Normen und Ungleichheit geprägt wurde.

Der kulturelle Kontext

Die Vorstellungen davon, welches Selbst und welche Eigenschaften eine Frau haben »sollte«, damit sie geliebt wird, sind auch kulturell und historisch bedingt. Sie entstehen nicht in jedem individuellen Leben oder in jeder historischen Epoche neu. Weil Psychologen es sich nicht leisten können, ahistorisch zu denken, ist eben auch davon auszugehen, daß unsere Vorstellungen von den Lehren und Erwartungen unserer Mütter, Großmütter und Urgroßmütter mit geprägt sind.[3]

Beziehungen, also der Ort, an dem sich die Depressionsanfälligkeit von Frauen entwickelt, werden ebenfalls in einem bestimmten historischen und kulturellen Kontext gelebt. Denn in der Beziehung zwischen Mann und Frau überschneiden sich öffentliche und private Sphäre, innere und äußere Welt. In der Rolle der Ehefrau und Mutter treffen die Erwartungen der Gesellschaft hinsichtlich der Rolle und Bedeutung von Frauen mit der persönlichen Geschichte, der Selbstwahrnehmung und den Hoffnungen einer Frau zusammen. »Bei jeder einzelnen Depression haben wir es mit nichts Geringerem zu tun als mit der vollen Durchschlagskraft der kulturellen Normen« (Becker, 1964, S. 11).

Jeder von uns ist in den tiefsten Schichten seiner Psyche durch die Geschichte unserer Kultur geprägt. Jahrhundertelang sind der Körper und das Wesen der Frau durch eine männlich dominierte Kultur definiert, hochstilisiert und abgewertet worden. Dieses Vermächtnis und die lange Geschichte der geschlechtstypischen Interaktionsmuster haben einen starken Einfluß auf die Selbstwahrnehmung der Frauen. Jahrhundertelang haben sich die Frauen mit den Augen der Männer gesehen und viele negative Einstellungen und Sichtweisen von ihnen übernommen: die Angst vor der runden weiblichen Form, sie sich im Anstieg der Eßstörungen manifestiert; die Abwertung von biologischen Ereignissen wie Menstruation, Geburt und Wechseljahre; die Herabsetzung der weiblichen Erkenntnisformen als intuitiv, irrational oder unsystematisch (Belenky u. a., 1986).

Das historische Vermächtnis der »guten Frau« lebt weiter im überlieferten kollektiven Bild der Weiblichkeit und gibt Frauen den Wunsch ein, einem Mann durch ein verständnisvolles, liebevolles, freundliches und nachsichtiges Verhalten zu helfen. Die Vorstellungen der depressiven Frauen vom Selbst in intimen Beziehungen und die Metaphern, die sie verwenden, um diese Vorstellungen mitzuteilen, sind ebenfalls nicht die zufälligen Produkte einer individuellen Persönlichkeit oder Pathologie. Sie sind vielmehr stark durch die vergangene und gegenwärtige Kultur geprägt, die auf die Beziehungsorientierung von Frauen einen starken Einfluß hat. Die übermäßige Vereinfachung, welche die Depression einer Frau auf »Abhängigkeit« oder »Co-Abhängigkeit« zurückführt, hilft ihr nicht, sich von den einengenden, verbindlichen Vorstellungen zu befreien, welche ihr ihre Rolle in einer intimen Beziehung nahelegen.

Unsere mütterlichen Vorfahren wurden zu »Trägerinnen« der Zivilisation und der Moral ernannt. Im neunzehnten Jahrhundert wurde das Postulat von der moralischen Überlegenheit der Frauen aufgestellt, wurde ihnen die Aufgabe zugeschrieben, die zu Verfehlungen neigenden Männer auf den Pfad der Tugend zurückzuführen (Cott, 1977). Der gesellschaftliche Wert der Frau lag in ihrem »Gutsein«, von dem die Männer und Kinder – und somit die Gesellschaft – profitierten. Ein großer Teil der Literatur, die sich im neunzehnten Jahrhundert mit den Frauen befaßte, verklärte die »weibliche Sphäre« des Hauses und der Familie zu einem Hort des Friedens und der Harmonie, der Liebe und Hingabe im Gegensatz zur »öffentlichen Sphäre« des Geschäftslebens, der Welt der Männer. Und diese Vorstellungen von der öffentlichen und der privaten Sphäre bestimmen immer noch die Wahrnehmungen der heutigen Amerikaner (Caplow, 1982; Bellah u. a., 1985).

Hauptmerkmal der privaten Sphäre ist eine auf Liebe, Familienloyalität und Selbstlosigkeit gegründete Moral. Die Frauen hatten nicht nur moralisch überlegen zu sein, sondern sie erlangten ihre Überlegenheit, indem sie die Moral der anderen stärkten. So reichte es nicht, selbst gut zu sein; eine Frau mußte einen positiven Einfluß auf andere haben, um ihr wahres Wesen zu verwirklichen. In *The Angel in the House* (Der Engel im Haus), einem um die Mitte des neunzehnten Jahrhunderts äußert populären Gedichtband, gibt Coventry Patmore seiner Heldin Honoria die Züge eines irdischen Engels:

> Nichts Schön'res wünsch' ich mir auf Erden,
> Als sie zu besingen mein Leben lang.
> Auf Flügeln der Liebe emporgetragen,
> Durch ihre Güte groß gemacht,
> Verkünd' ich, wie edel ein Mann muß sein,
> Um sich mit solchem Weib zu messen.
> (Zitiert in Gilbert und Gubar, 1979, S. 22)

Wie Sandra Gilbert und Susan Gubar feststellen, »besteht Honorias wesentliche Stärke... darin, daß ihre Tugend ihren *Mann* ›groß‹ macht«.[4]

Auch Virginia Woolf bestätigt, wie sehr die Vorstellung vom Gutsein der Frau dazu beigetragen hat, die authentischen Stimmen der Frauen des zwanzigsten Jahrhunderts zum Schweigen zu bringen. Unter Bezugnahme auf das Bild vom »Engel im Haus« beschreibt Woolf, wie sehr sie gegen dieses Phantom zu kämpfen hatte, um ihren »eigenen Kopf« zu entwickeln und fähig zu sein, das auszudrükken, was für sie die Wahrheit der »menschlichen Beziehungen, der Moral, der Sexualität« war. Über den »Engel im Haus« schreibt sie:

> Er drängt sich zwischen mich und das Papier, wenn ich Kritiken schrieb. Er setzte mir zu und vergeudete meine Zeit und quälte mich so sehr, daß ich ihn schließlich umbrachte. Sie, die Sie einer jüngeren und glücklicheren Generation angehören, haben vielleicht noch nichts von ihm gehört – Sie wissen vielleicht nicht, was ich unter dem »Engel im Haus« verstehe. Ich werde diesen Frauentyp so knapp wie möglich beschreiben. Sie war äußerst sympathisch. Sie war ungeheuer charmant. Sie war absolut uneigennützig. Sie

verstand sich meisterhaft auf die schwierige Kunst des Familienlebens. Sie opferte sich jeden Tag auf. Wenn es Huhn gab, nahm sie das Bein; wenn es Zugluft gab, saß sie mittendrin – kurzum, sie war so beschaffen, daß sie nie eine eigene Meinung oder einen eigenen Wunsch hatte, sich aber bereitwillig die Meinungen und Wünsche der anderen zu eigen machte... Ich habe mich auf diesen Engel geworfen und ihn am Hals gepackt. Ich habe mir alle Mühe gegeben, ihn umzubringen. Vor einem Gericht würde ich zu meiner Verteidigung sagen, daß es ein Akt der Notwehr war. Hätte ich ihn nicht getötet, hätte er mich umgebracht. (1942, S. 236–238)

Virginia Woolf versichert uns, daß dieser Engel »sehr zäh« war: »Es ist viel schwieriger, ein Phantom zu töten als die Realität. Immer wenn ich dachte, daß ich ihn los war, kam er wieder angeschlichen« (S. 238).

Die idealisierten Vorstellungen von den weiblichen Tugenden bleiben. Die Flügel des »Engels im Haus« werfen noch immer ihre Schatten auf das individuelle Bewußtsein der heutigen Frau und machen es ihr schwer, in einer Beziehung wirklich sie selbst zu sein. Die traditionellen weiblichen Tugenden werden in eine Sprache des Verzichts und der Beschränkung gefaßt: Selbstverleugnung, Selbstaufopferung, Selbstbescheidung, Selbstbeschränkung. Und so ist auch die Depression mit dem eingeschränkten Erleben eines aktiven Selbst und seiner Möglichkeiten verbunden.

Selbst heute liegt der Sozialisation der meisten Mädchen eine leicht verwässerte Version des aus dem neunzehnten Jahrhundert stammenden Kults der wahren Weiblichkeit zugrunde. Aber die soziale Realität, in der die Frauen diese Vorstellungen von Weiblichkeit ausleben, ist hart. Die Feminisierung der Armut erhöht sich in einem alarmierenden Maße. Frauen arbeiten länger und für niedrigere Löhne als Männer, und wenn sie nach Hause kommen, wartet häufig die zweite Schicht der Hausarbeit und Kinderbetreuung auf sie (Hochschild, 1989). Unzureichende Einrichtungen für die Kinderbetreuung sind eine finanzielle und emotionale Belastung für Frauen. Viele Frauen haben ständig unter Armut, sexueller und körperlicher Gewalt, Rassismus und Diskriminierung des Alters zu leiden. Da die steigenden Erwartungen der Frauen in bezug auf ihre ökonomischen Möglichkeiten mit diesen sozialen Bedingungen zusammenfallen, tragen diese teilweise dazu bei, daß Depressionen bei Frauen besonders häufig vorkommen (Weissman und Klerman, 1987).

Die Leichtigkeit, mit der Frauen sich *scheinbar* an die idealisierten Frauenbilder anpassen – den Mann zufriedenstellen, sich seinen Bedürfnissen und Wertvorstellungen anpassen –, beruht auch auf psychologischen Theorien über das Wesen der Frau. Frühe psychoanalytische Autoren haben behauptet, daß Frauen von Natur aus schwach, abhängig, masochistisch und passiv seien und daß sie nur eine begrenzte Fähigkeit zum selbständigen Denken hätten.

Da die psychologische Theorie, und insbesondere die entwicklungspsychologische Theorie, explizit normativ ist, werden die für Frauen schädlichen kulturellen Stereotypen weiterhin von Autoritäten propagiert, die ebendiese Klischees als gesund beschreiben. Karen Horney beschreibt die Wirkung dieser psychologischen Theorien auf das Selbstbild von Frauen:

> Es ist ziemlich klar, daß diese Ideologien nicht nur die Funktion haben, die Frau mit ihrer untergeordneten Rolle, die als unveränderlich hingestellt wird, zu versöhnen, sondern auch den Glauben in ihr zu verankern, daß in dieser Rolle die ersehnte Erfüllung ihres Lebens liegt, oder ein Vorbild, das anzustreben lobens- und wünschenswert ist.
>
> *Der Einfluß dieser Ideologien auf die Frau wird besonders durch die Tatsache verstärkt, daß Frauen mit diesen Zügen häufiger von Männern ausgewählt werden.* Daraus folgt aber auch, daß die erotischen Möglichkeiten der Frau von ihrer Anpassung an das Bild von ihrem »wahren Wesen« abhängig sind. (1967, S. 231, Hervorhebung von mir)

Ob Horneys Feststellung, daß Männer sich unterwürfige Frauen aussuchen, nun richtig ist oder nicht, die Frauen befürchten, daß es so sein könnte.[5] Die Tatsache, daß sich depressive Frauen in einer gemeinsamen Sprache darüber äußern, wie man sich in einer Beziehung verhalten »sollte«, um Intimität zu erreichen, deutet darauf hin, daß die Kultur maßgeblich daran beteiligt ist, daß Depressionen bei Frauen so häufig vorkommen. Wir sollten diese Vorstellungen nicht unter dem Blickwinkel betrachten, daß sie einen Hinweis darauf geben, wie verzerrt oder pathologisch das Denken einer Frau ist, sondern wir sollten erkennen, daß diese Vorstellungen – wie man eine intime Beziehung gestaltet, wie man sie aufrechterhält und schützt – von entscheidender Bedeutung für das Begreifen der weiblichen Depression sind.

4. Kapitel

Moralvorstellungen und weibliche Depressionen

Ich habe das Gefühl, daß ich auf allen Gebieten mein Bestes getan habe, und meine Ehe hat trotzdem nicht funktioniert. Ich fühle mich deshalb als Versagerin.

Ich fühle mich wie Abfall, wirklich. Ich kann meinen Freunden nicht ins Gesicht sehen.

Ich habe das Gefühl, daß ich ein hoffnungsloser Fall bin. Ich bin zu dick und habe mit meiner Familie nicht genug Geduld.

Ich denke immer an andere Menschen anstatt an mich selbst – aber wenn ich ab und zu etwas für mich tue, habe ich starke Schuldgefühle.

Depressive Frauen verwenden häufig eine moralisierende Sprache – Ausdrücke wie »sollte«, »müßte«, »gut«, »schlecht«, »egoistisch« –, wenn sie sich selbst und die Rolle einschätzen, die sie beim Entstehen ihrer Beziehungsprobleme gespielt haben. Selbstanklagen wie »ich bin den Anforderungen nicht gewachsen«, »ich lüge und betrüge und bin zu nichts gut« und »ich fühle mich wie eine Versagerin« durchziehen ihre Berichte. Wenn wir die Depressionen von Frauen begreifen wollen, müssen wir die Überzeugungen bloßlegen, die diesen harten Selbstvorwürfen zugrunde liegen.

Zentrale Aspekte einer Depression sind durch eine negative Selbsteinschätzung bedingt. Diese beeinflußt Selbstwahrnehmung und Selbstachtung, führt dazu, daß die Wut gegen sich selbst gerichtet wird, bringt das Gefühl von Wertlosigkeit und Hoffnungslosigkeit hervor und bewirkt eine tiefgreifende Lähmung. Was die diagnostischen Symptome einer starken Depression betrifft, so beschreibt das diagnostische Handbuch psychischer Krankheiten (*DSM III*, 1980) die Auswirkungen einer negativen Selbsteinschätzung folgendermaßen: »Selbstvorwürfe, unangemessene Schuldgefühle, Gefühle der Wertlosigkeit« (S. 214).

Das für eine Depression typische geringe Selbstwertgefühl war und ist an eine harte Selbstverurteilung gebunden. Schon 1917 stellte Freud fest, »das Krankheitsbild der Melancholie läßt das moralische Mißfallen am eigenen Ich... hervortreten« (Freud, 1917). Freud bestätigte auch, daß es in der Entwicklung und Aktivität des Über-Ichs bei Männern und Frauen Unterschiede gab. Aber gerade die Krankheit, bei der das »Über-Ich« am aktivsten ist – die Depression –, ist noch nicht unter dem Blickwinkel des Geschlechtsunterschiedes oder im Hinblick auf die geschlechtsspezifischen Maßstäbe untersucht worden, welche Frauen für ihre Selbsteinschätzung verwenden.

Meiner Ansicht nach ist die Selbsteinschätzung jedoch der Schlüssel zum Verständnis der Rolle, welche Geschlechtsunterschiede bei der Prävalenz und Dynamik von Depressionen spielen. Entwicklungspsychologische und psychoanalytische Theoretiker beschreiben die Unterschiede im Entstehen und Funktionieren von männlichen und weiblichen Moralvorstellungen. Doch auch unabhängig von der theoretischen Perspektive stellen viele Beobachter fest, daß die weibliche Moral auf Beziehungen und Zuwendung ausgerichtet ist, während die männliche Moral in abstrakten Prinzipien begründet ist, die in Gesetzen und Regeln niedergelegt sind. Freud schrieb zum Beispiel, daß Frauen in ihren (moralischen) Urteilen »häufiger durch Gefühle der Zuneigung oder Feindschaft beeinflußt werden« und folglich »weniger moralisch« sind als Männer. Während die meisten Theoretiker, einschließlich Piaget und

Kohlberg, mit Freud der Auffassung sind, daß eine beziehungsorientierte Moral weniger reif sei, weniger »unabhängig von ihren emotionalen Ursprüngen, als wir es von Männern verlangen«, hat die feministische Kritik die in diesen Einschätzungen enthaltene Voreingenommenheit herausgearbeitet (Freud, 1925).

Carol Gilligan (1977, 1982, 1990) hat bei der Untersuchung der typisch weiblichen Moralvorstellungen herausgefunden, daß diese auf einer Orientierung an Beziehungen und gegenseitigen Abhängigkeiten basieren. Aus dem beziehungsorientierten Selbstgefühl der Frau erwächst eine spezifische Sicht der gesellschaftlichen Realität und der Moral.

Was Freud und Kohlberg als die weniger entwickelte Moral der Frau beschreiben, interpretiert Gilligan (1982) anders, nämlich als eine Moral, die auf die spezifischen Lebensumstände von Menschen abgestellt ist und einer Fürsorge-Ethik folgt, welche das Gebot beinhaltet, andere Menschen nicht zu verletzen. In diesem Rahmen bedeutet Verantwortung eine Erweiterung des Selbst mit dem Ziel, einen anderen Menschen vor Verletzung zu schützen, während Verantwortung für das abgegrenzte Selbst die Einschränkung von Aggression bedeutet. Was aus einer traditionellen Perspektive als das Fehlen von Ich-Grenzen, als Abhängigkeit und schwaches Über-Ich bei Frauen erscheint, wird von Gilligan also als eine wertvolle Stärke, als Widerspiegelung eines Entwicklungskontextes interpretiert, der Interdependenz, Einfühlungsvermögen und emotionale Nähe positiv bewertet.

Trotz dieser seit langem bekannten Beobachtungen hinsichtlich der unterschiedlichen moralischen Orientierung von Männern und Frauen und trotz des eindeutigen Zusammenhangs zwischen Selbsteinschätzung und Depression gibt es bisher keine systematische Analyse der Moralvorstellungen, die in den Berichten der Frauen zum Ausdruck kommen. In Anbetracht der unterschiedlichen Häufigkeit von Depressionen bei Männern und Frauen, aber auch angesichts der Zunahme dieser Krankheit und der schnellen Veränderung der Frauenrolle außerhalb der

Familie ist es dringend geboten, die Depressionserfahrungen von Frauen anhand der Sprache der Moral zu untersuchen.

Das »gute Ich«

Die Kultur trägt in hohem Maße dazu bei, daß Menschen geschlechtsspezifische Maßstäbe verwenden, um sich selbst zu beurteilen. Indem sie unterschiedliche Erwartungen an das Verhalten von Mädchen und Jungen stellt, schafft sie für jedes Geschlecht unterschiedliche Normen, an denen das Erreichen eines »guten Ichs« gemessen wird. Einige der Eigenschaften, die Männer und Frauen zu erlangen trachten, überschneiden sich, aber viele, insbesondere diejenigen, die mit Verhaltensweisen in intimen Beziehungen verbunden sind, sind geschlechtsspezifisch.

Vom Augenblick der Geburt an wird die Geschlechtsrolle durch die Gesellschaft geschaffen. Die Menschen, die weibliche und männliche Kleinkinder versorgen und großziehen, schreiben ihnen unterschiedliche Eigenschaften und Qualitäten zu und gehen mit ihnen entsprechend unterschiedlich um. Das Kleinkind lernt, daß ihm die weiblichen und männlichen Erwachsenen auf unterschiedliche Weise begegnen. Die Videoaufnahmen von Brazelton (1982) über die Interaktionen zwischen drei Monate alten Kleinkindern und ihren Müttern und Vätern zeigen radikal andere Verhaltensmuster. Während der Austausch von Mutter und Kind als sanft, einfühlsam, differenziert, als ein wellenförmiges Ansprechen und Kommenlassen des Kindes dargestellt wird, gehen Väter burschikoser mit ihren Babys um und nehmen häufig den Kontakt zu ihnen auf, indem sie sie spielerisch anstupsen. Die Babys reagieren auf die Ankunft des Vaters mit größerer motorischer Erregung, und das Duett zwischen Vater und Kind entwickelt sich schnell zu einem zupackenderen und explosiveren Austausch, der manchmal mit der sensorischen Überbelastung des Kindes endet. Solche Interaktionsmuster, die stark durch das Geschlecht bedingt sind, haben einen großen Einfluß darauf, welches Selbstgefühl das heranwachsende Kind in bezug auf andere entwickelt.

Es sind nicht nur die Interaktionsmuster mit den Eltern, die dazu führen, daß sich ein geschlechtsspezifisches Selbstgefühl in bezug auf andere herausbildet; die kulturellen Normen, die das »Gutsein« von Männern und Frauen in Beziehungen bestimmen, verstärken ebenfalls die unterschiedlichen Verhaltensweisen und Vorrechte. Bei den Jungen wird es erlaubt und gefördert, daß sie mehr Wut, Aggression und Konkurrenzverhalten ausdrücken; Mädchen werden dagegen auch heute noch dafür gelobt, daß sie im zwischenmenschlichen Bereich sensibel, daß sie »nett« zu anderen sind. Die Eltern geben Jungen und Mädchen unterschiedliches Spielzeug, fördern bei ihnen unterschiedliche Interessen und erwarten von ihnen unterschiedliche Reaktionen.

Die Schulen verstärken die zuerst in der Familie gelernten Muster, wobei sich die meisten Lehrer nicht bewußt sind, daß sie sich Jungen und Mädchen gegenüber anders verhalten. Die Lehrer widmen den Jungen mehr positive und negative Aufmerksamkeit als den Mädchen; die Mädchen sind eher die stillen und unsichtbaren Mitglieder der Klassengemeinschaft. Jungen werden für die intellektuelle Qualität ihrer Arbeit gelobt; Mädchen eher dafür, daß sie ihre Arbeit ordentlich gemacht haben und daß diese den formalen Regeln entspricht (Harvey und Stables, 1986; Sadker und Sadker, 1985, 1986). Die Medien, die dem heranwachsenden Kind in sehr intensiver Weise kulturelle Symbole nahe bringen, vermitteln nicht nur Rollenklischees, sondern auch die Botschaft, daß männliche Werte und Eigenschaften höher bewertet werden als weibliche. In jeder Entwicklungsphase stoßen Frauen und Männer auf unterschiedliche Erwartungen, zu denen auch die gesellschaftlichen Normen gehören, die vorschreiben, wie ein guter Mann oder eine gute Frau zu sein hat. Alle diese Erfahrungen vermitteln Vorstellungen davon, was ein Junge oder ein Mädchen ist und wie er oder sie sein *sollte*, um die entsprechende Rolle richtig auszufüllen und von den anderen akzeptiert zu werden.

Das heranwachsende Kind paßt sein Selbst den Vorstellungen der Eltern an, bemüht sich, ein »gutes Ich« zu sein, um ihre Liebe und Anerkennung zu gewinnen. Diese Formen des guten Verhaltens, vor allem wenn sie zu den Normen passen, die von der Schule, den Medien und den Gleichaltrigen propagiert werden, sind schwer in Frage zu stellen. So haben sowohl Frauen als auch Männer tiefverwurzelte, geschlechtsspezifische Vorstellungen davon, wie das Gutsein in einer Beziehung auszusehen hat, damit man geliebt wird. Diese Vorstellungen bestimmen das Verhalten *und* die Selbsteinschätzung und sind stark mit den Vorstellungen von Intimität verflochten. In sie eingeflossen sind die Erfahrungen, die der einzelne in seinen frühen Beziehungen mit Freiheit und Unterordnung gemacht hat: in welchem Maße man ohne Gegenleistung geliebt wurde und Spielraum hatte, man selbst zu sein, und in welchem Maße man sich den Vorstellungen der Eltern anzupassen und ein »falsches Selbst« entwickeln mußte (Winnicott, 1965), um geliebt zu werden.

Vorstellungen vom »guten Ich«, die stark durch das Geschlecht beeinflußt sind, spielen bei den Depressionen eine Rolle. Aus der Perspektive der Ich-Psychologie (Bibring, 1953) sind das geringe Selbstwertgefühl und die Gefühle der Hoffnungslosigkeit, welche charakteristisch für eine Depression sind, das Resultat einer unüberwindlichen Kluft zwischen dem Selbst, das man gerne wäre (dem Ich-Ideal), und dem Selbst, das man ist (dem tatsächlichen Selbst). Je größer die Diskrepanz zwischen diesen beiden Selbstgefühlen ist, desto niedriger ist die Selbstachtung. Trotz wichtiger theoretischer Differenzen sind sich die Theoretiker darin einig, daß der Grundstein für eine Depression in einem frühen Umfeld gelegt wurde, in dem das Kind lernte, daß es, um geliebt zu werden, seine wirklichen Gefühle unterdrücken und ein äußerlich angepaßtes, falsches Selbst präsentieren mußte, wodurch es selbstentfremdet und von seinen Gefühlen abgeschnitten wurde.[1]

Da die Kultur Männern und Frauen unterschiedliche Entwürfe für ein idealisiertes Selbst bietet, wirkt sich das Streben nach diesen divergierenden Idealvorstellungen in geschlechtsspezifischer Weise auf sie aus. Und wenn die Ereignisse im zwischenmenschlichen Bereich für die Definition und die Einschätzung des grundlegenden Selbstgefühls von Frauen besonders maßgebend sind, dann ist es für das Verständnis ihrer Depression wichtig zu untersuchen, welche Vorstellungen eine Frau von einem »guten« Selbst in einer Beziehung hat.

In diesem Kapitel werden wir uns mit den Erfahrungen depressiver Frauen beschäftigen, indem wir auf die moralischen Aspekte ihrer Selbstbeurteilung eingehen. Selbstvorwürfe sind ein Fenster, durch das wir nicht nur die innere Landschaft der weiblichen Depression erblicken, sondern auch das Zusammenspiel von Kultur, Persönlichkeit und Geschlecht. Wir können über dieses Zusammenspiel etwas lernen, indem wir die kulturellen Normen untersuchen, die eine Frau für ihre Selbstbeurteilung akzeptiert und anwendet, welche Formen der Verbundenheit sie anstrebt und von welchen Intimitätsvorstellungen sie sich leiten läßt.

Der innere Dialog der Depression

In den Erzählungen jeder depressiven Frau wird ein Dialog zwischen zwei Teilen des Selbst erkennbar, wenn die Frau über die Ursachen ihrer Traurigkeit und Verlustgefühle spricht. Man hört diesen Dialog, wenn eine Frau bei ihrer Selbstdarstellung von der ersten Person zur dritten Person wechselt. Die Stimme der ersten Person ist das Selbst, das aus Erfahrung spricht, das Wissen aus Beobachtungen gewonnen hat. Diese Stimme sagt »ich möchte, ich weiß, ich fühle, ich denke«. Ihre Werte und Überzeugungen gründen sich auf empirische Feststellungen; sie ergeben sich aus persönlicher Erfahrung und Beobachtung. In diesem Sinne ist die Stimme der ersten Person authentisch; ich werde sie das »Ich«, das authentische Selbst, nennen.[2]

Die andere Stimme in dem Dialog spricht in einem moralistischen, »objektiven«, bewertenden Ton, der das authentische Selbst unaufhörlich verurteilt. Sie klingt nicht deswegen wie die Stimme einer dritten Person, weil sie niemals das Pronomen »ich« verwendet, sondern weil sie *zum* »Ich« spricht. Sie sagt »man sollte, man kann nicht, man müßte«. Sie spricht zum Selbst und wirkt, wie das klassische psychoanalytische Konzept des Über-Ichs, wie etwas, was *über* dem »Ich« steht und die Macht hat, dieses zu beurteilen. Oder sie paßt sich, wie das falsche Selbst aus der Objektbeziehungstheorie, den äußeren Zwängen und wahrgenommenen Erwartungen an, um Anerkennung zu gewinnen und das wahre Selbst zu schützen. Ich werde diese Stimme der dritten Person das »Über-Auge« nennen, weil es aufpaßt, überwacht und die herrschende Moral repräsentiert.

Das Über-Auge ist entschieden patriarchalisch geprägt, und zwar sowohl in seiner kollektiven Auffassung von dem, was für eine Frau »gut« und »richtig« ist, als auch in seiner Bereitschaft, ihre Gefühle zu verurteilen, wenn sie von dem abweichen, was man fühlen »sollte«. Das Über-Auge verurteilt die meisten Aspekte der authentischen Bedürfnisse einer Frau hart, darunter ihren Wunsch, in einer Beziehung ihre kreativen und geistigen Potenzen frei auszudrücken. Da die Urteile des Über-Auges einen kulturellen Konsens über das Gutsein, die Wahrhaftigkeit und den Wert einer Frau enthalten, haben sie die Macht, den Standpunkt des authentischen Selbst zu überrollen.

Wenn man die weibliche Depression verstehen will, ist es wichtig zu wissen, wie eine Frau sich selbst beurteilt und wie sie ihre Lebensentscheidungen trifft. Analysiert man die Stimmen des inneren Dialogs, hört man, wie sich das Selbstverständnis einer depressiven Frau in der Polarität von herrschender Kultur und Realität ihrer eigenen Erfahrung bewegt, wobei sie ihre persönliche Realität oft kaum glauben und gar mitteilen kann. Wenn wir diesen inneren Stimmen lauschen und den Wechsel der Perspektive in der Selbstwahrnehmung der Frauen verfolgen, können wir ihre Depressionserfahrungen von ihrem Standpunkt aus begreifen. Dieser Dialog von zwei Stimmen verhilft uns auch zu der Erkenntnis, daß eine Frau dabei ist, ihre Depression zu überwinden, wenn sie eine authentische Sicht ihrer selbst und ihrer Erfahrung beansprucht und nach den eigenen Wertvorstellungen handelt.

Im folgenden Interview hören wir die Stimme von Maya, 31 Jahre alt, die fünf Jahre lang das College besuchte und dann Lehrerin wurde. Sie war sieben Jahre lang mit einem Mann verheiratet, der sie körperlich mißhandelte, hatte zwei Kinder und wurde geschieden. Zwei Jahre später heiratete sie wieder und trennte sich von ihrem zweiten Ehemann, als sie im dritten Monat schwanger war. Bei den ersten Gesprächen war Mayas Sohn sieben Jahre und ihre Tochter drei Jahre alt. Als sie ein Jahr und drei Monate später noch einmal befragt wurde, war sie immer noch schwer depressiv. Zu jener Zeit war sie von ihrem zweiten Mann geschieden, lebte von der Sozialhilfe und hatte ein drittes Kind, eine acht Monate alte Tochter. Etwa zweieinhalb Jahre nach dem ersten Gespräch hatte Maya ihre schwere Depression überwunden. Die Auszüge stammen aus dem Protokoll von Mayas Erstinterview. Im Anschluß an ihre eigenen Worte paraphrasiere ich die Negativurteile, die in dem enthalten sind, was sie sagt, um die kulturellen Gebote deutlich zu machen, deren Träger das Über-Auge ist.

In den folgenden Spalten spiegeln Mayas zwei Stimmen disparate Blickwinkel wider, unter denen sie sich und ihre Beziehung sieht und beurteilt. Das authentische Selbst, das sich auf ihre eigenen Erfahrungen und Gefühle stützt, liegt im Widerstreit mit der »richtigen« oder konventionellen Meinung darüber, wie Beziehungen zu sein haben und was eine gute Frau ist. Diese beiden Perspektiven führen zu einer fundamentalen Disparität zwischen dem, was Maya aufgrund ihrer eigenen Erfahrung sieht und weiß, und dem, was sie ihrer Ansicht nach gemäß den Rollenerwartungen, der Familiengeschichte und den kulturellen Normen für Frauen denken *sollte*.

Authentisches »Ich«:	*Über-Auge:*
	Ich glaube, ich habe einen Minderwertigkeitskomplex (Urteil: *Du bist minderwertig.*)

Authentisches »Ich«:	*Über-Auge:*
Ich werde gleich weinen. Ich weiß nicht, warum ich das tue, jedes Mal fange ich an zu weinen.	
	Es ist die Vorstellung, zweimal geschieden zu sein. Sie macht mir manchmal schrecklich zu schaffen und ich weiß nicht... Ich glaube, das liegt daran, wie ich aufgewachsen bin... man heiratet und ist glücklich bis ans Ende seiner Tage. Viele Freunde von mir sind einmal geschieden, und das scheint akzeptabler zu sein, als wenn man den gleichen Fehler zweimal macht. Ich glaube, das liegt daran, daß ich in meiner Jugend immer das Gefühl hatte, daß eine Scheidung etwas Unrechtes war, und daß es die Schuld der Frau war, wenn es zu einer Scheidung kam. (Urteil: *Eine Scheidung ist etwas Unrechtes; die Scheidungen sind dein Fehler: du bist für das Scheitern der Beziehungen verantwortlich.*)
Aber ich weiß nicht, wieso es die Schuld der Frau sein sollte. Ich weiß nicht, das leuchtet mir auch jetzt noch nicht ein. Ich weiß nicht, wie ich darauf komme.	

Authentisches »Ich«:	Über-Auge:
	Vielleicht liegt es daran, daß sie es ihrem Mann nicht recht gemacht hat. Ich habe diese Vorstellung... Ehe... die Frau ist dazu da, es ihrem Mann recht zu machen, für seine Bedürfnisse, die körperlichen, sexuellen und sonstigen, zu sorgen, und wenn er nicht zufrieden ist, wäre das für ihn Grund genug, nicht verheiratet sein zu wollen. (Urteil: *Um geliebt zu werden, muß man die Bedürfnisse eines Mannes befriedigen.*)
Und das ist daran so schwierig, denn ich habe das Gefühl, daß ich in den Bereichen, wo es mir möglich war, mein Bestes getan habe, und es hat nicht funktioniert.	
	Also fühle ich mich als Versagerin. (Urteil: *Du hast die Bedürfnisse der Männer befriedigt, und die Beziehungen sind trotzdem gescheitert; mit dir stimmt etwas nicht.*)
Ich weiß nicht, ich kann nicht beschreiben, was passiert ist, weil ich weiß, daß	

Authentisches »Ich«:	Über-Auge:
es nicht allein meine Schuld war. Ich denke: »Was ist bloß falschgelaufen?« Ich habe keine Antwort darauf. Manche Leute haben natürlich eine Antwort parat: »Sie waren miese Typen, du hättest sie nicht heiraten sollen.« Aber ich für meinen Teil habe keine Antworten.	
	Meine Selbstachtung war wirklich angeschlagen, und es war schwer, sie wieder aufzubauen, denn ich denke, wenn mir so etwas Einfaches und Alltägliches wie eine Ehe nicht gelingt, wie kann ich dann bei anderen Dingen Erfolg haben? (Urteil: *Du verstehst es nicht, dir Liebe zu erhalten, während alle anderen es können; du wirst nie bei irgend etwas Erfolg haben.*)
Ich habe viele neue Ideen, neue Gedanken im Kopf, aber irgend etwas in mir hat Angst davor, daß sie falsch sein könnten. Inakzeptabel. Aber ich weiß gar nicht, für wen. Das ergibt keinen Sinn. Ich habe Angst, daß sie nicht akzeptiert werden, aber es gibt niemanden, über den ich mir Gedanken	

Authentisches »Ich«:	Über-Auge:
machen müßte. Ich weiß nicht, warum ich mir darüber Sorgen mache, denn das muß ich allein für mich entscheiden, und es hat keine Auswirkung auf irgend jemand anders. Ich weiß nicht, warum das ein solcher Konflikt ist.	
	Wenn man es dem Mann recht macht, ist man die Art Frau, die Art Ehefrau, die man sein sollte. Und wenn man es nicht tut, dann ist man es nicht. (Urteil: *Man muß es dem Mann recht machen, um geliebt zu werden / gut zu sein.*)
Ich weiß, daß das wahr ist, daß eine Ehe funktioniert, wenn jeder seine Freiheit hat und man zusammenkommt, um Dinge miteinander zu teilen. Es ist nicht realistisch und funktioniert nicht, wenn die Ehe einseitig ist, und wenn die Frau die ganze Zeit die Gebende sein muß.	
	Ich bin nicht gegangen, weil ich der Überzeugung war, daß die Ehe eine Bindung fürs Leben ist. Das wirkt

Authentisches »Ich«:	Über-Auge:
	sich auf die Vorstellung von einer Scheidung aus. Ich war davon nicht überzeugt. Ich glaubte nicht, daß das das Richtige war. Ich nehme an, weil man vor Gott ein Gelöbnis ablegt. Das darf nicht gebrochen werden. (Urteil: *Eine Scheidung ist emotional, gesellschaftlich und moralisch etwas Unrechtes; du bist eine Versagerin.*)
Aber das ist nicht einmal menschlich, aber so ist es nun mal.	
	Sie [die Ehen] haben mir das Gefühl gegeben, daß ich keinen Erfolg habe. Daß ich versagt habe. Als Ehefrau und Frau, als Mensch, denke ich. Sie haben mir das Gefühl gegeben, daß ich nicht zähle, daß ich ein Nichts bin, daß ich das Ziel nicht erreichen kann, das ich mir gesteckt habe. Daß ich nicht kompetent bin. (Urteil: *Wenn man in einer Beziehung versagt, ist man moralisch wertlos und inkompetent.*)
Und trotzdem müssen das nur Gefühle sein, denn ich weiß, daß ich das, was ich fühle, nicht sehe.	

In dieser Auseinandersetzung der Stimmen spricht das Über-Auge aus, was eine Frau in Beziehungen tun »sollte«, während das authentische Selbst vorbringt, was Maya aus ihrem eigenen Erleben weiß. Diese widerstreitenden Perspektiven bezüglich Bindungen, Moral und Verantwortung führen zu mehr als nur zu einem Aufeinanderprallen der Vorstellungen. Daß Maya ihre Beziehungserfahrungen aus verschiedenen Perspektiven sieht, hat zur Folge, daß sie nicht mehr weiß, was die »Realität« ist. Ist es das, was das »Ich« beobachtet und fühlt, oder ist es das, was sie entsprechend den ihr vermittelten Normen denken und fühlen *sollte?* Wie Mayas Über-Auge sagt: »Wenn man es dem Mann recht macht, ist man die Frau, die Ehefrau, die man sein sollte. Und wenn man es nicht tut, dann ist man es nicht.« Diese Stimme kommt dann zu dem Schluß, daß man, wenn man den Mann nicht zufriedenstellt, »als Frau keinen Erfolg hat«.

Aber diese Konstruktion des weiblichen Gutseins wurde in zwei Ehen gelebt, in denen Maya körperlich und emotional mißhandelt wurde, und sie zweifelt mittlerweile an der Richtigkeit dieser Sicht. Sie sagt: »Alles hängt davon ab, was eine Frau tun *sollte,* und ich bin deswegen so verwirrt, weil ich keine klare Vorstellung davon habe, was die Realität ist.« Mit anderen Worten, Mayas Sicht der Beziehungsrealität hängt von ihrer moralischen Konstruktion ab, die gespalten ist zwischen dem, was ihrer Ansicht nach die »richtige« Meinung ist, die auf der persönlichen Geschichte und den kulturellen Diktaten beruht, und ihren persönlichen Überzeugungen, die sich entwickelt haben, als sie als erwachsene Frau versuchte, nach diesen Diktaten zu leben.

Diese innere Spaltung macht eine Realitätsprüfung fast unmöglich, da eine solche Prüfung eigenständiges Denken erfordert, das es einem ermöglicht, zu beobachten und gegebenenfalls diesen Beobachtungen entsprechend zu handeln. Da Maya nicht weiß, was die Realität ist, fühlt sie sich gelähmt und weiß nicht, welchen Weg sie einschlagen soll. Das Dilemma ist schwerwiegend, denn von dem Ausgang hängen die wichtigsten Fragen ihres emotionalen Lebens ab: wie sie mit anderen Menschen umgeht, um Intimität zu erreichen, und wie sie mit sich selbst umgeht; ob sie verstehen, vergeben und Dinge verändern kann oder ob sie ihr »Versagen« hart verurteilt. Das Dilemma beeinflußt aber auch ihr Verhältnis zu ihrer Kultur: ob sie die vorherrschenden Ansichten über die Geschlechter, die konventionelle Moral, die zulässigen Ausdrucksformen der eigenen Persönlichkeit akzeptiert. Die vom Über-Auge diktierte Gestaltung einer Beziehung – versuchen, es dem Mann recht zu machen – hat in ihren beiden Ehen versagt. Sie hat »keine Antworten« auf die Frage, warum ihre Versuche, ein intimes Verhältnis zu anderen Menschen herzustellen, gescheitert sind. In Mayas Dialog stehen sich entgegengesetzte Gefühle gegenüber, so daß sie nicht weiß, was sie wirklich empfindet und wie sie ihre Gefühle beurteilen soll.

Was sagt ihr das Über-Auge – das konventionelle, fügsame Selbst? Es ist kein Über-Ich, das warnt: »Wenn du diese oder jene Regel verletzt, wirst du bestraft werden.« Vielmehr sagt es mit allem Nachdruck: »Wenn du willst, daß dich irgend jemand liebt, mußt du dieses und jenes tun.« Dieses Über-Auge hat eine Theorie darüber, wie Beziehungen herzustellen und aufrechtzuerhalten sind (und wer schuld ist, wenn sie scheitern). Diese Theorie über Bindungen knüpft nicht nur bei Mayas Entwicklungsgeschichte, sondern auch bei den Forderungen an, welche die Kultur an die Frauen stellt: wie sie sich gegenüber ihren Intimpartnern, gegenüber anderen Erwachsenen und gegenüber der abstrakten Sphäre der Ideen und des Wissens zu verhalten haben. So enthalten die vom Über-Auge vertretenen Maßstäbe sowohl persönliche Konstrukte, in die die moralischen Gebote und die idiosynkratischen Werte der Familie eingeflossen sind, als auch die gesellschaftlichen Normen, die von der Kultur vorgeschrieben werden. Wenn sich die Wertvorstellungen der Familie und die kulturellen Normen wechselseitig spiegeln und verstärken, wird es einer Frau schwerfallen, sie – ausgehend von ihren persönlichen Beobachtungen – in Frage zu stellen.

Die angedrohte Strafe für eine Mißachtung der Forderungen des Über-Auges ist der Liebesverlust in einer realen Beziehung. Im Gegensatz zu Freuds Über-Ich tritt diese innere Autorität nicht in Aktion, weil die Möglichkeit besteht, daß Aggressionen gegen eine Autoritätsperson oder unterdrückte Sexualwünsche auf unannehmbare Ziele gerichtet werden. Das Über-Auge wird vielmehr in Situationen aktiviert, in denen eine Frau eine intime Beziehung herstellen oder von anderen aufgenommen und akzeptiert werden möchte. Dieser innere Unterdrücker fordert ständig ein Verhalten, das auf den Normen und auf der Autorität der Kultur basiert – mit anderen Worten, auf den Vorschriften der Kultur: wie man sich zu verhalten hat, damit man geliebt wird; damit man in die Gemeinschaft der anderen Erwachsenen aufgenommen wird. Diese Stimme verwirrt das authentische Selbst und drängt beiseite, was dieses Selbst aus seiner persönlichen Erfahrung weiß, indem sie diese Erfahrung mit der massiven Hilfe der kulturellen Normen, der kollektiven Urteile und der negativen Selbsteinschätzung entwertet.

Wenn eine Beziehung gestört ist oder scheitert, wird die Stimme des Über-Auges noch lauter und weist darauf hin, daß die Mängel der Frau die Probleme verursacht haben, und macht sie für alles verantwortlich, was schiefgegangen ist. Die vom Über-Auge vertretene Theorie, wie man sich Liebe erhalten könne, wird nicht etwa unterminiert, weil sie nicht funktioniert hat, sondern sie gewinnt an Stärke, da die Überzeugungen des authentischen Selbst weniger Autorität besitzen als die Kultur und die persönliche Geschichte.

Die Analyse der zwei Stimmen macht deutlich, daß Frauen in der Depression nicht das ganze Selbst, sondern nur einen Teil verlieren: das »Ich«, das kreative, authentische Selbst. Wenn in einer Beziehung Probleme auftreten oder eine Distanz zwischen den Partnern entsteht, wendet sich das Über-Auge als eine anklagende und verurteilende Instanz gegen das »Ich«, die für die Probleme verantwortliche Person: die nichtsnutzige, betrügerische, selbstsüchtige Frau, die ohnehin niemand lieben sollte. Das Über-Auge, das die moralischen Forderungen artikuliert, die an

Frauen gestellt werden, greift fortwährend die Selbstachtung und die Legitimität des »Ichs« an. Auf diese Weise reflektiert die strenge innere Autorität die äußeren Beziehungskonfigurationen – die persönliche Geschichte einer Frau, ihre gegenwärtigen Bindungen und die gesellschaftliche Hierarchie der Geschlechter. Da wir wissen, daß das beziehungsorientierte Selbst ein gesellschaftliches Konstrukt ist, überrascht es kaum, daß die innere Welt einer Frau die Machtverhältnisse widerspiegelt, die auf der Ungleichheit der Geschlechter basieren.

Jan, die seit zwei Jahren verheiratet ist, klagt sich selbst an, wenn sie über ihre Eheprobleme spricht. Obwohl sie wußte, daß ihr Mann wegen eines akuten psychotischen Schubs früher in einer Klinik war, macht sie sich für die Schwierigkeiten in der Beziehung verantwortlich. Indem sie ihre »Hoffnungslosigkeit« darstellt, die »die Dinge für mich noch schlimmer macht«, pendelt sie zwischen der dritten Person, der anklagenden Stimme des Über-Auges, und der aktiven Stimme des authentischen Selbst hin und her. Auf die Frage: »Was hat sie [die Depression] schlimmer für Sie gemacht?«, antwortet sie:

> Ich glaube, die Hoffnungslosigkeit. Gedanken wie: diese Ehe wird nicht funktionieren. Du tust, was du kannst; du bist nichts wert. Obwohl ich objektiv sagen kann, daß ich überdurchschnittlich gut aussehe, daß ich in meiner künstlerischen Tätigkeit sehr erfolgreich war, daß ich gesungen habe, und zwar sehr gut; daß ich gesellig bin und leicht Freunde finde, ist da trotzdem dieses »du bist zu nichts gut, was soll's«.

In den Gesprächen mit depressiven Frauen wird deutlich, daß das Verstummen des »Ichs« dem Verlust des Selbst entspricht und in die Hoffnungslosigkeit der Depression einmündet. Diese innere Dynamik tritt in einer Beziehung ein, die durch emotionale Distanz und Mangel an Kommunikation gekennzeichnet ist. Wenn die Stimme der ersten Person vernehmlicher wird, deutet das darauf hin, daß sich die Frauen von der Depression erholen, daß sie sich in ihrer

Beziehung mehr Gehör verschaffen oder die Beziehung aufgeben, die ihnen nicht erlaubt, sie selbst zu sein.

Maya stellt die beginnende Überwindung ihrer schweren Depression dar, indem sie beschreibt, wie sie buchstäblich ihre Stimme zurückgewann:

> Zu den ersten Dingen, die ich direkt nach meiner Scheidung lernte, gehörte, daß es ein gutes Gefühl war, alles rauszulassen. Es war ein gutes Gefühl, zu weinen und zu lachen und alles das zu tun, was ich nicht getan hatte. Ich erinnere mich an das erste Mal, als ich laut lachte, und es kam mir merkwürdig vor, mein eigenes Lachen zu hören... und dann erkannte ich, daß ich in meiner Ehe nie gelacht hatte. Ich habe nie etwas rausgelassen, und mir war nie zum Lachen zumute. Es klang so laut... es war wirklich erschreckend, das zu hören, dieses laute, laute Geräusch zu hören. Ich war wirklich überrascht, wie laut es war, und ich muß die ganze Zeit so leise gewesen sein. Ich sprach immer sehr leise, leiser als heute und man konnte kaum – niemand verstand mich, und ich mußte mich oft wiederholen. Und das war noch frustrierender, weil ich mich ständig wiederholen mußte.

Durch die Stimme nehmen wir einen Platz in der Welt ein, können wir gehört und gefunden werden. Wenn eine Frau die Konsequenzen einer ehrlichen Meinungsäußerung fürchtet – sei es von einem gewalttätigen Ehemann, von einem Unternehmen, das von ihr ein männliches Auftreten erwartet, von einer Schule, die ihre Besonderheiten negiert, oder von einer Kultur, die sie abgewertet hat –, dann wird sie still, um keinen Widerspruch herauszufordern.

Kulturelle Diktate im inneren Dialog

In den Beispielen von Maya und Jan habe ich den zweistimmigen Dialog in seiner konventionellen Form dargestellt. Dabei sind die vom Über-Auge vertretenen Maßstäbe geradezu karikaturhafte Klischees der »guten Frau«: Der Ehemann muß zufriedengestellt werden; eine Scheidung ist etwas Unrechtes. Diese Diktate scheinen für Frauen der 1980er und 1990er Jahre extrem zu sein. Maya hatte immerhin ihren Magister gemacht und als Lehrerin gearbeitet. Sie hatte den Feminismus und neue Vorstellungen von Intimität kennengelernt. Und doch zählten diese nicht mehr, als sie ihrem ersten Ehemann begegnete:

> Mein ganzes Denken geriet durcheinander. Ich meine, ich hielt mich für ziemlich stabil und stark und wußte, was ich vom Leben wollte. Aber als ich ihm begegnete, und er anfing, alles Mögliche mit mir zu teilen, fing ich an zu denken: »Nun, vielleicht ist das, was ich will, nicht das Richtige«, und dann war ich wirklich verunsichert.

Wie können Frauen heutzutage noch durch solch offensichtlich veraltete Diktate in Schach gehalten werden? Woher kommen sie? Wodurch sind sie so mächtig? Wenn wir dieser Frage nachgehen, sollte uns bewußt sein, daß die Frauen zwar neue Freiheiten auf Gebieten errungen haben, die früher den Männern vorbehalten waren, daß sie aber immer noch den traditionellen Vorstellungen verhaftet sind, wenn sie wieder die Rolle der Hausfrau und Mutter übernehmen. Da sich die Normen, die das intime Zusammenleben bestimmen, mit Ängsten vor Liebesverlust mischen, sind sie nur schwer veränderbar. Wenn diese Vorstellungen von Männern verstärkt werden, die von ihren Partnerinnen traditionelle Verhaltensweisen erwarten, und wenn sie gleichzeitig von der Kultur als normal hingestellt werden, gewinnen sie Macht über die Frauen.

Die Maßstäbe zur Beurteilung der eigenen Person können eine andere Form als die der konventionellen guten Frau annehmen. Aber wie die Form auch beschaffen sein mag, der Inhalt wurde höchstwahrscheinlich von männlichen Autoritäten festgelegt. Die Gebote des Über-Auges sind indes keine universalen moralischen Bestrebungen wie beispielsweise Altruismus oder die Suche nach der

Wahrheit, sondern Derivate einer männlichen Kultur, die Idealvorstellungen von »der Frau« und dem »erfolgreichen Erwachsenen« enthalten.[3] Von den Frauen wird nicht nur nach wie vor erwartet, daß sie sich kleiner machen, um in Aschenbrödels kleinen Schuh zu passen, sondern sie sind außerdem mit einem neuen Katalog von kulturellen Forderungen konfrontiert – sie sollen eine Superfrau sein. Wenn eine Frau gegen die konventionelle Weiblichkeit rebelliert, indem sie versucht, ihre Kompetenz und Kreativität auszuleben, gerät sie leicht in die Fänge der männlichen Normen. Von der Superfrau wird verlangt, daß sie im Wirtschaftsleben erfolgreich ist, wo Verhaltensweisen erforderlich sind (Selbstbehauptung, Orientierung auf Konkurrenz und Gewinnen), die denen entgegengesetzt sind, die in intimen Beziehungen von Frauen gefordert werden (zwischenmenschliche Sensibilität, Eingehen auf die Bedürfnisse anderer). Diese entgegengesetzten Anforderungen unterminieren ständig das Gefühl der Frau dafür, was innerhalb und außerhalb ihrer Privatsphäre ein angemessenes Verhalten ist.

Jennifer, eine Rechtsanwältin, die in einer früheren Untersuchung über die moralischen Wertvorstellungen von Rechtsanwälten befragt wurde (Jack und Jack, 1989), beschreibt die Spaltung des Selbst, die sich einstellt, wenn von Frauen verlangt wird, daß sie in ihrer Arbeit und ihrem Privatleben widerstreitende Anforderungen erfüllen.[4]

> Die Menschen behandeln einen oft schlecht. Ich kann das nicht ausstehen... Oft habe ich einen schlechten Tag, wenn mich verschiedene Leute anrufen und mich wegen verschiedener Dinge anmachen. Und ich versuche, den Eindruck zu erwecken, als würde das von mir abprallen. Je mehr ich in den Beruf hineinwachse, desto dicker wird meine Haut und desto mehr kann ich wirklich abschütteln. Für diesen Job und das emotionale Überleben ist das absolut wichtig. Ich erinnere mich noch an den ersten Telefonanruf, als ich nach dem Studium gerade anfing... und eine Sekretärin wirklich fies zu mir war. Ich legte den Hörer auf und weinte, weil sie

fies zu mir gewesen war. Ich ging sehr ruhig zu meiner Bürotür, schloß sie ab, und setzte mich hin und weinte, wischte mir die Augen ab und machte weiter. Das kann man nicht jedes Mal machen, wenn man schlecht behandelt wird. Man muß Abwehrmechanismen entwickeln, damit man solche Dinge wegstecken kann. Aber wenn man das tut, überträgt sich das auch auf den Teil von einem, der keine Rechtsanwältin ist.

Indem Jennifer darlegt, daß »man als Rechtsanwältin in solchen Dingen wir Argumentieren und Leute ins Kreuzverhör nehmen richtig gut wird, die für eine private Beziehung jedoch nicht besonders positiv sind«, macht sie deutlich, welche komplexen Probleme die Rolle der Superfrau mit sich bringt. Während sie die entgegengesetzten Eigenschaften, die mit ihrer beruflichen Existenz und ihrem Frausein verbunden sind, durchaus schätzt, führen die Widersprüche zwischen ihrem privaten und öffentlichen Leben dazu, daß sie sich in beiden Bereichen gefährdet fühlt.

Für viele Frauen vertritt das Über-Auge scheinbar gegensätzliche Maßstäbe: Die einen bestimmen das Verhalten in intimen Beziehungen, die anderen die Zielsetzungen und das Verhalten im Leistungsbereich. Aus einer anderen Perspektive betrachtet, gleichen sich diese widerstreitenden Maßstäbe jedoch in einem wesentlichen Punkt: Sie stellen beide männliche Definitionen des weiblichen Selbst dar. Beide Maßstäbe verleugnen die kreativen Möglichkeiten des beziehungsorientierten Selbst, und zusammen schaffen sie einen Widerspruch zwischen dem Erwachsensein, das von der Kultur als Leistung und Unabhängigkeit definiert wird, und dem Frausein, das als zwischenmenschliche Sensibilität und emotionale Abhängigkeit definiert wird. Vom Patriarchat vorgefertigt, bieten sich beide Arten als Existenzformen an, die entweder durch stillschweigendes Einverständnis oder durch bewußte Übernahme angenommen werden: »Bei der stillschweigenden Übereinkunft verkörpern die Frauen die patriarchalischen Definitionen des weiblichen Selbst; bei der bewußten Übernahme verkörpern die Frauen die patriarchalischen Definitionen des normativen Selbst (d. h. des Mannes). Beide Normen produzieren »männlich definierte« Frauen, aber im ersten Fall durch Komplementarität, im zweiten durch Imitation« (Keller, 1986, S. 16).

Die heute geltenden Definitionen des weiblichen Selbst zwingen uns begrenzte Vorstellungen von Liebe und Kreativität auf und schränken unsere Möglichkeiten ein, für sie neue Ausdrucksformen zu konzipieren. In den Jahren, in denen Adrienne Rich Ehefrau und Mutter war, erlebte auch sie die Spannungen, welche die männlichen Definitionen des weiblichen Selbst mit sich bringen. Ihre Liebe und Fürsorge für ihren Mann und ihre Kinder fielen mit dem Gefühl zusammen, daß sie ihre kreative dichterische Stimme verlor:

> Man mußte sich wohl immer noch entscheiden zwischen »Liebe« – einer weiblichen, mütterlichen, altruistischen Liebe –, hinter deren Definition das Gewicht einer ganzen Kultur stand; und Ichbezogenheit – einer Kraft, welche die Männer in das kreative Schaffen, in Leistung und Ehrgeiz stecken, was häufig auf Kosten anderer geschieht, aber durchaus zu rechtfertigen ist. Denn waren sie nicht Männer, und war das nicht ihre Bestimmung, so wie die weibliche, selbstlose Liebe unser Schicksal war? Wir wissen jetzt, daß diese Alternativen falsch sind – daß das Wort »Liebe« selbst einer Re-Vision bedarf. (1979, S. 46–47)

Die falsche Dichotomie, die in den patriarchalischen Definitionen der weiblichen Liebe und der männlichen Kreativität enthalten ist – entweder sich selbst oder andere opfern –, hält die Frauen gefangen. Wenn die Alternative lautet: sich selbst oder den anderen verletzen, werden Frauen bestimmt die erste Option wählen, um der Verurteilung durch sich selbst und andere zu entgegnen; sie wollen nicht als Monster, als grausame, kalte, berechnende, hartherzige, ehrgeizige, haßerfüllte Furien darstehen. Oder die Frauen ziehen es vor, gewisse Beziehungen nicht einzugehen, weil sie befürchten, daß die an sie gestellten Forderungen in puncto Liebe und Fürsorge dazu führen, daß sie ein authentisches, sich ständig weiterentwickelndes Selbst opfern müssen.

Das Denken depressiver Frauen spiegelt diese Entweder-Oder-Vorstellung von ihrem beziehungsorientierten Selbst wider: entweder Unterordnung (Beziehung) oder Authentizität (Isolation). Entweder die Bedürfnisse und Gefühle des Selbst opfern, um in der Beziehung zu bleiben (das Selbst unterordnen), oder nach den eigenen Bedürfnissen und Gefühlen handeln und isoliert sein (die Beziehung verlieren). Dieses Denkmuster hinsichtlich des Selbst in einer Beziehung erlaubt es einem Menschen nicht, das Selbst und den anderen zu integrieren – die Bedürfnisse des Selbst und des anderen gleichzeitig im Blick zu haben. Wenn eine Frau die »selbstlose« Seite der Gleichung auslebt, scheint ihre Depression in die Kategorie Abhängigkeit zu fallen: Sie konzentriert sich auf den wichtigen Partner, fürchtet den Verlust der Beziehung, erlebt aber einen Selbstverlust. Wenn sie sich gegen die Vorstellung vom weiblichen Gutsein auflehnt, um sich selbst zu entwikkeln, wirkt ihre Depression oft feindselig, zornig und trotzig. Sie fürchtet einen Selbstverlust, wenn sie sich auf die traditionelle Rolle einläßt. Gloria Steinem bezog sich auf diesen Gegensatz zwischen eigener Entwicklung und Fürsorge für andere (die zur Vereinnahmung führt), als sie ihre Entscheidung beschrieb, nicht zu heiraten und Kinder zu bekommen: »Entweder ich schenkte einem anderen Menschen das Leben, oder ich schenkte es mir selbst« (1989, S. 88). Bei den heute geltenden Vorstellungen von intimen Beziehungen fällt es den Frauen schwer, die Entwicklung der eigenen Persönlichkeit und die Fürsorge für andere miteinander zu verbinden.

Die Berichte der depressiven Frauen machen nun deutlich, daß diese die Maßstäbe, nach denen sie sich selbst als Versagerinnen beurteilen, von beiden Images ableiten: dem der konventionellen, guten Frau und dem der leistungsorientierten Superfrau. Das Bild der Superfrau übersetzt den menschlichen Wunsch nach kreativer Selbstentfaltung in eine erfolgreiche Karriere und einem mystisch überhöhten »Professionalismus« und liefert die erforderlichen äußerliche Normen (schlank, fit, modisch) und Eigenschaften (cool, kompetent, selbstbewußt, verantwortungsbewußt, leicht distanziert, flexibel) gleich mit.

Da der tiefe Wunsch, eine Beziehung aufrechtzuerhalten und zugleich das eigene Selbst zu entwickeln, in den Rahmen der kulturellen Definitionen von Weiblichkeit und männlicher Autonomie eingebettet ist, ist die Frau unweigerlich Beschränkungen und Einengungen ausgesetzt. Solche Definitionen von Männlichkeit und Weiblichkeit, die sowohl die Möglichkeiten von Frauen in einer Partnerschaft einschränken als auch die Entfaltung ihrer Kreativität verhindern, gehören somit zu den kulturellen Faktoren, die zu ihrer Depressionsanfälligkeit und zu ihrem Selbstverlust in Beziehungen beitragen.

Die Entwicklung der moralischen Instanz »Über-Auge«

Die Maßstäbe, welche vorschreiben, wie man Intimität herstellt und aufrechterhält und wie man »gut« ist, werden von der inneren Instanz des Über-Auges vertreten. Dabei sind die Diktate dieser Instanz keine echten moralischen Postulate, sondern vielmehr Aspekte der von einer patriarchalischen Kultur definierten Geschlechterrollen. Doch ist das Gefühl für diese Zusammenhänge verlorengegangen. Und so werden diese Diktate nicht mehr den Rollen zugeordnet, sondern statt dessen als ein Teil des Selbst empfunden, als eine Stimme, die einer Frau sagt, wie sie sich zu verhalten hat, damit sie vor anderen, vor der Kultur und vor sich selbst bestehen kann. Das Über-Auge enthält nicht nur diese expliziten Normen, die in den Selbstvorwürfen depressiver Frauen sichtbar werden, sondern auch diffuse Vorstellungen von Verbundenheit – wie man sein oder sich verhalten *sollte*, um geliebt zu werden. Auf welchem Wege nun werden diese Normen und Vorstellungen im Über-Auge organisiert, wie hängen sie mit der Identifikation mit der Mutter zusammen, wie mit dem Geschlecht und der

Kultur? Was haben sie mit der notorischen »Abhängigkeit« von Frauen und mit ihren fehlenden Ich-Grenzen zu tun?

Erstens: Das weibliche beziehungsorientierte Selbst ist ebenso ein Produkt der Entwicklung wie die moralischen Wertvorstellungen, die in der Stimme des Über-Auges artikuliert werden. Von der frühen Matrix der Mutter-Kind-Beziehung an wird das Selbstgefühl des heranwachsenden Mädchens in bezug auf andere stark durch die Identifikation und Interaktion mit der Mutter beeinflußt. Im Idealfall, wenn die Beziehung zur Mutter positiv war, können Frauen Fähigkeiten wie Einfühlungsvermögen, Sensibilität und Offenheit in Beziehungen einbringen. Aber unabhängig von der *Qualität* der Mutter-Tochter-Beziehung wird diese von Normen und Interaktionen bestimmt, die sich von denen unterscheiden, auf die eine Frau stößt, wenn sie eine heterosexuelle Beziehung eingeht.

Obwohl Freud zufolge die Bildung des Über-Ichs in der ödipalen Phase des Kleinkindes stattfindet, vertreten spätere psychoanalytische Theoretiker (Blatt, 1974; Jacobson, 1971) die Ansicht, daß der Kern des Über-Ichs wesentlich früher entstehe und somit Einflüssen jener frühkindlichen Phase ausgesetzt sei, die durch eine fehlende Unterscheidung zwischen Innen und Außen, zwischen dem Selbst und der Mutter, und durch ein Gefühl allumfassender Verbundenheit gekennzeichnet ist. Diese frühen Aspekte der Mutter-Kind-Beziehung werden bei Männern stärker unterdrückt; denn sie ersetzen später die frühe Abhängigkeit von und die enge Bindung an die Mutter durch eine Identifikation mit der Männlichkeit, die auf Abgrenzung beruht.[5] Außerdem verinnerlicht ein Junge die moralischen Werte und kulturellen Vorrechte, die sich aus dieser Identifikation mit der Männlichkeit ergeben. So wird die Moral der Mutter in der männlichen Entwicklung durch die des Vaters ersetzt (nicht nur des persönlichen Vaters, sondern auch des allgemein-kulturellen Vaters, einschließlich Gottvaters); die Mädchen beziehen dagegen ihre moralischen Werte und das Bewußtsein für Vorrechte weiterhin vorwiegend aus der Identifikation mit der Mutter – bzw. mit der allgemein-kulturellen Mutter, die gesamtkulturell jedoch abgewertet und ihrer mythischen Macht beraubt ist. Da sich Frauen nicht in der gleichen Weise wie Männer »von ihren Ursprüngen distanzieren«, geht ihre Moral, gehen auch ihre Ich-Fähigkeiten und Orientierungen auf eine frühe Phase zurück und tragen weiterhin den Stempel der frühen Bindung an die Mutter, deren Bild damals noch diffus, unstrukturiert und undifferenziert war.

Zweitens: Töchter beobachten und verinnerlichen die Interaktionsformen ihrer Mütter ihnen und anderen Menschen gegenüber, zu denen auch der Ehemann und andere Männer gehören. Die meisten Töchter registrieren *Unterschiede* in der Art und Weise, wie die Mutter sich gegenüber bestimmten Männern und der männlichen Gedanken- und Berufswelt verhält und wie sie sich gegenüber der weiblichen Welt der Freundinnen, Kinder und Frauengruppen verhält. Wenn die Mutter und der Vater eine ungleiche Beziehung haben, erkennt die Tochter, daß sich ihre Mutter gewöhnlich nach den Bedürfnissen des Vaters richtet. Durch solche Verhaltensweisen bringt eine Mutter ihrer Tochter bei, wie man in der Welt der Väter zu leben hat, um Anerkennung und Liebe zu erhalten: Die Männer sind mächtiger, mach es ihnen recht, setze ihre Bedürfnisse an die erste Stelle, nimm ihre Werte an. Diese Verhaltensmuster, diese Regeln, die einer Frau sagen, wie sie sich im Verhältnis zur männlichen Welt verhalten »sollte«, werden dann zu einem moralischen Wert und zu einem Teil der Normen, die das Über-Auge vertritt. Auf diese Weise erlernen die Mädchen Vorstellungen und Verhaltensweisen gegenüber Männern, die sich von ihrem primären Intimitätserlebnis mit der Mutter unterscheiden, die aber gleichwohl aus der Identifikation mit ihr erwachsen. Im weiteren Fortgang der weiblichen Identifikation mit der Mutter und ihren Werten erlebt das Mädchen, wie die mütterliche Autorität sowohl buchstäblich als auch bildlich durch die väterliche Autorität zurückgedrängt und ersetzt wird. Die weibliche Autorität bringt ihr durch Gefühle, Worte und Beispiele bei, wie sie sich gegenüber der männlichen Autorität zu verhalten hat.

Da viele dieser Vorstellungen und Gefühle in bezug auf

den Umgang mit Männern aus frühen Erlebnissen stammen und durch Identifikation an das Verhalten der Mutter in der ehelichen Beziehung gebunden sind, sind sie diffus und lassen sich nicht ohne weiteres artikulieren; deshalb ist es auch schwer, sie auf der rationalen Ebene bewußt zu bekämpfen. Bis ein Mädchen alt genug ist, um die Verhaltensweise ihrer Mutter gegenüber Männern zu erkennen und zu sagen: »Das ist nichts für mich«, hat es diese bereits so tief verinnerlicht, daß eine Veränderung kaum noch möglich ist. Obwohl Kinder Züge ihrer Eltern, die sie nicht mögen, genauso oft zurückweisen wie annehmen, sitzen diese Vorstellungen über das weibliche Selbst in einer Beziehung sehr tief. Bis ein Mädchen sie bewußt registriert, hat es sie schon so lange imitiert, daß sie zu einem Teil der eigenen Identität geworden sind, schwer zu durchbrechen und schwer zu ersetzen, da sie mit den wichtigen Fragen von Anerkennung, Liebe und weiblicher Identität verknüpft sind.

Als Erwachsene ist eine Frau besonders depressionsanfällig, wenn sie die Fürsorge für andere mit Selbstaufopferung gleichsetzt. Aus der von Gilligan (1982) als konventionell bezeichneten Perspektive wird Gutsein als Anpassung an die sozialen Normen und Werte verstanden, als Erfüllung der Pflichten und Funktionen, die mit der übernommenen Rolle verbunden sind: Ehefrau/Mutter/Tochter/Frau. In dem Entwicklungsstadium, in dem die gesellschaftlichen Konventionen verinnerlicht werden, treffen die mit der traditionellen Frauenrolle verbundenen Normen mit den Werten Fürsorge und Verantwortung zusammen, die sich bei der Frau schon zu einen frühen Zeitpunkt gebildet haben. Die kulturelle Definition des weiblichen Gutseins als eines selbstlosen Gebens in einer Beziehung engt den authentischen Wunsch, jemanden zu lieben und zu umsorgen, ein, kanalisiert ihn und sorgt dafür, daß sich eine stereotype Auffassung von Fürsorge und Zuwendung durchsetzt. Diese Vorstellung, daß Gutsein gleichbedeutend mit selbstloser Liebe sei, verbindet sich mit dem tiefen Wunsch nach Herstellung und Aufrechterhaltung einer Beziehung, und zusammen bilden sie ein mächtiges Hindernis gegen den Ausdruck der eigenen Persönlichkeit und gegen die Wahrnehmung von Wut. In Verbindung mit gesellschaftlichen Bedingungen, die das Selbstkonzept der Frau und ihre Ausdrucksmöglichkeiten begrenzen, und mit stereotypen Vorschriften für weibliches Verhalten macht dieses Ideal vom Gutsein die Frauen besonders anfällig für den Selbstverlust in heterosexuellen Beziehungen.

Depressive Frauen beschreiben, wie sie in ihrer ganzen Kindheit gelernt haben, die Bedürfnisse des Mannes vorauszuahnen und auf sie zu reagieren, und wie sie ihre eigenen Töchter auf ähnliche zwischenmenschliche Verhaltensmuster vorbereiten. Susan spricht zum Beispiel über ihre Tochter Jane, jetzt acht Jahre alt:

> Wenn er [der Ehemann] weg ist, sind wir oft ganz entspannt und glücklich, es ist harmonisch und schön. Wenn er vor dem Haus vorfährt, merke ich, daß Jane anfängt, sich in der Wohnung umzusehen und zu denken: »Was können wir tun, damit Daddy nicht ärgerlich wird. Ist das Zimmer aufgeräumt, was gibt es zum Abendessen, Mama, ist das Essen fertig?« Ich bekomme tatsächlich solche Dinge bei ihr mit und mache mir wirklich Sorgen darüber.

Jane hat bereits gelernt, ihren zwischenmenschlichen Bereich mit den Augen des Vaters zu sehen. Obwohl sie und ihre Mutter »entspannt und glücklich sind«, hat Jane gelernt, daß ihr Vater die häusliche Szene nicht so einschätzt. Obwohl die mütterliche Autorität präsent ist – Jane hat die Anerkennung ihrer Mutter, die Dinge sind harmonisch –, tritt mit der väterlichen Welt eine andere Autorität auf den Plan. Jane hat bereits gelernt, sich für die Gefühle des Mannes verantwortlich zu fühlen, hat gelernt, daß ihre Rolle darin besteht, ihn zu besänftigen, es ihm schön zu machen, ihn vor den Widrigkeiten des Alltags zu schützen. In ihrer Sorge, daß es dem Vater recht gemacht wird, damit keine Auseinandersetzung entsteht, hat Jane bereits die Rolle ihrer Mutter und deren Unterwürfigkeit übernommen. Wenn sich die mütterliche Autorität der väterlichen Autorität beugt, hat eine Mutter ihre Tochter dem Patriarchat überantwortet, ohne ihr beizubringen, wie man Widerstand leistet. Dieses früh erlernte Verhalten macht es den Frauen schwer, als Erwachsene ihre eigenen Bedürfnisse und Gefühle, ihr *Potential*, in eine heterosexuelle Beziehung einzubringen.

Susan beschreibt die Reaktion ihrer Tochter ausführlicher:

> Sie ist jetzt schon ein Kind, das gefallen will. Sie ist so, wie ich als kleines Kind war. Sie will Konflikte vermeiden, will, daß es immer friedlich zugeht, und wenn es eine Auseinandersetzung gibt, sie kann Auseinandersetzungen nicht ausstehen, sie kann das Schreien nicht ausstehen, will sie, daß ich ruhig bleibe, wenn Harry mir etwas Schlimmes oder Verletzendes sagt. Sie will einfach, daß ich ruhig bleibe. Sie hat das Gefühl, das wäre das richtige Verhalten für mich. Wenn wir streiten, sieht sie nur, daß es wahrscheinlich der Fehler der Mutter ist, weil sie etwas gesagt hat, was den Vater auf die Palme gebracht hat.

Diese Tochter hat nicht nur ein reaktives Verhalten gelernt, sondern hat auch die Überzeugung verinnerlicht, daß die Bedürfnisse des Mannes Vorrang haben und daß die Bedürfnisse und die Realität der Frau nicht so wichtig sind. Sie hat auch schon das Muster der Selbstunterdrückung gelernt, um eine drohende Disharmonie zu vermeiden.

Elf von zwölf depressiven Frauen, die in der Langzeituntersuchung interviewt wurden, beschrieben ihre Mütter als den unterwürfigen Partner in einer Beziehung, die eindeutig durch Dominanz und Unterwerfung gekennzeichnet war. Dieses Muster wurde auch in anderen Lebensgeschichten festgestellt (Arieti und Bemporad, 1978; Slipp, 1976). Arieti und Bemporad berichten, daß »bei den meisten, wenn auch nicht bei allen, schwach Depressiven der Vater der dominante Elternteil war«; die Mutter wird als »liebevoll, aber schwach und unterwürfig« beschrieben (1978, S. 183–184).

Kinder, deren Eltern eine Beziehung haben, die durch Dominanz und Unterwerfung gekennzeichnet ist, werden die Machtlosigkeit der Mutter gegenüber dem Vater beobachten. Die Töchter müssen mit der Tatsache zurechtkommen, daß ihre eigene Mutter und die meisten anderen Frauen in ungleichen Beziehungen leben; sie müssen lernen, ihr eigenes Geschlecht wertzuschätzen, während sie erleben, daß es durch die Kultur und in ihrer eigenen Familie abgewertet wird. Als Kinder haben diese depressiven Frauen die Ungleichheit in der Beziehung ihrer Eltern beobachtet: Ungleichheit in der intimen Beziehung zwischen Mann und Frau, wobei sich die gesellschaftlichen Einstellungen zur Rolle und Bedeutung der Frauen in *dieser* Frau und ihrem Verhältnis zu *diesem* Mann personifizieren. Folglich entwickelten diese Frauen eine Auffassung von Verbundenheit, von Konfliktlösungen, von Geben und Fürsorge für andere und von der eigenen Bedeutung, die von dieser Erfahrung der Ungleichheit geprägt war. Als Mädchen hatten sie gelernt, daß Geben mit *Unterwerfung* unter andere Menschen verbunden war, so daß Geben und Fürsorge für andere implizit bedeuteten, daß die anderen Priorität hatten und daß die eigenen Bedürfnisse ignoriert wurden. Diese frühe Erfahrung verbindet sich dann mit der kulturellen Auffassung von der untergeordneten Stellung der Frau. Eine solche Hierarchie der Bedürfnisse wird irgendwann nicht mehr bewußt wahrgenommen – sie wird schlicht als gegeben hingenommen.

Das stillschweigende Verständnis vom unterwürfigen Geben wird dann noch dadurch verstärkt, daß Mütter häufig Bestätigung, Unterstützung und Zuwendung bei ihren eigenen Töchtern suchen. Dieses Eingehen auf die Mutter zwingt eine Tochter, ihre eigenen emotionalen Bedürfnisse zu verleugnen. Diese Umkehrung der Mutter-Tochter-Rolle führt dazu, daß die Tochter früh lernt, sich für die Stimmungen anderer Menschen verantwortlich zu fühlen; das Mädchen kann das Gefühl haben, daß Depression oder das allgemeine Unglücklichsein der Mutter daher rührt, daß sie sich nicht genug um die Mutter gekümmert hat. Einfühlungsvermögen führt nicht immer zu einem Zuwachs an Stärke; die Fähigkeit eines Mädchens, die Gefühle seiner Mutter intuitiv zu erkennen und auf sie einzugehen, macht es vielmehr auch anfällig dafür, diese Gefühle selbst zu übernehmen.

Einige depressive Frauen beschrieben, wie sie sich um ihre Mutter gekümmert und dabei gelernt haben, sich selbst zu ignorieren. Linda, 33 Jahre alt, die in ihrer fünfjährigen Ehe schwer mißhandelt wurde, sagt:

> Mein Vater war emotional kalt und konnte uns nichts geben. Meine Mutter war für andere Menschen da, aber nicht für uns Kinder. Ich mußte mich um meine Mutter kümmern. Sie ließ sich scheiden, als ich fünf Jahre alt war, und das war der Zeitpunkt, als ich wirklich anfing, mich um sie zu kümmern. Ich tröstete sie, wenn sie weinte, und versuchte, ihr in jeder Hinsicht zu helfen.

Nach Marcia Westkott manifestiert sich die Fürsorgepflicht von Frauen auch »in der Rollenumkehrung zwischen Mutter und Tochter, bei der die zu kurz gekommene Mutter bei ihrer eigenen Tochter Stärkung, Zuwendung und Bestätigung sucht; und in der Rollenumkehrung zwischen Vater und Tochter, bei der die Erwartung emotionaler Bestätigung und eine ins Sexuelle spielende Aggression – im Extremfall im Inzest ausgedrückt – dem Vater den bedingungslosen Zugang zur machtlosen, aber gebenden Tochter verschaffen« (1986, S. 139).

Wenn ein Mädchen lernt, daß die Bedürfnisse der anderen immer zuerst kommen, dann ist die unausgesprochene (und vielleicht unbewußte) Folgerung: »Meine Bedürfnisse sind weniger wichtig als die der anderen und werden niemals befriedigt werden, allenfalls dann, wenn ich für andere sorge.« Diese in der Kindheit erlernte, durch die Identifikation mit der Mutter aufgebaute Einstellung legt in Verbindung mit einer Gesellschaftsstruktur, in der die Frauen schlechter gestellt sind, den Grundstein für eine permanent geringe Selbstachtung sowie für den verdrängten Groll über eigene nicht-befriedigte Bedürfnisse. Depressive

Frauen beschreiben ein Gefühl der Selbstverkleinerung, das daraus resultiert, daß sie in ihren Beziehungen dem Partner mehr Bedeutung beimessen als sich selbst. Da sie einen großen Teil des Selbst in ihre intime Beziehung investieren, empfinden sie einen allmählichen »Verlust des Selbst«, der dadurch bedingt ist, daß sie bei der Äußerung ihrer Gefühle und Bedürfnisse ständig Kompromisse eingehen und sich selbst für unfähig halten, Intimität zu erreichen.

Eine Lebenserfahrung, die durch Unterwürfigkeit der Mutter und Dominanz des Vaters geprägt ist, führt dazu, daß das eigene Über-Auge eine Bindungstheorie vertritt, die auf der Autorität der Vater-Welt beruht, wenn sie sagt, was eine Frau zu tun hat, um die Männer zufriedenzustellen und eine enge Beziehung zu ihnen herzustellen. Viele Psychoanalytiker haben sich über die Tendenz von Frauen geäußert, die Werte ihres Partners anzunehmen, und haben dies als Beweis für ein schwächeres Über-Ich interpretiert. Edith Jacobson beschrieb zum Beispiel »die Tendenz der Frau... sich sein [des Partners] Über-Ich durch ihre Liebe anzueignen« (1976, S. 536). Dabei führte sie Beispiele für das schwächere Über-Ich von Frauen an und beschrieb Frauen, die ihre Werte und Normen änderten, um sich denen ihres Ehemanns oder Liebhabers anzupassen. Aber wie wir gesehen haben, führt der enge Zusammenhang zwischen der sich entwickelnden weiblichen Moral und einer anhaltenden Bindung an die Mutter der ersten frühkindlichen (prä-ödipalen) Entwicklungsphase zu einer Vermischung von Beziehungs- und Moralfragen. Diese kann dann auch bewirken, daß Rollenvorschriften wie »Stell den Mann an die erste Stelle« oder »Richte dich nach seinen Wünschen und Interessen« von echten moralischen Forderungen nicht mehr unterschieden werden können. Wenn Frauen also den Eindruck erweckt haben, keine eigenen Normen zu haben und die Werte ihres Partners zu übernehmen, so lag das vielleicht gerade an ihren eigenen moralischen Überzeugungen, die ihnen ein solches Verhalten vorgeschrieben haben. Wenn Frauen die Werte ihres Partners übernehmen, offenbar sich darin nicht ein »schwächeres« Über-Ich, sondern die Macht der Forderungen, die vom

Über-Auge erhoben werden. Es bedarf schon einer gewaltigen Aktivität und Stärke, um diesen selbstverleugnenden Forderungen gerecht zu werden. Dagegen haben die Theoretiker, die das schwächere Über-Ich von Frauen beschrieben haben, weder dem Inhalt der Über-Ich-Forderungen noch der Aktivität Aufmerksamkeit geschenkt, die erforderlich ist, um die weibliche Rolle zu spielen, die ja nicht zuletzt verlangt, die Normen und Werte des Partners zu übernehmen.

Maya sagt sehr deutlich, wie eine solche vom Über-Auge vertretene Bindungstheorie dazu geführt hat, daß sie die Werte und Einstellungen ihres Mannes übernommen hat. Der Grundstein für die Aufgabe der eigenen Werte wurde in ihrer frühen Kindheit gelegt:

> Ich habe eine zwei Jahre jüngere Schwester. Wir haben wirklich ein enges Verhältnis zueinander. In meiner Familie hängen alle sehr aneinander. Wir haben viel zusammen unternommen und oft gemeinsam die Ferien verbracht. Meiner Schwester und mir wurde immer vermittelt, daß Eintracht in der Familie sehr wichtig war, um sie zusammenzuhalten, und daß man Rücksicht auf andere nehmen mußte, auch wenn man dafür selbst zurückstehen mußte.

In ihrer ganzen Kindheit wurde das Bild von Verbundenheit, das Maya von ihren Eltern vermittelt bekam, durch das Bedürfnis ihrer Mutter verzerrt, in ihrer Ehe jeden Konflikt, ja sogar schon den Anschein eines Konflikts, zu vermeiden. Als sie erzählt, wie sie erlebte, daß »Mom und Dad sehr glücklich verheiratet waren, nie Auseinandersetzungen und Streit hatten«, erinnert sich Maya daran, daß ihre Mutter über ihre Ehe oft sagte: »Wir streiten nicht und wir haben nie gestritten.« Maya lernte, daß Meinungsverschiedenheiten irgendwie verboten und für eine Beziehung gefährlich waren. Um den Äußerungen ihrer Mutter zustimmen zu können, mußte sie ihre eigenen Wahrnehmungen von Differenzen, Unstimmigkeiten und »kalten Kriegen« zwischen ihren Eltern verleugnen. Diese früh eingeübte

Fähigkeit, die Welt mit den Augen anderer zu sehen, Vorstellungen zu akzeptieren, die sich in die stereotypen Vorschriften einfügten, wie es in einer Beziehung zugehen »sollte«, führte dazu, daß Maya ihren eigenen Wahrnehmungen der emotionalen Realität mißtraute. Maya beschreibt, welche Wirkung dieser erlernte Umgang mit Meinungsverschiedenheiten auf sie hatte:

> Wenn ich gewußt hätte, wenn ich gesehen hätte, daß sie sich stritten und wütend aufeinander waren – ich meine wirklich wütend –, wäre ich fähig gewesen, mich in meinen Ehen besser zu behaupten. Ich hätte gewußt, daß es in Ordnung war, eine Meinungsverschiedenheit zu haben oder sich über etwas zu streiten. Aber ich habe von ihnen immer gehört, daß alles bestens war; vielleicht ist das wirklich eine rosarote Brille. Ich kann heute kaum glauben, daß ich nicht gemerkt habe, daß das nicht die Realität war. Dann hätte meine erste Ehe nicht sehr lange gedauert. Es hätte meine ganze Zukunft verändert, wenn ich entschlossen für das eingetreten wäre, was wirklich meine Überzeugung war.

Als Kind verinnerlichte Maya das, was sie von ihrer Mutter über den richtigen Umgang mit einem Ehemann lernte. Diese Vorstellungen bildeten einen Teil ihrer weiblichen Identität – wie man in der Beziehung mit einem Mann eine Frau zu sein hat.

> Die meisten meiner Gefühle über das, was eine Frau ist, sind direkt an einen Mann gebunden. Eine Frau ist nichts durch sich selbst. Das ist interessant. So kann ich nur sagen, daß eine Frau das ist, was sie gegenüber ihrem Ehemann ist – freundlich und sanft, liebenswürdig und verständnisvoll, eine gute Zuhörerin und eine gute Kameradin. Ich denke, das ist idealistisch, weil ich weiß, daß keine Frau alles das ist. Deshalb nehme ich an, daß das eine idealistische Vorstellung und keine Realität ist.

Als sie verheiratet war, wurde das, was Maya in ihrer Kindheit gelernt hatte, nämlich daß Konflikte vermieden und andere Menschen an die erste Stelle gesetzt werden müssen, um die Harmonie zu erhalten, durch ihren Ehemann verstärkt, der die Erfüllung seiner Bedürfnisse und Wünsche erwartete. Auf die Frage: »Glauben Sie, daß alle Frauen so waren?«, antwortet Maya:

> Ja, unterwürfig. Ja, ich dachte, alle Frauen wären so. Ich dachte nie, daß Ehepaare miteinander stritten oder nicht einer Meinung waren. Das war meine Auffassung von Ehe, und als ich heiratete, stellte ich fest, daß ich den Mund halten mußte und nichts sagen durfte, um Streit zu vermeiden. Und dadurch geriet ich in die wirklich unterwürfige Rolle, verlor mich selbst und war nicht mehr fähig, offen und frei meine Meinung zu sagen.

Diese Selbstunterdrückung in ihrer Ehe und das Verleugnen ihrer eigenen Wahrnehmungen

> machten mich zu einem Nichts. Als Person verlor ich meine Identität, meinen Willen und sogar den Wunsch zu leben. Es war mir egal, was passierte. Es war mir egal, was wir machten oder nicht machten. Ich hatte keine starken Gefühle mehr, ich hatte überhaupt keine Gefühle mehr. Ich wurde einfach gefühllos.

Mayas kognitive Schemata, die entscheidende Aspekte ihrer Identität repräsentierten (Frausein, das Selbst in der Beziehung, Gutsein), führten dazu, daß sie sich solche Fesseln anlegte, daß sie psychisch abstumpfte. Die Vorstellung, daß sie mit ihrem Ehemann eins sein sollte, bedeutete, daß sie keine abweichende Meinung haben durfte: Differenzen machen ja schlagartig deutlich, daß es in einer Beziehung zwei verschiedene Menschen gibt. Entsprechend ihrer Entweder-Oder-Vorstellung vom Selbst in einer intimen Beziehung hatte sie nur zwei Möglichkeiten: Unterordnung oder Isolation. Maya sagte, sie hatte das Gefühl, »wenn ich etwas zur Sprache bringen und dafür eintreten würde, würde man mich verlassen, und was würde dann aus mir werden?« Die Notwendigkeit, niemals eine abweichende Meinung zu vertreten, machte sie »zu einem Nichts«, gab ihr das Gefühl, von der Bildfläche zu verschwinden. In diesem leeren Raum der Selbstverleugnung und des Schweigens verlor Maya den Wunsch zu leben.

Darüber hinaus brachte Mayas Ehemann die Autorität der Kirche in die Ehe ein, um seine Dominanz zu verstärken:

> Mit diesem Gedanken begann mein Mann unsere Ehe. Er ging geschickt vor, denn in unseren Flitterwochen kam er mit der Bibel. Ich war müde und wollte irgend etwas nicht tun, was er wollte, und er schlug die Bibel auf und sagte: »Hier steht, daß eine Frau ihrem Mann gehorchen muß. Wenn du das nicht glaubst, bist du keine christliche Frau und keine gute Ehefrau. Ich will, daß du dich hinsetzt und das liest, solange ich weg bin.« Er ging, und ich las es. Und ich sagte mir: »Ja, das steht dort. Nun, vielleicht denke ich falsch, vielleicht sollte ich das tun.« Und genau das tat ich.

Mit der übereinstimmenden Auffassung solcher Autoritäten konfrontiert – den Lehren ihrer Kindheit, der Bibel und ihrem neuen Ehemann –, beurteilte Maya ihr eigenes Denken als »falsch«. Aus dem Wunsch heraus, eine intime und dauerhafte Beziehung zu schaffen, gab sie ihren eigenen Standpunkt bewußt auf.

Obwohl Maya aus ihren Erfahrungen mit ihrer Mutter und anderen bedeutsamen Kindheitsbeziehungen wußte, daß Intimität eine Sache von Gegenseitigkeit ist, war sie unfähig, mit den wichtigsten Männern in ihrem Leben entsprechend umzugehen. Ihrem primären weiblichen Vorbild folgend, fing sie an, die unterwürfige Haltung ihrer Mutter in ihrer eigenen Ehe nachzuahmen. Bereitwillig übernahm sie stereotype weibliche Verhaltensweisen, um Intimität in einer ungleichen Beziehung herzustellen. Der Grundstein für diese Bereitwilligkeit war in ihrer Kindheit gelegt worden. Ihre Mutter hatte ihr beigebracht, wie man den Vater zufriedenstellt: Eine Frau paßt sich ihrem Ehemann an; mißt den anderen mehr Bedeutung bei als sich selbst. Aufgrund der Identifikation mit den Verhaltensweisen ihrer Mutter gegenüber Männern und aus Angst vor Liebesverlust befolgte Maya nach ihrer Heirat brav die Anweisungen des Über-Auges. Die psychische Spannung, die daraus entstand, daß sie äußerlich fügsam und innerlich kritisch war, enthielt den Keim der Selbstentfremdung und des Konflikts.

Mayas Beispiel deutet nicht auf das Fehlen von Ich-Grenzen oder eigenen Maßstäben hin, sondern zeigt vielmehr die Aktivität, die erforderlich ist, um die Forderungen des Über-Auges zu erfüllen. Diese Forderungen untergraben ein aktives Selbst der Frau und bringen sie dazu, sich mit den Augen der Kultur zu sehen – als schwach, abhängig, passiv. Linda beschreibt die Auswirkungen des Über-Auges auf ihr Selbstgefühl folgendermaßen:

> Es ist wie Wasser, das über einen Felsen in einen Fluß fließt. Man kann nicht sehen, daß sich der Felsen verändert, aber man weiß es. Die kleinen Bemerkungen, die kleinen kränkenden Spitzen, meine Angst, für meine Überzeugung einzustehen, weil ich die Beziehung verlieren könnte – dies alles hat mein Selbstgefühl untergraben und mir jegliche Selbstachtung genommen.

Die Auffassung, die eine Frau von der Ehe hat, beeinflußt auch stark ihre Bereitschaft, eine Situation auszuhalten, die ihr schadet. Kim, 40 Jahre alt, seit 17 Jahren verheiratet, beschreibt eine Situation, in der die Rollenvorschriften nicht mehr von moralischen Normen zu unterscheiden waren:

> Ich wuchs mit den traditionellen Werten auf, die besagen, daß man in einer Ehe ausharrt, was immer sie mit sich bringt. Im Sinne des Gelöbnisses (»in guten und schlechten Tagen«, »bis daß der Tod uns scheidet«) und

weil ich versprochen hatte, so zu handeln, sah ich es als einen Teil meiner Identität an, alles zu geben und so viel wie möglich zu geben, um die Ehe zusammenzuhalten.

Diese gesellschaftlichen Auffassungen, daß nämlich die Ehe ein lebenslanger Bund ist und daß die Frau für die Aufrechterhaltung der Beziehung verantwortlich ist, wird in moralische Werte übersetzt, und ein Ziel des weiblichen Erwachsenseins scheint dann darin zu bestehen, diesen Werten im Alltag Geltung zu verschaffen.

Warum sind solche Auffassungen« so schwer zu verändern? Warum kann eine Frau nicht einfach erkennen, daß sie in ihrem Fall destruktiv sind, und sich neue, weniger restriktive Grundsätze zu eigen machen? Die Schwierigkeit ergibt sich nicht nur daraus, daß sie durch Identifikation mit der Mutter internalisiert wurden, sondern auch aus den Besonderheiten des moralischen Denkens. Ein wichtiges Merkmal des moralischen Denkens besteht nämlich gerade darin, daß es nicht auf die gleiche Weise an der Realität überprüft werden kann wie objektive Fakten und Stereotypen. Die Unauslöschlichkeit moralischer Maximen ist in der Art und Weise begründet, wie sie in der Psyche eines Kindes verankert werden, sowie in ihrer starken unbewußten Verknüpfung mit der Loyalität gegenüber den Eltern und mit Vorstellungen über Sicherheit in einer Beziehung. Moralische Werte, Einstellungen und Urteile werden einem Kind so vermittelt, als wären es unhinterfragbare Wahrheiten. Sie werden häufig mit mehr Emotionen vermittelt als einfache Tatsachenfeststellungen, was ihre Wirkung auf das Kind noch verstärkt. Aufgrund seines kognitiven und moralischen Entwicklungsstandes ist ein Kind unfähig, die »objektive Wahrheit« von den Meinungen der Eltern zu unterscheiden. Auch ist es nicht in der Lage, moralische Urteile abzulehnen. Das Kind kann anderer Meinung sein als die Mutter, wenn diese feststellt: »Diese Erbsen schmecken gut«, weil es seine eigenen Sinne und sein persönliches Urteil hat und weil es eigene Geschmackspräferenzen ausbilden kann, die sich von denen der Eltern unterscheiden. Aber die Feststellung: »Du bist schlecht, weil du diese Erbsen nicht magst«, kann von einem kleinen Kind nicht aufgrund seiner Erfahrung eingeschätzt werden; vielmehr enthält sie implizite moralische Gebote wie »du sollst diese Erbsen mögen« und/oder »du sollst keine andere Meinung haben als deine Mutter«. Ein Kind hat noch keine Möglichkeit, die Gültigkeit solcher moralischer Feststellungen und die damit einhergehenden Vorschriften zu beurteilen, sondern muß die Äußerungen der Eltern so akzeptieren, als wären es »Fakten« (Hartmann, 1960). Durch die Internalisierung solcher Vorschriften, einschließlich derjenigen, die die Frauenrolle betreffen, werden die kulturellen Normen ein Teil der Persönlichkeit und entsprechend auch als ein Teil des eigenen Selbst erlebt.

Das Kind verinnerlicht nicht nur in einem frühen Stadium moralische Werte und die damit verbundenen Forderungen, sondern es nimmt auch die Regeln, welche die Beziehung der Eltern bestimmen, als »gegeben« hin. Diese »Gegebenheiten« einer Beziehung enthalten moralische Urteile und Werte, die das Kind ebenso erlernt wie Vorstellungen von männlichem und weiblichem Verhalten in einer Ehe oder einer intimen Beziehung. Wenn beispielsweise ein Elternteil nicht den Rollenerwartungen des anderen entspricht, wird das Kind wahrscheinlich solche emotional aufgeladenen Werturteile zu hören bekommen wie »du solltest ein besserer Vater/Ehemann/Ernährer bzw. eine bessere Mutter sein«.

Die moralische Vorstellung von menschlicher Verbundenheit, die das Mädchen internalisiert, hat in ihrem Leben eine wichtige integrative Funktion. Besonders wichtig ist, daß in dieser Vorstellung die den Frauen gesellschaftlich zugewiesene Rolle mit deren innerer Einschätzung dieser Rolle verknüpft ist. Folglich besteht der Zusammenhang zwischen der weiblichen Rolle und der Depressionsanfälligkeit von Frauen in einem Katalog von moralischen Vorschriften, die einer Frau diktieren, wie sie für andere sorgen *sollte* – also wie sie die zwischenmenschlichen Beziehungen, insbesondere zur männlichen Welt, gestalten sollte. In der mütterlichen Welt erlernt, wird Fürsorge in erster Linie als ein Mittel zur Herstellung und Festigung von Beziehungen zu anderen Menschen eingeschätzt. Aber im Verhältnis zur männlichen Welt verengt sich Fürsorge auf ein dienendes, näheheischendes Verhalten, das wichtige Teile des Selbst ausschließt; Fürsorge wird zu einem genau vorgezeichneten Weg, der nicht zu Verbundenheit und Selbsterweiterung, sondern zu Selbstverlust und Depression führt.

Die Gebote, die das Gutsein der Frau betreffen und die in der Instanz des Über-Auges internalisiert sind, fungieren als eine innere Prüfungs- und Beurteilungsinstanz, die streng und anspruchsvoll ist. Sie verlangen, daß die Frau in einer Beziehung eine Haltung einnimmt, die zum Scheitern verurteilt ist, und daß sie eine Perfektion anstrebt, die niemals erreicht werden kann – perfektes Aussehen, perfekte Eigenschaften, perfektes Verhalten.[6] Weil die Diktate des Über-Auges eine stabile Intimität versprechen, kann eine Frau sie als legitime, positive Verhaltensweisen gegenüber einem Mann rationalisieren und die grundlegenden Ungleichheiten zwischen den Geschlechtern übersehen. Die Forderungen des Über-Auges wirken folglich so, daß eine Frau »an ihrem Platz bleibt«, und zwar sowohl in der heterosexuellen Beziehung als auch im größeren gesellschaftlichen Kontext.

In ihrer Defensivfunktion schützt die Moral der »guten Frau« diese vor Angst; sie bestimmt das Handeln einer Frau, um sie gegen das Verlassenwerden »abzusichern«. Befolgt sie die Gebote des Über-Auges, braucht sie keine Angst vor Liebesverlust und davor zu haben, daß das größere gesellschaftliche Umfeld sie negativ beurteilt. Umgekehrt erfüllt eine Abweichung von den Vorschriften des Über-Auges eine Frau deswegen so sehr mit Angst, weil die äußeren und inneren Normen ihr unisono die möglichen Konsequenzen verkünden – den Verlust der Beziehung.

Die Maßstäbe, die das Über-Auge an das Gutsein von Frauen in Beziehungen anlegt, werden durch die soziale Realität der Unterordnung der Frau verstärkt – durch die Erfahrung männlicher Gewalt (einschließlich sexueller Gewalt), durch finanzielle Abhängigkeit und Armut. In der Welt der Leistungen wird die Anpassung an männliche Verhaltensmuster – Karrierestreben, das eine Konzentration auf Kinder ausschließt, Konkurrenzverhalten, Distanziertheit, Eigenwerbung – durch klare Sanktionen durchgesetzt, die immer dann zum Tragen kommen, wenn der vorgeschriebene Weg nicht eingehalten wird.

Die quantitative Erfassung von Intimitätsvorstellungen

Die Vorstellungen depressiver Frauen über ihr Selbst, ihre Rolle und die Moral vereinigen sich zu einem charakteristischen Modell von Gutsein, das ihr Verhalten in einer Beziehung bestimmt. Diese Auffassungen, wie intime Beziehungen zu anderen Menschen herzustellen sind, führen dann dazu, daß eine Frau ihre eigenen Bedürfnisse denen ihres Partners unterordnet und glaubt, daß das Eintreten für die Befriedigung der eigenen Bedürfnisse egoistisch sei und/oder eine Beziehung zerstöre. Derartige Auffassungen von Intimität veranlassen Frauen insbesondere zu gesellschaftlich anerkannten selbstverleugnenden Verhaltensweisen und Gefühlen, die sowohl ihre Beziehung als auch ihr Selbstgefühl untergraben. Diese grundlegenden Vorstellungen von Verbundenheit gehen jedoch dem *voraus* und *schaffen* erst das, was Aaron Beck (1970) als ein für Depressionen charakteristisches Denkmuster beschreibt – eine negative Sicht der eigenen Person, der Vergangenheit und der Zukunft.

Die Bedeutung kognitiver Schemata (Denkmuster, mit denen ein Mensch seine Erfahrungen organisiert und interpretiert) für klinische Depressionen ist in Becks umfangreicher Arbeit klar dargelegt worden. Von der Annahme ausgehend, daß kognitive, neurochemische und affektive Systeme miteinander verbunden sind, sagt Beck, daß »bestimmte kognitive Muster (Schemata) bei einer Depression aktiviert und übermächtig werden und die Interpretationen [der Erfahrungen] strukturieren, die der Patient vornimmt. Diese negativen Interpretationen werfen folglich ihren Schatten auf die Stimmung und die Motivation des Patienten« (1984, S. 1113).

Die Ergebnisse der Langzeitstudie über depressive Frauen, die in diesem Buch dargestellt werden, untermauern die Hypothese, daß die weibliche Depression mit bestimmten Auffassungen darüber verbunden ist, wie Frauen in Beziehungen handeln »sollten«, um Intimität herzustellen.[7] Um eine systematischere Untersuchung des Zusammenhangs zwischen diesen Auffassungen und den Depressionen von Frauen zu ermöglichen, habe ich die Selbstunterdrückungs-Skala entworfen (siehe Anhang B). Die in der Skala angeführten Sätze geben die spezifischen Vorstellungen vom Selbst in intimen heterosexuellen Beziehungen wieder, die ich in den Berichten der depressiven Frauen am häufigsten gehört habe. Auf einer Fünf-Punkte-Skala drükken die Befragten ihre Zustimmung oder Nicht-Zustimmung zu einunddreißig Sätzen aus, die moralische Normen enthalten. Punkt 3 zum Beispiel, der lautet: »Fürsorge bedeutet, daß ich die Bedürfnisse der anderen Person über meine eigenen stelle«, umfaßt sowohl eine Maxime der traditionellen weiblichen Rolle als auch eine bestimmte Auffassung über das richtige Verhalten in einer intimen Beziehung und einen Maßstab zur Beurteilung der eigenen Person. Die Skala hat akzeptable psychometrische Eigenschaften, ist zuverlässig und erlaubt gültige Voraussagen (dargestellt bei Jack und Dill, 1992).

Um eine weitere Erforschung der Maßstäbe zu ermöglichen, die depressive Menschen für die Beurteilung ihrer eigenen Person benutzen, fragt etwa Punkt 31 der Skala, ob die Testperson folgender Feststellung zustimmt oder nicht: »Ich scheine nie den Maßstäben zu genügen, die ich mir selbst setze.« Diejenigen, die antworten, daß sie zustimmen oder sehr zustimmen, werden aufgefordert: »Zählen Sie bitte drei Maßstäbe auf, bei denen Sie das Gefühl haben, daß Sie ihnen nicht genügen.« Die Befragten können ihre Antworten mit ihren eigenen Worten formulieren. Beispiel für die Maßstäbe, die depressive Frauen benutzen, um sich selbst zu beurteilen, sind aus drei verschiedenen Grundgesamtheiten gesammelt worden – 63 Studentinnen (und eine vergleichende Stichprobe bei 38 Männern), 140 Bewohnerinnen von Frauenhäusern und etwa 175 junge Mütter, die während der Schwangerschaft Kokain genommen hatten. Gleichzeitig wurde der von Beck entwikkelte Fragebogen herangezogen (Beck u. a., 1961), um die Schwere der Depression zu ermitteln.[8]

Die Maßstäbe, denen die Menschen ihrem eigenen Empfinden nach nicht genügen (so wie sie in ihren Antworten zum Ausdruck kommen und in ihren eigenen Worten formuliert werden), verweisen auf die kulturellen Normen. Frauen und Männer führen zwar verschiedene Maßstäbe an, aber die Normen ähneln sich auffallend, wenn sie von Frauen kommen, auch wenn sich deren Lebensalter und sozialökonomischer Status und die Art ihrer Beziehungen sehr voneinander unterscheiden.

Die Bewohnerinnen von Frauenhäusern haben die konventionellen Maßstäbe der »guten Frau« wesentlich stärker verinnerlicht als die Studentinnen. Die Übereinstimmung von mißhandelten Frauen mit diesen Normen wirkt allerdings besonders schmerzlich, wenn man bedenkt, daß gerade diese moralischen Überzeugungen zu den Faktoren gehören, die Frauen veranlassen, in verletzenden Beziehungen zu bleiben. Daß diese Überzeugungen für die Frauen eine Falle sind, liegt teilweise daran, daß die ihnen zugrunde liegenden Normen ineinandergreifen und viele Facetten haben: sie enthalten eine *Vorstellung* vom Selbst in einer Beziehung; sie lenken das *Verhalten* in der Beziehung; sie bestimmen das selbstanklägerische Urteil gegenüber dem eigenen Selbst; sie rufen *Groll* hervor, dessen Verdrängung sie fordern; und sie wirken sich direkt auf die *Selbstachtung* aus.

Wenn eine Frau zum Beispiel glaubt, daß »es egoistisch ist, meine Bedürfnisse für genauso wichtig zu halten wie die der von mir geliebten Menschen« (Punkt 4), dann bestimmt dieser Maßstab ihre Vorstellung von der Hierarchie der Bedürfnisse in einer Beziehung; er lenkt ihr Verhalten, indem er ihr diktiert, wie sie zu entscheiden hat, wenn ihre Bedürfnisse mit denen der von ihr geliebten Menschen in Konflikt geraten; und schließlich bestimmt dieser Maßstab auch ihr hartes Urteil über sich selbst, wenn sie von seinen Vorschriften abweicht. Außerdem löst er bei ihr Groll aus, wenn sie in Befolgung seiner Diktate ihre Bedürfnisse zurückstellt; aber er gebietet ihr auch die Verdrängung dieses Grolls, indem er eine moralische Begründung für die Unterdrückung ihrer eigenen Bedürfnisse liefert. Er verstärkt die geringe Selbstachtung einer Frau, indem er bestätigt, daß sie nicht so wertvoll oder wichtig ist wie andere, und legitimiert schließlich die historische und immer noch vorherrschende Auffassung, daß das Wesen der Frau im wesentlichen in Mütterlichkeit und Selbstaufopferung besteht.

Wenn ein Ehemann also Gewalt und/oder emotionale Grausamkeit gegen seine Frau anwendet, machen sich die Frauen aus der Gruppe der mißhandelten Frauen den Vorwurf, daß sie nicht genug oder nicht auf die richtige Weise geliebt hätten. Der Groll wird zu einem Knüppel, der gegen das eigene Selbst eingesetzt wird, eine Frau noch mehr an eine zerstörerische Beziehung fesselt und noch tiefer in die Depression treibt. Die Testperson Nr. 7007 etwa, 51 Jahre alt und mit achtzehnjähriger Schul- und Universitätsbildung, hat noch zwei Kinder im Teenager-Alter im Haus und zieht zwei Enkel im Vorschulalter auf. Diese Frau erreicht eine extrem hohe Punktzahl sowohl bei der Schwere der Depression als auch auf der Selbstunterdrückungs-Skala.[9] Sie zählt Vorfälle auf, bei denen alle drei Arten von Gewalttätigkeit im Spiel waren: die psychische (einschließlich Drohungen, Demütigung und Isolation), die körperliche (Schlagen, Herumstoßen, Verprügeln) und die sexuelle. Aber als Antwort auf Punkt 31 (der die Befragte bittet, mit ihren eigenen Worten die Maßstäbe aufzuzählen, denen sie nicht genügen) führt diese Frau Perfektionsmaßstäbe an, die bewirken, daß sie ihre Aufmerksamkeit auf ihr eigenes Versagen und nicht auf eine zutreffende Wahrnehmung dessen richtet, was in der Beziehung geschieht:

> Ich schaffe nie, was ich mir vorgenommen habe; es gelingt mir anscheinend nicht, den Frieden zwischen den Familienmitgliedern zu wahren, so daß alle glücklich sind. Ich erreiche nie die Ziele, die ich mir selbst gesteckt habe: Abnehmen, Aussehen, berufliche Aktivitäten, Freizeitwünsche, Bedürfnisse usw.

Die Testperson Nr. 1002, 26 Jahre alt, zwei Kinder, die ebenfalls auf beiden Skalen eine hohe Punktzahl erreicht,[10] schreibt:

> Ich bin nicht in der Lage, mit zwei Kindern, einem Haus, einem Ehemann und speziellen Problemen und den täglichen Aufgaben so gut fertigzuwerden, wie ich sollte. Ich bin nicht in der Lage, mit der Behinderung meines Mannes so umzugehen, daß ich ihm wirklich helfe; und ich mache aus meinem Aussehen nicht das Beste.

Auf dem Blatt, das nach der persönlich erlebten Gewalt fragt, führte diese Frau psychische und sexuelle Gewalttätigkeiten an, die ihr im Laufe ihrer neunjährigen Ehe zugefügt worden waren.

Schließlich zeigt sich eine tiefe Hoffnungslosigkeit bei den Frauen, die sich selbst aufgegeben haben. Die Testperson Nr. 6040, 26 Jahre alt, mit dreizehnjähriger Schulbildung und einem Kind: »Ich habe es aufgegeben, mir Maßstäbe zu setzen, weil ich das Gefühl habe, daß ich ein Nichts bin.« Die Testperson Nr. 6028, 38 Jahre alt, mit zwölfjähriger Schulbildung und zwei Kindern: »Kein Selbstvertrauen, kann keinen Job behalten, habe das Gefühl, daß ich ein hoffnungsloser Fall bin.«

54 Prozent (75 von 140) der befragten mißhandelten Frauen stimmten Punkt 31 zu, der lautet: »Ich scheine den Maßstäben nie zu genügen, die ich mir selbst gesetzt habe«, und zählten dann ihre Maßstäbe auf. Das Spektrum der aufgezählten Maßstäbe bezieht sich auf die folgenden Kategorien: Ehefrau/Partnerin, äußere Erscheinung/Gewicht, Mutter/Hausfrau, Arbeit/Finanzen, persönliche Eigenschaften, Selbstachtung/Selbstbehauptung und Schulbildung. Elf Frauen führten zum Beispiel Maßstäbe an, welche die Kategorie Ehefrau/Partnerin betrafen: »perfekte Ehefrau«, »ihn lieben, ihn glücklich machen«, »eine gute Ehefrau sein«, »eine bessere Ehefrau sein«, »dafür sorgen, daß meine Beziehung funktioniert«, »versuchen, es meinem Mann recht zu machen«, »dreimal verheiratet«.[11] 15 Frauen

sprachen davon, daß sie ihre Maßstäbe für die äußere Erscheinung nicht erfüllten: »sehe nicht gut aus«, »ich fühle mich nicht hübsch genug«, »schlank, gesund und schick sein«, »nicht fähig, schön und schlank zu sein«, »habe keine schlanke Figur, glänzendes Haar und manikürte Fingernägel«, »Übergewicht«, »dick und häßlich«, »habe zugenommen, esse ständig«. Bei Arbeit/Finanzen zählten 28 Frauen Maßstäbe für finanzielle Unabhängigkeit und berufliche Karriere auf: »habe kein anständiges Gehalt«, »möchte finanziell gesichert sein«, »möchte mir meine berufliche Karriere aussuchen«, »glaube nicht, daß ich jemals mich und meine Kinder ernähren könnte, »kann keinen besser bezahlten Job finden«, »komme mit meinem Geld nicht aus«, »ich verdiene nicht genug« und weitere sehr ähnliche Aussagen.

Das Bild der Superfrau kommt zum Vorschein, wenn sich Frauen die konventionellen Maßstäbe für die »gute Frau« zu eigen machen und außerdem Forderungen bezüglich Karriere und Arbeit nennen.[12] Die Testperson Nr. 8009: »Ich sollte fähig sein, acht Stunden zu arbeiten und immer noch eine tolle Mutter zu sein.« Die Testperson Nr. 9002: »Es fällt mir schwer, meinen Job zu machen und mit Familienproblemen/Hausarbeit/Ehefrau- und Muttersein fertig zu werden. Nicht genug Energie.«

Bei den kokainsüchtigen Müttern, einer Gruppe, die einer starken öffentlichen Kontrolle und Verurteilung ausgesetzt ist, ähneln die Maßstäbe denen der mißhandelten Frauen. Die meisten Maßstäbe beziehen sich auf das Muttersein, die Beziehung zum Partner oder Ehemann, die äußere Erscheinung, den Drogenmißbrauch, Weiterbildung und Arbeit. Die Testperson Nr. 4853 sagt beispielsweise: »Ich setze mir täglich zu hohe Ziele; ich lobe mich nicht für das, was ich schaffe; ich setze mir die Ziele anderer und bin dann enttäuscht, wenn sie meine Erwartungen nicht erfüllen.« Die Testperson Nr. 4236: »Ich versuche, alles richtig zu machen, und immer geht es schief.« Die Testperson Nr. 3110: »Als Mutter eine klare Linie haben; anderen eine Freundin sein; das im Leben tun, was ich tun möchte.« Die Testperson Nr. 2738: »Mehr Verständnis für meine älteren

Kinder haben; die beste Mutter und Ehefrau sein; habe seit langem eine geringe Meinung von mir selbst; dick, häßlich usw. Habe aber nicht die Willensstärke, irgend etwas daran zu ändern!« Die Testperson Nr. 4142: »Sollte besser aussehen; sollte mehr tun; möchte mehr von mir geben.« Die Testperson Nr. 2901: »Immer für meinen Sohn und meinen Mann dasein; berufstätig sein und meinen Sohn versorgen (immer für alles hundertprozentig zur Verfügung stehen).« Die Testperson Nr. 4120: »Nicht fähig, meine Wohnung gut in Schuß zu halten und andere Familienangelegenheiten so gut zu regeln, wie ich es gerne möchte; habe viel Energie verloren, die ich gerne dafür verwenden würde, meinem Mann eine selbstbewußte Frau und Partnerin zu sein; wünsche mir, daß ich Geduld mit *allen* Kindern haben könnte.« Die Testperson Nr. 3498: »Eine klare Linie – in der Hausarbeit, Kindererziehung; es gibt auch Dinge, die ich gerne tun würde, zum Beispiel etwas Künstlerisches. Ich fange etwas an, bringe er aber gewöhnlich nicht zu Ende. Ich bin schon mutlos, bevor ich anfange.«

Diese Maßstäbe, die bei den verschiedenen Gruppen von Frauen so ähnlich klingen, lenken einen großen Teil der Energie und der Wünsche von Frauen auf illusorische Ziele. Sie hindern diese daran, die Hindernisse für ihre Entwicklung zu sehen und exakt zu benennen, und bringen sie dazu, in zerstörerischen Beziehungen zu bleiben, indem sie die Frauen glauben machen, der Fehler liege bei ihnen selbst. Das Streben nach Perfektion durch den Versuch, diese Maßstäbe zu erfüllen, ist zum Scheitern verurteilt und muß zu Frustration führen. Diese Maßstäbe hindern die Frauen auch daran, die Ziele zu erreichen, auf die dieses Streben gerichtet ist: intime Verbundenheit und Entwicklung der eigenen Persönlichkeit. Die Frauen streben nach einer engen Beziehung, aber die *Formen* dieser Beziehung wirken sich zum Nachteil der Frauen aus und untergraben ihre Selbstachtung. Diese Formen werden aus der Kultur gespeist und scheinen Liebe zu verheißen; aber wenn man sein Leben danach einrichtet, erlebt man den Verlust seines aktiven, authentischen Selbst.

Die moralischen Wertvorstellungen, von denen die depressiven Frauen sprechen, machen deutlich, daß es innere Hindernisse sind, welche die Frauen davon abhalten, die Autorität ihrer authentischen Stimme in der ersten Person einzufordern. Für Frauen ist es schwer, zu erkennen und auszudrücken, was sie fühlen, denken und wahrnehmen, wenn sie dadurch eine Tradition herausfordern, die durch die Autorität des Mannes und das Schweigen der Frau gekennzeichnet ist. In ihrer Sehnsucht nach einer engen Beziehung übernimmt eine Frau die Verhaltensmuster, die sie von ihrer Mutter, ihrem Vater und der Kultur gelernt hat, und das Ergebnis ist Selbstentfremdung und Lähmung. Die mütterliche Autorität mit ihrer mythischen, starken Verbindung zu den schöpferischen Kräften des Lebens lehrt die Tochter die Unterwerfung unter die väterliche Autorität, die auf Regeln, Hierarchien und Gehorsam ausgerichtet ist. Dadurch hofft die mütterliche Welt, die Töchter auf ein sicheres und von Liebe erfülltes Leben in der väterlichen Welt vorzubereiten. Wenn eine Frau versucht, diesen im Über-Auge angesiedelten Autoritäten zu trotzen, kommen aus ihrem Inneren harte Selbstvorwürfe, während sie nach außen der Möglichkeit ausgesetzt ist, daß Männer sie zurückweisen oder sie physisch attackieren, nur weil sie eine Frau ist. Diese inneren und äußeren Einschränkungen wirken wie unsichtbare Fesseln, die der Frau die Freiheit nehmen, in einer Beziehung ein aktives, verantwortungsvolles Selbst zu sein. Als Frauen, die die Möglichkeit haben, Töchter und Söhne aufzuziehen, müssen wir uns und unseren Partner fragen: »In wessen Hände sollen wir unsere Kinder geben, wem sollen sie gehorchen lernen und wer soll davon profitieren?« (Rich, 1979, S. 218). Die Mütter befürchten, daß ihre Töchter auf Ablehnung stoßen, in die Isolation getrieben und sonstigen Gefahren ausgesetzt werden, wenn sie zu stark von den gesellschaftlichen Normen abweichen, welche die Interaktionen zwischen den Geschlechtern bestimmen. Indem sie versuchen, ihren Töchtern gewisse Formen von Schmerz und Verlust zu ersparen, bringen sie ihnen unwissentlich bei, ihr Verhältnis zur männlichen Welt in einer Weise zu gestalten, die eine andere Form des Verlustes mit sich bringt.

5. Kapitel

Die Unterdrückung des Selbst

Wir tun alles, was er will, und ich tue nie etwas, was ich will, aber ich halte meinen Mund und sage nichts. Ich behalte es für mich, und es bohrt ständig in mir.

Bei einer Depression ist die Grundbefindlichkeit eines Menschen nachhaltig gestört. Sie wirkt sich nicht nur negativ auf sein Denken und Fühlen, auf seinen Appetit und seinen Schlaf aus, sondern raubt ihm auch das Gefühl, daß sein Leben einen Sinn und einen Zweck hat. Bei einer schweren Depression legt sich ein Schleier der Gefühllosigkeit über das Selbst und bildet eine unsichtbare Wand, die diesen Menschen von anderen trennt. Da sich die depressiven Frauen ihres authentischen Selbst schämen und seine früheren Handlungen und zukünftigen Bestrebungen verurteilen, ziehen sie sich von ihren sozialen Kontakten zurück. Sie sprechen davon, daß sie »aufgegeben« haben; entweder haben sie keine Energie oder empfinden eine angstvolle Verzweiflung, die sie ziellos umtreibt.

Bei einer Depression wird das aktive, kreative, spontane Selbst zum Schweigen gebracht. Wie Frauen sich selbst zum Schweigen bringen, haben wir im vorausgegangenen Kapitel erfahren, als wir uns den inneren Dialog der Depression angehört haben. Jeder Mensch führt irgendwelche inneren Gespräche und fast jeder vernimmt eine moralische Stimme, die gewisse Gedanken, Handlungen oder Gefühle geißelt, lobt oder als wünschenswert hinstellt. Was den inneren Dialog von depressiven Frauen davon unterscheidet, ist nicht nur ein unablässig verurteilender Ton, sondern auch die Leichtigkeit und die Stärke, mit der das

Über-Auge die Selbstäußerung, Vitalität und Sichtweise einer Frau, somit ihr Selbst, unterdrücken kann.

In diesem Kapitel soll detaillierter untersucht werden, wie die Selbstunterdrückung mit moralischen Wertvorstellungen, mit der Identifikation mit der Mutter, mit der Wut und Hoffnungslosigkeit der Depression zusammenhängt. Da die Aktivität, die erforderlich ist, um sich selbst zum Schweigen zu bringen, unsichtbar ist, wurde die äußere Fügsamkeit und scheinbare Passivität von Frauen systematisch als Abhängigkeit und Masochismus fehlinterpretiert. Die Aussagen depressiver Frauen wie »Ich habe gelernt, Konflikte mit meinem Partner zu vermeiden« und »Ich mache kein Theater, ich sage nichts« zeigen, daß ihnen sehr bewußt ist, daß sie sich aus einem ganz bestimmten Grund einen passiven »Anschein« geben: um die äußere Harmonie aufrechtzuerhalten, um die Beziehung zu erhalten. Diese Bemühungen um die Aufrechterhaltung der Harmonie führen dazu, daß die Frauen nach außen als willensschwach und abhängig erscheinen; aber in ihrem Inneren entfaltet sich eine andere Dynamik. Wenn wir genau hinhören, stellen wir fest, daß für diese äußere Selbstdarstellung eine gewaltige kognitive Aktivität erforderlich ist. Wir hören, mit den Worten von George Eliot, den »Aufruhr, der das Schweigen begleitet«, einen von Wut und Verzweiflung erfüllten Aufruhr, den eine Frau wegen seiner destruktiven Möglichkeiten glaubt unterdrücken zu müssen.[1]

Die für die Passivität erforderliche Aktivität

Aus den Erzählungen der Frauen geht hervor, daß die Selbstunterdrückung dann eintritt, wenn sie versuchen, ihr Denken zu verändern, und wenn sie sich sagen, wie sie fühlen »sollten«. Cathy äußert zum Beispiel einige verbotene Gefühle und beschreibt, wie sie ihr Denken kontrolliert:

> Eine Zeitlang war ich einfach auf alle Männer sauer, sie sind alle Nieten. Und manchmal ertappe ich mich noch immer dabei, daß ich verallgemeinere und mir

sage, daß eine Ehefrau viel mehr von sich selbst gibt als ein Mann. Das ist wahrscheinlich nicht wahr, aber ich ertappe mich dabei, wie ich alte Verletzungen noch einmal durchlebe. Und je mehr ich an sie denke, desto schlimmer werden sie. Deshalb zwinge ich mich, nicht mehr daran zu denken. Denn ich weiß, daß mir das nicht gut tut, geschweige denn, irgend jemand anderem.

Als Cathy sich überlegt, welche Folgen es hätte, wenn sie ihre Gefühle ernst nähme, schätzt sie deren Auswirkungen auf andere und auf sich selbst ein. Da nichts »Gutes« dabei herauskommt, wenn sie die Gedanken, die ihr weh tun, denkt oder mitteilt, kommt sie zu dem Schluß, daß die Lösung darin besteht, sie zu verbieten, denn »je mehr ich daran denke, desto schlimmer werden sie«. Das gewaltsame Abschalten der Gedanken ist die Methode, die sie immer wieder benutzt, um die Selbsthemmung zu erreichen, die erforderlich ist, um an die Ehe angepaßt zu bleiben.[2]

Indem sich Frauen auf diese Weise »passiv« machen, geben sie nicht blind oder willkürlich klein bei. Vielmehr ist festzustellen, daß Frauen auf der Basis spezifischer Wahrnehmungen und Selektionen entscheiden, welche Gedanken zensiert werden müssen. Da sie ihre Beziehung erhalten wollen, unternehmen sie die kognitiven Schritte, die notwendig sind, um sich an die bestehenden Strukturen anzupassen. Anstatt offen die Form ihrer Beziehung in Frage zu stellen, gehen sie innerlich gegen sich selbst vor. Cathy *erkennt* zum Beispiel genau, welche Gedanken gefährlich sind und ausgeschaltet werden müssen. Sie verbietet sich eine Reflexion – »ich ertappe mich dabei, daß ich alte Verletzungen noch einmal durchlebe« –, durch die sie den Situationen, welche die Verletzungen herbeigeführt haben, ihrem eigenen Anteil am Zustandekommen dieser Situationen und den Möglichkeiten der Veränderung des Status quo auf den Grund gehen könnte. Dies ist eine Art der Reflexion, die zwar schmerzlich ist, die aber ein anderes Licht auf ihre Interaktionen und die Bedeutung, die sie ihnen gibt, werfen könnte. Sie vereitelt diesen Prozeß, indem sie sich buchstäblich selbst an die Kandare nimmt.

Die Akte der Selbstwahrnehmung, durch die Frauen ihren Willen manipulieren und ihren Gefühlen Fesseln anlegen, erfolgen meistens aus der Perspektive einer dritten Person. Da der Standpunkt des Über-Auges zumeist mit den vorherrschenden konkurrenzorientierten, materialistischen Werten der Kultur übereinstimmt, wird die Autorität des Über-Auges noch gesteigert. Indem die Frauen ihr Selbst von diesem Standpunkt aus bewerten, stellen sie ihre eigenen Auffassungen in Frage, die auf anderen Werten beruhen. Susan, die mit ihrer siebenjährigen Ehe sehr unzufrieden ist, sagt über ihre negativen Gefühle gegenüber ihrem Mann:

> Ich verstecke sie. Ich habe sie immer versteckt. Denn ich glaube, ich betrachte mein Leben mit den Augen der anderen. Ich betrachte mein Leben mit den Augen der Nachbarn. Ich denke bei mir, meine Güte, müssen die neidisch sein. Ich habe eine so große materielle Freiheit; ich reise mit Harry, und wenn ich meine Mutter besuchen möchte, kann ich mir jederzeit ein Flugzeugticket kaufen.
>
> Wie kann man da unglücklich sein, sage ich mir ständig, und ich habe meine Frustrationen und meinen Ärger und die anderen Dinge versteckt, denn ich habe das Gefühl, daß Harry mir auf diesem Gebiet so viel gibt, daß mir das als Ausgleich reichen sollte.

Das Verstecken ihres authentischen Selbst wird dadurch bewirkt, daß sie sich aus der Perspektive des Über-Auges wahrnimmt, das für eine kollektive Betrachtungsweise steht: »Ich betrachte mein Leben mit den Augen der Nachbarn.« Die Stimme der dritten Person sagt, daß sie kein Recht auf negative Gefühle oder Probleme hat, weil sie sich in einer privilegierten sozialen und ökonomischen Situation befindet. Durch eine solche innere Spaltung hat Susan zu sich selbst ein Verhältnis wie zu einem Objekt, und wegen der unannehmbaren Gefühle und Gedanken richtet sie ihre Feindseligkeit gegen sich selbst.

Aber einige Augenblicke später setzt sich Susans »Ich«, ihre authentische Stimme, mit der Betrachtungsweise des Über-Auges auseinander und spricht von einem anderen Wertsystem:

> Ich bin aber nicht so aufgewachsen, ich habe materiellen Besitz nie sonderlich geschätzt. Ich habe mir nie vorgemacht, daß er mich glücklich macht. Aber seitdem ich verheiratet bin, und weil meine Bedürfnisse nicht befriedigt wurden, habe ich das als Ersatz akzeptiert. Ich sehne mich nach Nähe, ich sehne mich wirklich nach Nähe zu Menschen, die ähnlich denken wie ich. Ich fühle mich wie viele meiner Freunde. Obwohl sie zu mir halten und sich sehr um mich kümmern, habe ich nicht das Gefühl, daß ich wirklich ich selbst sein kann. Ich erkenne jetzt, daß ich diese Bedürfnisse habe, und kein Geld oder materieller Komfort kann da ein Trost sein. Sie werden trotzdem da sein.

In diesen entgegengesetzten Stimmen gefangen, kämpft Susan darum, ihre Wünsche zu definieren, wenn sie von dem abweichen, was sie dem Über-Auge zufolge wünschen »sollte«: die Dinge, auf die ihr Mann großen Wert legt: Geld, materiellen Besitz, Sozialstatus, Freizeit. Indem das Über-Auge ihre Gefühle zurückweist, sagt es Susan, daß sie sich mit dem Gegebenen arrangieren sollte, daß sie nehmen sollte, was ihr geboten wird. Diese Sichtweise hat aus zwei Gründen eine so starke Wirkung auf Susan: sie sagt ihr, wie die Ehe weiterhin funktionieren kann, und sie stimmt mit den materialistischen Werten der Kultur überein. Das Aufbegehren gegen diese Werte gefährdet die Beziehung und richtet sich gegen die Kultur selbst. Da sich Susan aus der Perspektive des Über-Auges sieht, distanziert sie sich von ihren eigenen Gefühlen, beurteilt sie im Lichte der herrschenden Kultur und erlebt sie als inakzeptabel und falsch. Auf diese Weise kann sie dazu gebracht werden, ihren gesunden Wunsch nach Intimität als Schwäche, als ein Zeichen von Unreife zu bewerten.

Was hat es mit dieser Neigung auf sich, sich selbst aus

der Perspektive einer dritten Person zu sehen und einzuschätzen, wenn man sich in einem moralischen Konflikt befindet? George Herbert Mead, der über den sozialen Charakter des Selbst geschrieben hat, beschreibt die internalisierte Gegenwart des »verallgemeinerten Anderen« als die Form, durch welche »die Gemeinschaft Kontrolle über das Verhalten ihrer einzelnen Mitglieder ausübt; denn in dieser Form finden gesellschaftliche Prozesse oder die Gemeinschaft als bestimmender Faktor Eingang in das Denken eines Individuums« (1956, S. 219–220). Der verallgemeinerte Andere stellt somit den Weg dar, auf dem ein Mensch den Blick der Gemeinschaft auf das eigene Selbst übernimmt, und steht für »ein korporatives Individuum, einen pluralen Sammelbegriff, eine Photomontage«, die das Selbst aus den anderen Mitgliedern der Gesellschaft bildet (Pfuetze, 1961, S. 84). Nach Meads Worten ist »die Haltung des verallgemeinerten Anderen die Haltung der ganzen Gemeinschaft«, eine Art Wertekonsens, der einem »System gemeinsamer oder gesellschaftlicher Bedeutungen« entspringt (1956, S. 218, 220). Nur wenn man die Position des verallgemeinerten Anderen übernimmt, kann man das persönliche Verhalten unter gesellschaftlichen – also moralischen – Gesichtspunkten begreifen und einschätzen.

Genau hier kommt das Problem der Frauen ins Spiel. Dadurch, daß eine Frau die Perspektive des verallgemeinerten Anderen übernimmt, spaltet sich ihre Selbsterfahrung in einer für ihr Geschlecht spezifischen Art und Weise. Ein Teil des psychischen Ganzen identifiziert sich mit patriarchalischen Werten und betrachtet sie mit diesem internalisierten männlichen Blick.[3] Dieser Teil gehört zu dem, was ich Über-Auge genannt habe; er betrachtet das feminine, authentische Selbst der Frau als ein Objekt und setzt die von ihm vertretenen Werte sowie seine Bedeutung herab. Der verallgemeinerte Andere, der die dominierenden Werte der Gemeinschaft repräsentiert, steht mit der Drohung der Zensur bereit, wenn sie es wagt, das in Frage zu stellen, was ihr Partner, die Kirche, die Institutionen oder das Patriarchat für »richtig« halten. Die drohende Zensur fördert die Selbstzensur: Die Frau sieht mit den Augen des verallgemeinerten Anderen, was die Beziehung stören könnte, und bringt es zum Schweigen. Da der kollektive »Andere« die Macht hat, seine dominierende Betrachtungsweise durchzusetzen, ist es für eine Frau schwer, sich gegen die Autorität und die Urteil des Über-Auges zu wehren, und so ist sie schnell bereit, sich selbst aus dieser Perspektive zu sehen. Der internalisierte männliche Blick, der wie ein grauer Star den klaren Blick verschleiert, nimmt einer Frau die Fähigkeit, die Dinge selbst richtig anzuschauen, und die Bereitschaft, ihren eigenen Standpunkt zu artikulieren.

Beispiele für eine solche Selbstunterdrückung ziehen sich durch die Berichte der depressiven Frauen, und zwar meistens in ihrem Verhältnis zu einem männlichen Partner. Ein Mann kann für eine Frau die kollektiven gesellschaftlichen Urteile verkörpern, weil er sie in seinem Verhalten und in seinen Forderungen zum Ausdruck bringt oder weil die Frau sie in ihn hineinprojiziert. Rita, 19 Jahre alt, war von der kommunalen psychiatrischen Klinik wegen ihrer Depression zu uns überwiesen worden. Sie war auch zwei Jahre lang von verschiedenen Mitteln abhängig gewesen. Rita beschreibt, wie ihr Partner sie ansieht und wie sich in seinem Blick die Urteile der Kultur bündeln.

> Bill hatte die schreckliche Angewohnheit, mich mit diesem gräßlichen Blick anzusehen, mit diesem Pfui-Blick. Wenn ich über etwas sprach, was unangenehm war oder wenn ich egoistisch war oder zuviel aß, sah er mich mit diesem gräßlichen Blick an. Ich weiß nicht, ob ihm wirklich bewußt war, was er tat, aber er zeigte mir, daß er mich unmöglich fand. Und weil ich ihn beeindrucken wollte, weil ich so arg wollte, daß er mich mochte, weil ich wollte, daß unsere Beziehung funktionierte, setzte mir das wirklich sehr zu. Ich weiß nicht, wie ich es erklären soll, aber es machte mir wirklich viel aus, weil es nicht nur manchmal vorkam. Es gab Zeiten, wo er mir ständig das Gefühl gab: »Bäh, was habe ich mit der eigentlich zu schaffen? Sie soll verschwinden.« Deshalb betrank ich mich und führte mich schrecklich auf.

> Ich glaube, es fiel ihm wirklich schwer, mit mir zusammen zu sein, denn ich war ein harter Brocken, ich war ausgesprochen undamenhaft. Als ich dicker wurde, wurde er von seinen Freunden wahrscheinlich oft aufgezogen. Weil ich so fett war und dieses und jenes, denn viele seiner Freunde sind schlanke, gutaussehende Typen, und alle haben schöne Freundinnen, und dann Bill mit seinem fetten Mädchen. Aber wenn ich mich schminke, meine Haare perfekt frisiere, mich gut anziehe und in den Spiegel schaue, sehe ich, daß ich nicht diese häßliche, fette Kuh bin, über die die Jungen gelästert und gelacht haben.

Rita zügelt ihr widerspenstiges, inakzeptables Selbst, um den Urteilen zu entsprechen, die in dem »Blick« enthalten sind, und nimmt ab. Obwohl sie früher »schlagfertig«, »laut« war und »nichts hat anbrennen lassen«, sagt Rita, daß der »Pfui-Blick« von Bill sie kleinlaut gemacht hat und daß sie sich zusammenreißt, *bevor* sie etwas sagt.

> Wir tun alles, was er tun will, und ich tue nie das, was ich will. Aber ich halte den Mund und sage nichts. Ich behalte es für mich, und es bohrt ständig in mir.

Diese dynamische, eigenwillige junge Frau übernimmt in der Intimität der heterosexuellen Beziehung die weiblichen Rituale, die sie durch die Kultur gelernt hat – Selbstunterdrückung, Diäten –, um die männliche Anerkennung zu gewinnen. Statt dessen führen diese Verhaltensweisen zu einer Art kulturell erzwungener Lobotomie; sie (wie andere Frauen) trennt einen Teil ihres physischen und emotionalen Selbst ab, um den Normen zu entsprechen, die vorschreiben, wie Frauen sein »sollten«, und die im – internalisierten – männlichen Blick enthalten sind. Frauen streben nach dieser Konformität, weil sie überzeugt sind, daß ihnen das helfen wird, ihre tieferen Ziele zu erreichen: eine Beziehung zu einem bestimmten Mann und Akzeptanz durch die männliche Welt.

In Ritas Kommentaren erkennen wir die Resultate der

Internalisierung der für unsere Kultur kennzeichnenden Sexualisierung und Abwertung von Frauen. Marcia Westkott, die das »Zuschauer-Phänomen« beschreibt, sagt: »Die kritische Beobachtung ihrer selbst und anderer kann die Form sein, in der eine Frau sich so betrachtet, als würde sie von außen betrachtet. Sie wird der allwissende Beobachter ihrer eigenen Sexualisierung, der Voyeur der Voyeure ihres unbeabsichtigt zur Schau gestellten Körpers. Als Zuschauer erhebt sie sich über die Herabsetzung, der sie sonst nicht entgehen kann« (1986, S. 190).

Die Identifikation mit dem männlichen Blick ist eine geschlechtsspezifische Form dessen, was Psychoanalytiker als »Identifikation mit dem Aggressor« bezeichnet haben, und dieses Phänomen erklärt die fundamentale Aggression gegen das Selbst – die Selbstveränderung und die feindselige Selbstbeurteilung –, die von depressiven Frauen beschrieben wird. Die Identifikation mit dem Aggressor in Form der Umlenkung des feindseligen, negierenden männlichen Blicks gegen das Selbst ermöglicht es außerdem, die Herabsetzung abzuwehren, der eine Frau als Objekt dieses Blickes ausgesetzt ist. Sie gibt ihr das illusorische Gefühl, selbst Kontrolle auszuüben, denn während sie das Objekt eines kritischen, abwertenden Blickes ist, ist sie gleichzeitig die mächtige Zuschauerin, die sich selbst beobachtet und beurteilt. Sie hat das Gefühl, *alles im Griff zu haben*, wenn sie als Objekt Anerkennung gewinnt (indem sie abnimmt, die richtigen Kleider trägt, liebevoll und geduldig ist) und wenn sie als Beobachterin die Genugtuung hat, daß die Gebote befolgt werden.

Aber die grundlegende Selbstentfremdung, die dieser illusorischen Kontrolle zugrunde liegt, trägt zum Entstehen einer Depression bei. Westkott beschreibt die Entfremdung, von der das Erleben einer Frau geprägt ist:

Ihre Entfremdung von der männlichen Kultur wird durch ihre sichtbare Präsenz in dieser Kultur definiert, durch die Tatsache, daß sie für andere und daher für sich selbst ein Fetisch ist. Die Entfremdung wird auch durch ihre Marginalität, den Mangel an Macht und

Einfluß definiert. Selbst wenn sie engagiert ist, gibt es eine Distanz, weil sie der andere, der Außenseiter, der Eindringling ist. Selbst als Teilnehmende ist sie zwangsläufig die Zuschauende. Ihre Erfahrung, daß sie außen steht und mißachtet wird, ihr penetranter Objektcharakter und ihre Herabsetzung bilden zusammen eine Entfremdungserfahrung, welche die Wahrnehmungen und Urteile durchdringt. (1986, S. 193)

Diese Selbstentfremdung, die sich durch die Berichte der depressiven Frauen zieht, verstärkt ihre Bereitschaft, sich selbst zum Schweigen zu bringen. Hören wir, wie Cindy, 26 Jahre alt, die mit der Diagnose einer wiederkehrenden schweren Depression mit psychotischen Schüben zu uns überwiesen wurde, sich selbst mit den Ohren der Kultur hört, und wie deren vorgestellte Urteile sie dazu bringen, ihre Stimme zu dämpfen:

> Ich habe keine sehr hohe Meinung von mir selbst. Ich bin dick. Ich schminke mich nur, wenn ich ausgehe. Oft kommt Matt von der Arbeit nach Hause, und ich bin einfach ich selbst, mit meiner Brille und ungeschminkt und ich habe eine laute Stimme und... manchmal denke ich, wenn ich mich selbst hören könnte, wenn ich aus meinem Körper heraus könnte, daß ich mich dann durch die Wände hören könnte; ich könnte das hören, was die ganzen Nachbarn hören. Also versuche ich, leiser zu sprechen.

Mary Belenky und ihre Kollegen stellen fest: »Das andauernde Verbot, Bedürfnisse, Gefühle und Erfahrungen zu artikulieren, muß sich auf die psychische und geistige Entwicklung hemmend auswirken, denn durch Sprechen und Zuhören entwickeln wir unsere Fähigkeit, Dinge durchzusprechen und zu durchdenken« (Belenky u. a., 1986, S. 167). Die Forderung, Frauen sollten buchstäblich ihre Stimme senken, sowie die negative Selbstbeurteilung, die sie vornehmen, wenn sie sich mit den Augen eines bestimmten Mannes und der Kultur sehen – diese Faktoren üben einen signifikanten Einfluß auf ihre Anfälligkeit für Selbstentfremdung und Depression aus.

Als Therese beispielsweise von ihrer Entscheidung spricht, ihrem Mann nichts mehr zu sagen, beschreibt sie, wie er ihre Meinung ignorierte, sofern es um Entscheidungen über ihre gemeinsame Farm ging. Während sie anfangs Ideen und Vorschläge einbrachte, wurde sie frustriert und wütend, als sie merkte, daß er sie nicht zur Kenntnis nahm. Dies führte zu Meinungsverschiedenheiten und löste in ihr die Angst aus, daß dadurch die Beziehung zerstört werden könnte. Sie versucht, die Ehe durch Selbstzensur aufrechtzuerhalten, und stellt statt dessen fest, daß das Schweigen zu ihrem intimen Partner und zu einer Wand zwischen ihr und ihrem Mann wird.

> Schließlich war ich soweit, daß ich dachte, daß meine Meinung nichts wert war... und ich dachte, wenn dieses oder jenes passiert, ich werde mich ruhig verhalten, ich werde nichts sagen. Beim Frühstück und Mittagessen herrschte völliges Schweigen... abends saßen wir schweigend vor dem Fernseher... es gab kein Gesprächsthema. Ich wußte, wie sehr ich mich innerlich zurückgezogen hatte, und es erstaunte mich, daß er es nie spürte. Er merkte nie, daß zwischen uns eine Wand der Nicht-Kommunikation stand.

Indem sie sich zwingen, nicht mehr zu denken, sich zum Richter über ihre eigenen Gedanken machen und sich mit ihrer Meinung zurückhalten, schaffen Frauen es, ihre Wut und ihre Unzufriedenheit zu unterdrücken. Thereses eisiges Schweigen ist nicht nur eine Form des Rückzugs, sondern sagt auch etwas über den Zustand ihrer inneren Welt aus. Das Über-Auge mit seinen Geboten und Verboten in bezug auf das »richtige« Denken und Fühlen erfüllt die innere Welt mit einer solchen Kälte, daß die Vitalität erstarrt. Die Frauen bringen sich nicht selbst zum Schweigen, weil sie abhängig und passiv sind, sondern weil die Beziehung so wichtig für sie ist. Es liegt eine bittere Ironie darin, daß diese Frauen zwar hoffen, die Beziehung zu retten und eine größere Intimität herzustellen, in Wirklichkeit aber die Voraussetzung für Intimität zerstören, nämlich eine wirkliche Gegenseitigkeit, die einen Dialog zwischen zwei eigenständigen Personen erfordert. Paradoxerweise rufen die Methoden, die den Groll reduzieren sollen, statt dessen ständigen Groll hervor, während sich das Über-Auge zum Richter aufschwingt und dessen Verdrängung fordert.

Depressive Frauen sprechen über drei Arten von Ängsten, die sie dazu bewegen, »alles hinunterzuschlucken« und sich selbst hinter dem Schutzwall des Schweigens zu verstecken. Die Ängste unterscheiden sich nur in der Intensität, und eine Angst speist die andere, da häufig alle gleichzeitig auftreten. Die erste ergibt sich aus einer Art Vernichtungsdrohung, aus der Drohung, daß eine Frau und ihre Kinder möglicherweise nicht überleben könnten, wenn sie sich – ihre Gefühle, Meinungen oder Wünsche – ihrem Partner offenbaren würde. Diese Angst ist am stärksten ausgeprägt, wenn die ökonomische Sicherheit der Frau von der Beziehung abhängt oder wenn der Partner gewalttätig ist. Wenn eine Frau beispielsweise nur wenige Möglichkeiten hat – drei Kinder, einen Oberschulabschluß, einen Ehemann, der über das Geld verfügt –, kann ihr die Selbstunterdrückung als das kleinste von drei Übeln erscheinen, weitaus besser als die anderen Optionen, die depressive Frauen für sich sehen: Selbstmord oder Scheidung. Wenn sie glaubt, daß eine Scheidung Armut bedeutet und daß die Kinder dadurch weniger Chancen haben, kann sie in der Selbstunterdrückung sowohl eine positive moralische Entscheidung als auch eine Strategie sehen, die es ihr erlaubt, aus einem schlechten Geschäft das Beste zu machen.

Psychologisch betrachtet, bedroht diese Angst vor Vernichtung den Kern des Selbst. Vor allem wenn sich eine Frau an die Werte und Vorlieben ihres Partners angepaßt hat, befürchtet sie, daß der Verlust der Beziehung den Verlust des Selbst bedeutet (Miller, 1976). Sie erkennt nicht, daß das Selbst in der unbefriedigenden Form der Beziehung bereits in bedrohlichem Maße unterminiert wurde.

Zweitens: Einige Frauen, insbesondere diejenigen, die als Kinder mißbraucht wurden, verstecken ihr authentisches Selbst, weil sie überzeugt sind, daß sie nicht liebenswert seien. Diese Frauen gehen mit der Überzeugung in eine intime Beziehung, daß sie wertlos und »scheußlich« seien. Durch das brutale Kindheitserlebnis der Entwürdigung und des Schweigenmüssens haben sie gelernt, ihre Gefühle und Bedürfnisse zu verstecken, um sich selbst zu schützen. Sie erwarten Verurteilung, Vergeltung und Verlust, wenn sie ihr Innerstes offenbaren, so daß sie sich hinter dem Schutzwall des Schweigens verschanzen.

Drittens: Frauen verurteilen sich selbst zum Schweigen aus der Angst heraus, daß ihre Gefühle und Wahrnehmungen irgendwie falsch sein könnten und daß andere Menschen sie zurückweisen könnten, wenn sie davon erfahren. Depressive Frauen sagen, daß sie Angst vor Isolation oder Vergeltung haben, wenn sie in ihrer Beziehung offen und ehrlich ihre Meinung sagen. Die Vergeltung, die sie sich vorstellen, reicht von physischer Gewalt bis zu Spott oder kränkenden Bemerkungen. Wie wir gesehen haben, gehen manche depressiven Frauen mit einem positiven Selbstgefühl in eine heterosexuelle Beziehung, fangen dann aber an, die »Spielregeln« zu befolgen, die darin bestehen, einen Mann auf Kosten des eigenen Selbst aufzubauen. Dies führt schließlich zu einem Verlust an Selbstachtung, zu einem Gefühl des Selbstverrats und zu tiefsitzender Wut. Wenn das authentische Selbst einer Frau in ihrer Beziehung, in ihrer Kindheit und in den reduzierten Weiblichkeitsstereotypen abgewertet wurde, verstummt das authentische Selbst, um die Integrität der eigenen Vision zu bewahren.

Die Ursachen dieser Ängste sind allgegenwärtig. Als Frau erbt man gewissermaßen ein uraltes, kollektives Gefühl der Verletzbarkeit, das mit jahrhundertelanger ökonomischer Abhängigkeit und physischer Gewalt gegen Frauen verbunden ist. Die gesellschaftliche Praxis fördert die Selbstzensur; in der Familie, in sozialen Gruppen und in schulischen Einrichtungen dürfen Frauen nicht so häufig sprechen wie Männer (Belenky u. a., 1986). Zusätzliche Ängste, welche die Frauen veranlassen, sich zurückzunehmen, sind auf spezifische Erfahrungen in der eigenen Familie zurückzuführen.

Wenn eine Frau in einer Beziehung gegen ihre ureigensten Interessen handelt, erscheint sie nach außen »passiv« oder »masochistisch«. Aber ein Verhalten, das sich als Passivität ausgibt, resultiert oft aus dem verborgenen Schrecken vor dem, was als eine lähmende Drohung empfunden wird. Das im Scheinwerferlicht erstarrte Kaninchen, das kaum atmende Rehkitz, das sich ins hohe Gras duckt – wir nennen diese Tiere nicht passiv, obwohl ihr Verhalten dahingehend interpretiert werden könnte, daß sie sich passiv verhalten, um Gefahr zu vermeiden. Eine Frau, die glaubt, daß sie allein nicht bestehen kann, stellt den Status quo ihrer unbefriedigenden Beziehung nicht in Frage. Sie sagt nicht: »Das empfinde ich, und diese Dinge müssen geändert werden, oder ich gehe.« Sie testet nicht, ob ihr Partner bereit ist, sich zu ändern. Statt dessen versteckt sie ihre Gefühle hinter einer trügerischen Fügsamkeit.

Da sie glaubt, daß es ihr eher gelingt, ihre eigenen Gefühle zu kontrollieren als ihren Partner zu ändern, verschließt sie ihren Groll tief in ihrem Inneren. Sie läßt ihn in kleinen starken Schüben heraus, wie aus einem zu stark aufgeblasenen Ballon, zornige Ausbrüche, die bei ihr das Gefühl hinterlassen, daß sie kindisch sind und nichts bewirken – sie gehen ins Leere, verpuffen einfach. Die Ausbrüche ändern nichts und werden von ihr und ihrem Partner als Beweis dafür gesehen, daß sie »unreif«, »gestreßt« oder »neurotisch« ist. Die emotionalen Ausbrüche erhöhen die Schuldgefühle und verringern das Selbstwertgefühl, da sie wieder ein Anlaß für Selbstkritik sind.[4]

Wut

Die Ängste, die dazu führen, daß eine Frau ihr authentisches Selbst versteckt, rufen bei ihr Wut hervor und verlangen gleichzeitig die Verdrängung dieser Wut.[5] Eine Frau unterdrückt ihre Wut nicht nur, weil sie glaubt, daß ein Wutausbruch zu Vergeltungsmaßnahmen führen oder ihr die Liebe und Nähe entziehen würde, die sie sucht, sondern auch, weil die Wut ihr möglicherweise die Augen öffnen und einen Handlungsbedarf entstehen lassen würde, der ihre eingespielte Lebensweise bedroht.

Wenn man seine Gefühle ernst nimmt, sie gelten läßt und sich an ihnen orientiert, überschreitet man die Grenzen des üblichen Denkens. Authentische Gefühle erweitern den Radius der moralischen Überlegungen, indem sie die dominierende Autorität in Frage stellen. Diese Autorität definiert nicht nur, was richtig und falsch ist, sondern auch, was in den zwischenmenschlichen Interaktionen gesellschaftlich angemessen ist, sagt also, wann und warum sich eine Frau der gegebenen Situation unterwerfen sollte. Authentische Gefühle können auch zum Handeln auffordern, indem sie einem Menschen so vieles zu Bewußtsein bringen und ihn so unglücklich machen, daß er es in seiner Situation nicht mehr aushält. Diese Gefühle können auch die Wahrnehmung – einer Person, einer Situation oder des eigenen Selbst – unwiderruflich verändern und einen Menschen dadurch zum Handeln zwingen. In *Die Farbe Lila* schildert Alice Walker Celie als eine Gestalt, die wegen ihrer brutalen Lebensumstände zuerst die männliche Autorität akzeptiert. Nachdem sie jedoch durch die Beziehung zu einer Frau Zugang zu ihren wirklichen Gefühlen bekommen hat, beginnt sie, alles aus einer neuen Perspektive zu sehen, und entdeckt die Unvollkommenheit ihres Mannes: »Ich stelle fest, daß er weiche Knie hat.« Diese veränderte Wahrnehmung, die dadurch möglich wird, daß Celie eine neue Beziehung hat, die auf Respekt, Liebe und Interesse beruht, gibt ihr die Freiheit, die gewalttätigen Autoritäten in Frage zu stellen, die sie seit ihrer Kindheit umgeben haben.

Da Gefühle dieses verunsichernde Potential enthalten und häufig die akzeptierten sozialen Normen überschreiten, zensieren wir sie alle bis zu einem gewissen Grad. Die Selbstunterdrückung depressiver Frauen scheint eine extreme Form der normalen Selbstzensur zu sein. Hinter der Fassade des Schweigens sortiert eine Frau jene Gefühle und Gedanken aus, die die Beziehung bedrohen. Auch die Frauen, die das Alleinsein wählen, um sich vor Verletzungen zu schützen, praktizieren Selbstunterdrückung, um die innere

Sehnsucht nach Gebrauchtwerden oder »Abhängigkeit« abzuwehren. In der weniger extremen Form, etwa bei chronischen, aber schwächeren Depressionen, ist die Selbstunterdrückung eine Möglichkeit, mit der gegebenen Situation dadurch fertig zu werden, daß das Selbst versteckt, die Authentizität hinter einer allgemein anerkannten Fassade verborgen wird, um es am Leben zu erhalten, zu schützen und der Verurteilung zu entziehen. Im Extremfall, also bei schweren Depressionen, einschließlich solcher mit psychotischen Schüben, behandeln depressive Frauen ihre Gefühle als gefährlich, fremd, nicht zu ihnen gehörig und verurteilen sie nicht nur hart, sondern versuchen auch, sie auszugrenzen. Diese Frauen verbannen das authentische Selbst in einen abgeschlossenen Raum und verbieten ihm, selbst zu denken, zu fühlen oder auch mit anderen zu kommunizieren.

Die erfolgreiche Unterdrückung des authentischen Selbst führt zu einem inneren Gefühl der Niederlage und der Selbstaufgabe und zu verzweifelter Resignation. Wenn der Teil des Selbst, der isoliert wird, keine Möglichkeit sieht, dieser Isolation zu entkommen, ohne eine Katastrophe auszulösen, und sich mit seinem Schicksal abfindet, werden die Einflüsterungen des authentischen Selbst, die dem Bewußtsein beunruhigende Botschaften senden, immer weniger hörbar. Es kann vorkommen, daß sie sich schließlich durch physische Symptome oder durch Stimmen bemerkbar machen, welche die Kliniker als akustische Halluzinationen bezeichnen.

Der Zusammenhang zwischen Selbstunterdrückung und Wut wird deutlich, wenn Susan ihren Umgang mit ihrem Mann beschreibt:

> Und wenn er mit mir in einem barschen Ton spricht oder mich wegen etwas kritisiert, das ich falsch gemacht oder gar nicht gemacht habe oder was auch immer, denke ich bei mir: »Jetzt ist Unterordnung angesagt, also ignoriere ihn einfach.« So in der Art, laß die Sache einfach auf sich beruhen. Und so habe ich in mir eine Menge Groll und eine Menge Wut angestaut.

Susan, die um den Machtunterschied weiß, entscheidet sich bewußt dafür, die Beziehung unter Bedingungen aufrechtzuerhalten, die ihre Unaufrichtigkeit fordern. Sie »schmeichelt« der männlichen Autorität und Macht in dem Glauben, daß ihre Fügsamkeit der Beziehung förderlicher ist als ihre direkte Auseinandersetzung mit der Ungleichheit. Aber ihre selbstverleugnenden Verhaltensweisen bringen unerwartete Konsequenzen mit sich: Sie verstärken das hierarchische Gefälle in der Beziehung und führen dazu, daß »eine Menge Groll und eine Menge Wut angestaut wird«. Susan entwickelt feindselige Gefühle gegenüber dem, was sie als eine äußere Macht wahrnimmt, erkennt aber nicht, daß sie daran mitwirkt, daß diese Macht in der Beziehung immer stärker wird.

Der Groll entwickelt sich auch deshalb, weil sie ihre eigenen Bedürfnisse und Wünsche zurückstellt und weil in ihrer Beziehung keine wirkliche Gegenseitigkeit besteht. In dem Bemühen, keine Wut zu zeigen, weil die Kultur das verbietet, richten die depressiven Frauen, die ich interviewt habe, ihre Wut nicht gegen ihren Partner, sondern gegen sich selbst. Die Frauen glauben, daß sie geliebt werden, wenn sie »gut genug«, das heißt selbstlos genug lieben. Wenn die Frauen sich aber selbst in die Pflicht nehmen, anstatt sich ihre Beziehung genauer anzuschauen, verstärkt sich das Machtungleichgewicht; und da sich die Frau als den unterlegenen Teil wahrnimmt, versucht sie nur noch mehr, ihren Partner zufriedenzustellen, um Konflikte und Trennung zu vermeiden.[6]

Der Groll entlädt sich schließlich in Wutausbrüchen, denen Selbstvorwürfe und Schuldgefühle folgen. Die Ausbrüche »beweisen« einer Frau, daß sie im Grunde genommen egoistisch, destruktiv und wertlos ist, und verstärken ihre Verlustangst. Sie reißt sich innerlich noch mehr am Riemen und strengt sich noch mehr an, zu geben und ihren Partner zufriedenzustellen. Und so beginnt der Kreislauf von neuem. Cathy beschreibt ihren Umgang mit ihrem Mann:

> Ich weiß, daß das Problem teilweise von der fehlenden Kommunikation herrührte; ich habe nie meine wirk-

lichen Gefühle geäußert. Ich wollte einfach gewisse Dinge tun und wollte nicht das tun, was er von mir verlangte, ohne ihm zu sagen, warum ich das nicht wollte... ich glaube, ich war allgemein ziemlich unterwürfig, aber innerlich war ich wütend und habe diese Wut zurückgehalten, bis es mich plötzlich gepackt hat und ich sehr aggressiv wurde.

Alle depressiven Frauen der Langzeituntersuchung haben diesen Verzicht auf die Äußerung ihrer wirklichen Gefühle beschrieben. Sie erleben eine Spaltung des Selbst in eine äußere, trügerische Fügsamkeit und eine innere Wut, wachsenden Groll, Unmutsausbrüche und Feindseligkeit gegenüber dem Partner oder den Kindern.

Die innere Spaltung manifestiert sich in einem gespaltenen Verhalten. Die Frauen beschreiben, wie ihr Verhalten zwischen übermäßig nett und kalt, zornig und reserviert schwankt. Da sie sich ihres Wutpotentials bewußt sind, versuchen sie zum Ausgleich, das Verhalten der »guten Frau« an den Tag zu legen, die die Gebote des Über-Auges befolgt. Aber der Versuch, Intimität durch so unaufrichtige Mittel zu erreichen, funktioniert nicht, was die Wut noch steigert. Die Scham darüber, daß der Zorn immer wieder auf eine destruktive Weise geäußert wird, die nichts an der Beziehung ändert, und die Erkenntnis, daß sie meistens ihrem Partner gegenüber unaufrichtig ist, rufen bei einer Frau Selbstvorwürfe und Verwirrung hervor.

Hören wir Cathy aufmerksam zu, damit wir die Zusammenhänge zwischen Selbstunterdrückung, Wut, Selbstverlust und Depression besser verstehen. Cathy beschreibt, wie sie aus dem Wunsch heraus, eine stabile Ehe zu schaffen, eine gesellschaftliche anerkannte Beziehungsstruktur akzeptierte, die jedoch die Verdrängung ihrer eigenen Wünsche verlangt:

Als wir geheiratet haben, war ich 18 und er 20. Ich wollte beweisen, daß unsere Ehe funktionieren würde, und so habe ich so viel wie möglich über die Ehe gelesen und darüber, wie eine Ehefrau sein sollte – so war für mich eine gute Ehefrau eine Frau, die ihren Mann aufbaute, Rücksicht auf sein Ego nahm und ihm ein gutes Zuhause gab. Ich glaube, ich habe immer versucht, seine Wünsche über meine zu stellen, aber dann habe ich ihm das übelgenommen.

Während es zu einem gesunden Geben und Nehmen in einer Beziehung gehört, daß man den Partner aufbaut und manchmal dessen Wünsche an die erste Stelle setzt, beschreiben depressive Frauen einen Fürsorgezwang, der verlangt, daß man die Sichtweise des anderen nicht vorübergehend, sondern ständig übernimmt. Um eine solche selbstverleugnende Konstellation aufrechtzuerhalten, muß Cathy sich zwingen, nicht über das nachzudenken, was sie stört, wozu auch die grundlegende Ungleichheit gehört, die ihre Ehe prägt.

Nachdem Cathy berichtet hat, daß ihr Mann »viel als selbstverständlich hinnahm und ich sauer darüber war, aber nichts sagte«, schildert sie die Wendepunkte in ihrer achtzehnjährigen Ehe und zählt die Punkte auf, an denen sich ihr Groll festmachte. Daß sie Gefühle der Erbitterung hatte, »merkte« sie zum ersten Mal, als es darum ging, den Urlaub zu planen, denn da erkannte sie, daß »er immer seinen Willen durchsetzte«. Wir hören, daß Cathy den meisten Groll empfindet, wenn sie ihr eigenes Selbst aufgibt, und nicht, wenn ihr Mann sie verletzt.

Und dann kam der nächste Wendepunkt, ungefähr zwei Jahre, nachdem wir das Geschäft gekauft hatten. Ich erinnere mich daran, daß er fragte, als wir ein Jahr in dem Geschäft gearbeitet hatten und bevor wir es kauften, ob ich es wollte, ob wir da drin bleiben sollten, ob wir es kaufen sollten. Und ich habe nicht ehrlich gesagt, was ich empfunden habe. Ich sagte ihm nur: »Wenn du das wirklich willst, habe ich nichts dagegen.«
(Wissen Sie, was bei Ihnen abgelaufen ist, was Sie daran gehindert hat, mit ihm über Ihre wirklichen Gefühle zu sprechen?) Ich war ziemlich sicher, daß das

genau das war, was er wollte. Und noch etwas – bevor wir das Geschäft übernahmen, war er an einer Farm beteiligt, und dabei fühlte er sich gar nicht wohl. Er war damit nicht glücklich, und ich wußte es. Der Grund dafür war, daß wir unsere Rechnungen nicht bezahlen konnten und er sich als Versager fühlte... Aber ein Geschäft ist nicht die Art von Arbeit, die mir liegt. Ich bin sicher, daß ich besser Lehrerin geworden wäre. Ich war nicht gut im Verkaufen, ich konnte nicht gut mit den vielen Leuten umgehen, ich mochte es einfach nicht. Außerdem waren wir nicht viel mit den Kindern zusammen. Aber ich wußte, daß es für ihn das Richtige war, daß es ihm das Gefühl von Erfolg gab, ihn aufbaute, und ich wußte, daß er das brauchte. Und deshalb hatte ich wohl das Gefühl, daß meine Gründe nicht so wichtig waren wie seine. Oder so ähnlich.

Cathy schließt sich von den Entscheidungsprozessen aus, nimmt dies aber dem Mann übel, für den sie ihren Standpunkt aufgegeben hat. Er hat sie nach ihrer Meinung gefragt, und sie weiß nicht, wie er auf eine ehrliche Antwort reagiert hätte. Sie trägt dazu bei, die Struktur einer selbstverleugnenden Beziehung zu schaffen, die direkt gegen ihre eigenen Interessen, Wünsche und gegen ihre eigene Entwicklung gerichtet ist. Als Cathy die Gründe für einen so grundlegenden Selbstverrat aufzählt, wiederholt sie Motive, die sich auch in den Schilderungen anderer Frauen finden: »Das war genau das, was er wollte«; es »baute ihn auf«; »Das war das Richtige für ihn«; »Es gab ihm ein Gefühl von Erfolg«; und hinzu kommt das Grundprinzip: »Ich hatte das Gefühl, daß meine Gründe nicht so wichtig waren wie seine.« Indem sie sich, um mit Virgina Woolf zu sprechen, »zu dem Spiegel [machte], der den Mann größer erscheinen läßt«, ließ Cathy ihren Mann nie wissen, daß sie einen eigenen Kopf hatte, mit Interessen und Talenten, die nach Ausdruck drängten. Sie *scheint* ein Selbst zu haben, dessen Konturen sich in denen ihres Mannes auflösen (Keller, 1986), aber wir erkennen die bewußten Willensakte, die erforderlich sind, um diese Anpassung zu vollbringen, um ihre Authentizität und ihr Potential unter Verschluß zu halten. Sie *scheint* keine festen Ich-Grenzen zu haben, aber sie löscht bewußt ihr eigenes Profil aus, um den moralischen Geboten zu gehorchen, die ihr Sicherheit in der Beziehung versprechen. Cathy weiß, daß sie an ihrem Unglück teilweise selbst schuld ist. Da sie um ihre Selbstaufgabe weiß, ist sie unsicher, wem sie die Schuld geben soll, und ist noch weniger fähig, nach ihren eigenen Wünschen und Bedürfnissen zu handeln.

Diese Form der Selbstaufgabe, die das eigene Wachstum dem eines anderen Menschen opfert, führt nicht nur zu dem Empfinden, psychisch verkümmert zu sein, sondern auch zu dem ausgeprägten Gefühl, unaufrichtig und schuldig zu sein. Cathy erkennt, daß es in ihrer Ehe »so viele Jahre gab, in denen man nicht wuchs, sich nicht weiterentwickelte«. Sie sagt:

> Wir waren so viele Jahre so eingespannt, daß wir für nichts Zeit hatten. Keine richtige Beziehung zu irgend jemand hatten. Und wir hatten keine Zeit für uns, für die Kinder, für Freunde und deshalb habe ich das Gefühl, daß mir vielleicht viele Entwicklungsmöglichkeiten entgangen sind, daß ich noch viel nachzuholen habe.

Als ihr Mann im achtzehnten Ehejahr eine Affäre hatte, hatte Cathy das Gefühl, daß er im Recht sei, und gab sich selbst die Schuld daran. Sie sagt: »Bis dahin war ich schrecklich sauer auf ihn gewesen und hatte nur die negativen Dinge gesehen. Ich konnte nichts Positives sehen.« Sie empfindet sich als unehrlich gegenüber ihrem Mann, und zwar nicht, weil sie die Unwahrheit gesagt hätte, sondern weil sie die Wahrheit nicht ausgesprochen hat. Das Gefühl, daß ihre Unaufrichtigkeit und ihre Wut für das verantwortlich sind, was geschehen ist, hält Cathy davon ab, die Dinge in den Griff zu bekommen, zu erkennen, was sie eigentlich will, und aktiv zu werden. Das überwältigende Gefühl, mit einer Lüge zu leben, das Bewußtsein für die Diskrepanz zwischen ihrem äußeren Selbst (einer oberflächlichen zwischenmenschlichen Nettigkeit und Hilfsbereitschaft) und dem inneren Selbst (das sich als kontrollsüchtig, verraten und destruktiv empfindet) bewirken, daß Cathy Schuld und Kritik auf sich selbst konzentriert. Gedanken wie »Ich frage mich, ob diese ganzen Eheprobleme nicht entstanden sind, damit ich mich selbst neu einschätze und mich frage, was er braucht und ob ich ihm das gebe, was er braucht, oder ob ich mir mehr Gedanken darüber mache, was ich brauche« lenken ihre Aufmerksamkeit auf ihre eigenen Fehler und halten sie davon ab, die Beziehungsprobleme zu erkennen oder Pläne für ihre eigene Zukunft zu machen. Da sie auf die Stimme des Über-Auges hört, jene moralische Instanz des Selbst, welche die Anforderungen der Kultur an die Frauen artikuliert, nennt sie ihren Groll fälschlicherweise Egoismus und verurteilt den Teil ihrer selbst, der Klarheit und Veränderung herbeiführen könnte.

Aber gleichzeitig hat Cathy auch sehr feindselige Gefühle jener Person gegenüber, der sie die Macht gegeben hat, ihr Sicherheit zu verschaffen. Ihr männlicher Partner verkörpert für sie die kulturellen Forderungen, die seit Jahrhunderten an die Frauen gerichtet werden. Während sie sich selbst den Vorwurf macht, Probleme in die Beziehung hineinzubringen, macht sie ihn auch für ihre eigenen Handlungen verantwortlich und betrachtet ihn als die Ursache ihres tiefen, diffusen Unglücklichseins.

Wenn eine Frau die Verantwortung für ihren Selbstverrat ihrem Partner anlasten kann, mag dieser nun gewalttätig, herrisch und fordernd sein oder nicht, gewinnt sie dadurch einen gewissen Selbstwert. Wenn sie sich als das Opfer unveränderlicher Umstände sieht, erhält das, was ihr im Leben widerfahren ist, einen Sinn und erlaubt ihr, ein wenig Selbstachtung zu bewahren. Den Partner anzuklagen und sich selbst als Opfer zu fühlen – diese beiden Dinge gehen Hand in Hand. Diese psychischen Abwehrmechanismen erklären nicht nur ihre negativen Gefühle, sondern liefern auch leichte Antworten, welche die komplexen Fragen verschleiern. Die Struktur der Beziehung in Frage zu stellen oder aus der Beziehung auszubrechen, würde auch bedeuten, die Verantwortung für ein Selbst zu übernehmen, das nicht nur wenig verstanden, sondern zutiefst gefürchtet wird. Es kommt vor, daß eine Frau eher in die bekannte Depression verfällt, als daß sie sich einem unbekannten Selbst stellt, das vielleicht all das zerstört, was sie unter ihrem Leben versteht. Sie kann das Gefühl haben, daß eine Depression ein notwendiger Preis für das Überleben in einer Beziehung ist, auf die sie so großen Wert legt (Krebs-McMullen, 1989).

Als ihr Mann die Affäre fortsetzte, dachte Cathy an Scheidung und zog mit ihren Kindern aus. An diesem kritischen Punkt, als sie nichts mehr zu verlieren hatte, fing sie an, ehrlich und direkt ihre Meinung zu sagen. »Ich weiß nicht genau, was mein Denken veränderte«, sagt sie selbst. »Aber ich begann, ihn als einen Menschen zu sehen, der Gefühle hatte und jemanden mochte, und wir fingen an, so miteinander zu reden, wie wir es seit Jahren nicht mehr getan hatten.« Cathys neue Freiheit, ihre Meinung zu sagen, stellte sich ein, als das Über-Auge nicht mehr die Macht hatte, sie einzuschüchtern, also in dem Augenblick, als sich die Beziehung auflöste und Cathy keine Möglichkeit ihrer Fortführung sah. Jetzt konnte sie ihrem Mann sagen, daß die Ehe nur wiederhergestellt werden könnte, wenn es zu grundlegenden Veränderungen in ihrer Arbeit, ihrem Verhältnis zu den Kindern und zu anderen Menschen sowie in ihren Entscheidungsstrukturen und Interaktionsformen käme.

Für Cathy wie für andere depressive Frauen erscheint Verlust als etwas Paradoxes: Die Angst vor dem Verlust ihrer Beziehung brachte Cathy dazu, sich selbst zum Schweigen zu verurteilen und einen Selbstverlust zu erleben; der wirkliche (oder möglicherweise bevorstehende) Verlust der Beziehung wirkte hingegen befreiend, weil sie nichts mehr zu verlieren hatte. Wenn eine Frau dem Risiko des äußeren Verlustes ausweicht, indem sie ein Selbst erfindet, das sich in ständigem Wohlverhalten zu üben hat, entsteht eine trügerische Sicherheit und laufend die bange Frage, wann der Augenblick der Trennung kommt.

Bei ihrem zweiten Interview zwei Jahre später war

Cathy zu ihrem Mann zurückgekehrt und war von ihrer chronischen Depression befreit. Sie beschrieb ihre Ehe als »viel besser«, weil »er viel mehr auf meine Bedürfnisse eingeht, während ich vorher das Gefühl hatte, daß er das, was ich wollte, für unwichtig hielt«. Wir wissen es nicht, aber es kann sein, daß ihr Mann deswegen viel mehr auf ihre Bedürfnisse einging, weil sie diese zum ersten Mal deutlich artikulierte. Ihr Mann war zu den Veränderungen bereit, die sie verlangte. Sie arbeitete weniger im Geschäft, »wodurch ich Zeit hatte, meinen eigenen Interessen nachzugehen«. Aber in einem wichtigen Abschnitt am Ende des Interviews fragte sich Cathy, wieweit ihr mangelndes Vertrauen in ihre eigene Stimme ihr Leben und ihre Entscheidung, zu heiraten, bestimmt habe:

Ich habe gerade an ein Erlebnis gedacht, das ich in der High School hatte. Als junges Mädchen war ich oft sehr selbstbewußt. Ich glaube, ich war selbstbewußt in bezug auf meine Fähigkeiten, aber nicht selbstbewußt in bezug auf meine sozialen Kontakte, den Umgang mit anderen Jugendlichen und so weiter. Da ich auf einem Gebiet so selbstbewußt war, habe ich vielleicht auf die anderen herabgesehen, ich weiß es nicht genau.

Aber ich kann mich daran erinnern, daß ich einmal vor der Klasse eine Arbeit vorlesen mußte, die ich geschrieben hatte. Ich hatte ungefähr die Hälfte vorgelesen, als ich total nervös wurde. Meine Stimme fing an zu zittern, und ich fühlte mich schrecklich. Schließlich bat ich den Lchrer, den Rest vorzulesen. Ich sagte, ich fühlte mich nicht wohl und setzte mich einfach hin. Aber das erschütterte mein Selbstvertrauen mehr als alles andere je zuvor.

Danach war ich unsicher, ob ich zur Universität gehen oder eine Ausbildung als Krankenschwester oder Ähnliches machen sollte, denn ich hatte Angst ... ich war so unsicher, ich wußte nicht, ob ich solchen Situationen gewachsen war. Und ich frage mich, ob ich Bud überhaupt geheiratet hätte, wenn das nicht passiert wäre, wenn es nicht um Sicherheit gegangen wäre.

Cathy kann sich erst jetzt, zwei Jahre nach der Trennung, diesen fundamentalen Fragen stellen, als sie untersucht, welchen Anteil sie selbst am Zustandekommen einer Struktur hatte, die sie eingeengt und in ihrer Entwicklung gehemmt hat. Die Ehe war ein Refugium, das ihr Schutz vor ihren Ängsten und ihrer Unsicherheit bot und das sie der Frage enthob, welchen Platz sie sich in der Welt suchen sollte; aber irgendwo machte Cathy ihren Mann für ihre mangelnde Risikobereitschaft verantwortlich. Jahrelang hatte sie ein unbehagliches Gefühl von Selbtverrat und diffuser Schuld, weil ihre Heiratsentscheidung auf einer Unaufrichtigkeit beruhte. Als es darum ging, sich in der Beziehung zu behaupten, hatte sie wegen dieser ursprünglichen Unaufrichtigkeit das Empfinden, keinen festen Boden unter den Füßen zu haben, wodurch ihre Integrität untergraben wurde. Die Kapitulation vor ihrer persönlichen Unsicherheit und ihren Ängsten ging mit einer zunehmenden Erbitterung darüber einher, daß sie nicht fähig war, sich weiterzuentwickeln oder ihr Leben selbst zu gestalten. Sie zwängte ihr ungelebtes kreatives Potential in den engen Rahmen ihrer Ehe und verwehrte ihm jegliche Ausdrucksmöglichkeit. Da sie sich in ihrer Beziehung wie eine Betrügerin vorkam, da sie wußte, daß sie bei ihrer Heirat einen Teil ihrer selbst aufgegeben hatte und da sie sich von ihrem Mann durch seine Affäre im Stich gelassen fühlte, verfiel sie in eine Depression und sah sich mit den Augen der Kultur als eine erbitterte, ausgebrannte Frau mittleren Alters, die nie etwas gewagt hatte.

Das Erlernen der Selbstunterdrückung

Elf von den zwölf Frauen in dieser Langzeituntersuchung beschreiben, wie ihre Identifikation mit den Werten, Gefühlen und der Stellung ihrer Mütter sie davon abhält, ihren Partnern gegenüber die eigenen Wünsche und Bedürfnisse zu artikulieren. Ausgehend von früheren Erklärungen der Identifikationsprozesse, wie sie von Autoren wie D. W. Winnicott (1965) und W. R. D. Fairbairn (1952) (Objektbeziehungstheorie) sowie John Bowlby (1969, 1973, 1980) (Bindungstheorie) dargestellt worden sind, werde ich anhand der Aussagen von depressiven Frauen aufzeigen, wie Mütter ihre Töchter darauf vorbereiten, sich selbst zum Schweigen zu verurteilen und sich den Männern unterzuordnen.

Die patriarchalische Kultur übt auf vielfältige Weise Einfluß auf die Beziehung zwischen Mutter und Tochter aus. Ich möchte hier nicht alle Auswirkungen ausführlich schildern, sondern verweise den Leser auf die sorgfältigen Analysen von Marcia Westkott (1986) und Nancy Chodorow (1978, 1989). Mein Schwergewicht liegt auf den spezifischen Aspekten der Mutter-Tochter-Beziehung, die im Zusammenhang mit Depressionen relevant sind: besonders, wie Mütter ihre Töchter lehren, sich selbst zum Schweigen zu bringen und sich klein zu machen, um so in einer ungleichen Beziehung Intimität herzustellen und aufrechtzuerhalten.[7] Meine Konzentration auf die Mütter bedeutet allerdings nicht, daß ich den Einfluß der Gesellschaft und der Kultur dabei übersehe. Während es ein Zufall ist, eine bestimmte Mutter zu haben, die für ihre Liebe Unterordnung fordert, ist es die Gesellschaft, die der Mutter nahelegt, wie sie mit Männern umgehen sollte und welche Eigenschaften ihre Tochter haben sollte (Westkott, 1986).

Depressive Frauen erwähnen spontan und wiederholt die Lehren und Wertvorstellungen ihrer Mütter, wenn sie versuchen, ihr eigenes Verhalten in der Beziehung zu verstehen. Die Frauen beschreiben ihre Mütter als Personen, die sich selbst herabgesetzt haben oder von ihren Ehemännern herabgesetzt wurden oder beides. Frauen, die sich mit einer solchen Mutter identifizieren, verinnerlichen die selbstkritischen und selbsterniedrigenden Äußerungen dieser Mütter und identifizieren sich mit ihrer geringen Selbstachtung. Sie erinnern sich genau daran, wie ihre Mutter den Grundstein für die Tendenz der Tochter gelegt hat, sich selbst mit den kritischen Augen des »verallgemeinerten Anderen« zu sehen. Maya beschreibt ihre Mutter so:

Sie hatte Angst, wenn sie unter Leuten war, Angst davor, was die Leute über sie dachten, weil sie so groß ist.
(Sagte sie Ihnen das?) Ja. Die Leute sahen sie an, und sie sagte dann immer: »Sie sehen so aus, als würden sie – .« Sie unterstellte ihnen immer Gedanken, von denen sie glaubte, daß sie sie hätten, und die für sie immer negativ waren. Und damit wuchs ich auf. Ich bildete mir ein, daß die Leute bestimmte Dinge über mich sagten. So wurde ich sehr befangen und gehemmt, als ich in die High School kam. Wenn ich eingeladen wurde, zu Parties oder dergleichen, dachte ich mir Entschuldigungen aus, um nicht dort hingehen zu müssen, weil ich eine so geringe Meinung von mir selbst hatte.

Als Mädchen lernte Maya, daß es starke äußere Einflüsse gab, die bewirkten, daß ihre Mutter sich in ihrer Haut nicht wohl fühlte. Indem sie beobachtete, wie ihre Mutter, mit der sie sich identifizierte, die anderen Menschen anschaute, um herauszufinden (oder zu argwöhnen), was sie von ihr dachten, nahm Maya die gleiche kritische Zuschauer-Haltung sich selbst gegenüber ein. Gleichzeitig bezog Maya ihr weibliches Ich-Ideal von ihrer Mutter, und diesem Ideal zufolge gehört zum Lieben und Geliebtwerden ein verengtes und verkleinertes Selbstbild.

Indem Anita schildert, wie die Nähe zur Mutter eine Mischung aus Liebe und Unterjochung bedeuten kann, wiederholt sie etwas, das auch in den Beschreibungen anderer Frauen vorkommt:

Ich war und wurde eine Erweiterung meiner Mutter. Ich versuchte, ihre Wünsche zu erahnen; ich war traurig, wenn sie verletzt war; und ich begriff ihre Partei, wenn sie mit meinem Vater Streit hatte. Ich wurde ihre Vertraute, ihre Mentorin und in emotionaler Hinsicht der Ehemann, den sie in meinem Vater gern gehabt hätte. Ich integrierte diese Frau völlig in mein Frausein...

> Ich kann mich an viele Male erinnern, wo ich gefragt wurde, was ich wollte, und wenn ich antwortete, pflegten sie [die Eltern] zu sagen: »Oh, Anita, du wirst doch nicht wirklich das essen/trinken/anziehen/zum Spielen haben wollen.« Nachdem ich das lange genug gehört hatte, kam bei mir ganz deutlich die Botschaft an, daß ich nicht wußte, was ich wollte, und daß meine Funktion darin bestand, zu wissen, was alle anderen wollten. Ich hatte meine Stimme ausgelöscht und die Stimme meiner Mutter angenommen.
>
> Ohne eigene Stimme konnte ich nicht fragen; was mir auch den Wunsch nahm, überhaupt etwas zu wollen. Außerdem war meine Mutter der einzige Mensch, der wußte, was ich wollte, und sie war emotional nicht für mich da.[8]

Befriedigung und Sicherheit in dieser Beziehung gehen mit der Forderung einher, daß sich Anita um ihre Mutter kümmern müsse – eine Forderung, die nicht nur bei dem Mädchen das Gefühl der eigenen Wertlosigkeit verstärkt, sondern es auch lehrt, daß Fürsorge ein Teil der weiblichen Identität ist. Das enge Band zwischen Mutter und Tochter wird zur Fessel, wenn ein Mädchen sich für die Identität und Sicherheit der Mutter verantwortlich fühlt. Sie muß ihren Groll und ihr Verschiedensein von der Mutter verdrängen, und zwar nicht nur, weil sie die Zuneigung der Mutter verlieren könnte, sondern weil sie ihre Macht erkennt, das Selbst der Mutter in seinem Kern zu bedrohen. Um die dominierende emotionale Präsenz der Mutter zu integrieren, die Anitas Wünsche benannte, definierte und negierte, mußte Anita ihre eigene Stimme auslöschen, das heißt, sich selbst zum Schweigen bringen.[9]

Auch Susan zeigt, wie die Lehren einer Mutter die Macht haben, die zukünftigen Beziehungen der Tochter zu beeinflussen. Auf die Frage: »Was hat Sie in die Therapie geführt?« verweist Susan auf ihre Ehe:

> Der Grund, warum ich gekommen bin, ist der, daß ich wirklich frustriert war. Ich glaube, das ist das beste

Wort, um zu erklären, wie ich mich gefühlt habe. Ich habe mich nicht wirklich wichtig und beachtenswert gefunden. Kein Selbstwertgefühl und sehr frustriert in meiner Ehe, obwohl ich meine Ehe nicht für alles verantwortlich machen will. Aber ich war in meiner Beziehung zu meinem Mann sehr unglücklich.

Sie erzählt, wie es ist, wenn sie versucht, ein Bedürfnis mitzuteilen oder ihre Frustration darüber zu äußern, daß ihre Bedürfnisse nicht erfüllt wurden:

> Er wird so ärgerlich und wütend auf mich, er fängt an zu schreien, und deshalb denke ich, daß ich vielleicht zu viel nörgele... Und deshalb lasse ich zu, daß er mir die Schuld gibt, ich akzeptiere seine Vorwürfe, und ich denke, daß es vielleicht mein Fehler ist.

Susan beschreibt, wie sehr ihre Tendenz, sich selbst verantwortlich zu machen, auf das Beispiel ihrer Mutter zurückzuführen ist:

> Sie war so. Sie war so ein Märtyrer-Typ, wirklich schlimm. Immer entschuldigte sie sich gegenüber meinem Vater: »Verzeihung, Verzeihung.« Ich meine, sie verhielt sich ihm gegenüber so unterwürfig. »Oh, Robert, mein Lieber, was kann ich sonst noch für dich tun?« Er mußte nur brummen oder knurren, und schon lag sie ihm zu Füßen: »Was habe ich falsch gemacht, Liebling? Habe ich etwas Dummes getan? Was ist es?« So war sie eben.
> Sie hat immer die Schuld bei sich selbst gesucht und anderen Menschen gegenüber eine unterwürfige Haltung eingenommen. Sie war immer der Typ, der gab, gab, gab. Und mein Vater war, glaube ich, darin genau wie mein Mann, daß er sie für alles verantwortlich machte. Er schimpfte ständig mit ihr und gab ihr an allem die Schuld.

Susans Vater »mißhandelte« sie und ihre Mutter emotional. Weil die Mutter nicht aus dieser Ehe floh, erlebte Susan diese Mißhandlung in ihrer ganzen Kindheit und Jugendzeit. Die Tatsache, daß sie mitbekam, unter welchen Bedingungen ihre Mutter die Gebende war, beeinflußte Susans Verständnis von Stärke und Schwäche:

> Während ich also über ihre Unterwürfigkeit in ihrer Beziehung zu meinem Vater sehr erbost war, hatte ich doch gleichzeitig Respekt vor der Tatsache, daß sie ein so liebevoller, gebender Mensch war und fand das nachahmenswert. Sie war ein Mensch, der in gewisser Weise innerlich sehr stark war und in sich ruhte; aber wenn ich jetzt so zurückblicke, denke ich, daß sie in einigen Bereichen vielleicht auch sehr schwach war. Und darum – ich denke, daß sie viele Ängste hatte, vielleicht vor dem Alleinsein und ohne meinen Vater leben zu müssen, so daß sie nie daran denken würde, sich von ihm zu trennen oder ihn zu verlassen.

Für Susan blieb es letztlich unklar, ob ihre Mutter mit ihrer Fähigkeit, so viel zu geben, stark oder schwach war. Sie lernte, daß Sicherheit in einer Beziehung – die Vermeidung der Trennungsdrohung – verlangte, daß man nicht offen seine Meinung äußerte oder den Partner herausforderte. Sie sah außerdem die beiden Seiten der Fürsorglichkeit ihrer Mutter: ihre Stärke, die aktive Liebe und Unterstützung für andere; und ihre Schwäche, die Unfähigkeit, anderen Menschen Grenzen zu setzen, die mit der Angst vor Verlust zusammenfiel.

Susan wollte nicht die unterwürfige und distanzierte Beziehung wiederholen, die ihre Mutter zu ihrem Vater gehabt hatte. Sie versuchte, ein solches Beziehungsmuster zu vermeiden, indem sie sich einen Mann aussuchte, der nicht wie ihr Vater war.

> Ich versuchte sogar, mir bewußt zu sagen: »Jetzt weißt du, daß du keinen Mann heiraten willst, der so ist wie dein Vater, der so herrisch und kritisch war und immer anderen Leuten die Schuld gab.« Und ich sagte mir

wirklich ganz bewußt: »Mein Mann Harry ist überhaupt nicht so, er ist so ganz anders als mein Vater.«

Aber diese Entscheidung allein war nicht ausreichend. »Sobald wird verheiratet waren, entwickelte sich das gleiche Muster. Ich habe versucht, die ruhige, liebevolle Frau zu sein, die diese Behandlung einfach hinnimmt und sich nicht wehrt und darüber einen wirklichen Groll empfindet.« Obwohl Susan bewußt versuchte, das Muster von Ungleichheit und emotionaler Distanz zu durchbrechen, bildete es sich im Laufe der Zeit im Umgang mit ihrem Mann doch heraus. Dieses Muster ist deswegen tief im Über-Auge verankert, weil die Mutter die Tochter lehrt, wie sie Nähe und Gutsein in einer intimen Beziehung erreichen kann.

Die Beziehung zu ihrer Mutter war für Susan das Vorbild für die Nähe, die sie auch mit ihrem Mann anstrebte.

> Ich hatte immer ein so enges Verhältnis zu meiner Mutter. Ich war in unserer Familie ein Nachkömmling, so daß ich wie ein Einzelkind aufwuchs. Und meine Mutter und ich waren uns so nahe, vielleicht zu nahe, vielleicht war das nicht gesund – vielleicht war das gar nicht so gesund. Denn wir sprachen miteinander und wir teilten uns alles mit und wir diskutierten... Und so habe ich immer eine enge Freundin gehabt, ich *hatte* immer eine enge Freundin. Bis ich verheiratet war. Und dann erwartete ich wohl, daß mein Mann mein enger Freund sein würde, und das war er nie... wir sprechen nicht über intime Dinge.

Susans Äußerung, daß sie und ihre Mutter »sich so nah, vielleicht zu nah« waren, entspringt der Frustration, die sie jetzt in ihrer Ehe erlebt. In Wirklichkeit sagt sie damit: »Wenn ich nicht diese Nähe zu meiner Mutter gehabt hätte, würde ich jetzt vielleicht nicht die Nähe zu meinem Mann brauchen, und ohne mein Bedürfnis nach Nähe wäre diese Ehe nicht so schwierig.« Die Intimität, die sie mit ihrer Mutter teilte, förderte die Erwartung, daß sie eine solche Verbundenheit mit einem Mann wiederholen könnte. Als sie jedoch die Verhaltensweisen praktiziert, die ihrer Meinung nach zu Nähe führen, stellt sie fest, daß sich ihr Mann allmählich verändert und die gleiche kritische, distanzierte Haltung annimmt wie ihr stets vorwurfsvoller Vater. Da ihr Mann emotional nicht für sie da ist, versucht Susan, ein Gefühl von Intimität zu schaffen, indem sie nahe bei ihrer internalisierten Mutter bleibt: indem sie in der Beziehung die gleiche Position einnimmt wie die Mutter und beim Umgang mit einem Mann das fühlt, was ihre Mutter gefühlt hat. Aber dadurch entsteht genau die Art von Beziehung, die Susan vermeiden wollte, indem sie sich einen Mann aussuchte, der anders als ihr Vater war.

Was das Gutsein betrifft, so ist Susan als erwachsene Frau »durcheinander«, denn das Modell, das sie von ihrer Mutter gelernt hat, erlaubt es ihr nicht, ihre Bedürfnisse und Wünsche in eine Beziehung einzubringen. Statt dessen muß sie »für den anderen da sein«.

> Sie [ihre Mutter] wagte es nie, nie, einen Konflikt auszulösen oder Bedürfnisse auszudrücken oder zu sagen: »Ich möchte dieses oder jenes.« Man sagt nie: »Ich möchte«, man findet immer heraus, was der andere möchte und – man verläßt nicht jemanden, weil er eine Schwäche hat oder krank ist. Auch hier muß man wieder dienen, hegen und pflegen. Dieser Gedanke durchzog alles, was sie mir beibrachte. Immer dienen und für den anderen da sein. Niemals an sich selbst zu denken wagen.

Die psychologische Entwicklung jeder dieser depressiven Frauen ist maßgeblich dadurch gekennzeichnet, daß sie gelernt haben, auf äußere Erwartungen zu reagieren und die eigenen Gefühle und Bedürfnisse zu ignorieren. Das bringt eine Frau zu der Überzeugung, daß die Unterdrückung ihrer Bedürfnisse und Gefühle moralisch richtig ist. Susan lernte, daß es wichtiger und *besser* war, es anderen recht zu machen und anderen etwas zu geben, als auf sich selbst zu hören. Sie lernte, daß es »egoistisch« und damit automatisch schlecht war, an sich selbst zu denken oder die Befriedigung ihrer eigenen Bedürfnisse zu fordern. Wenn ein Mädchen lernt, daß seine Bedürfnisse weniger wichtig sind als die ihres Partners, daß sie kein »Recht« auf ihre Bedürfnisse hat, dann ist der Grundstein für eine geringe Selbstachtung schon gelegt.

Das von der Mutter erlernte moralische Postulat, daß Gutsein gleichbedeutend ist mit Selbstaufopferung, führte bei Susan direkt zu emotionaler und physischer Verletzung. Außer dem »Syndrom der geschlagenen Frau« (Walker, 1979) – ein allgemeines Reaktionsmuster auf die physische und psychische Gewalt, die ein Mann seiner Frau antut –, binden diese Lehren der Kindheit – daß »man niemanden verläßt, weil er eine Schwäche hat oder krank ist« – eine Frau an einen sie verletzenden Ehemann, weil sie den Wunsch hat, ihm zu »helfen«. Überdies hatte Susan dafür ein Vorbild, das sie liebte und bewunderte und das »in einer schlechten Ehe ausgehalten« hatte. Zur Erklärung, warum sie nicht die Polizei gerufen habe, als ihr Mann gewalttätig wurde, verweist Susan auf das Beispiel ihrer Mutter:

> Ich bin sicher, daß vieles damit zusammenhängt, wie ich aufgewachsen bin... was ich gesehen habe. Mein Vorbild zu Hause war achtzehn Jahre lang eine Frau, auf der man herumtrampelte. Ein Fußabtreter, der mit einem Mann zusammenlebte, der sie ständig heruntermachte, sie erniedrigte, sie lächerlich machte, sie vor anderen Menschen verletzte. Und sie nahm das hin, nahm das hin und nahm das hin und war der »gute« Mensch – und das hab' ich nun davon.

Susan erlebte, daß die Mutter ihre Gefühle nicht zum Ausdruck brachte, nur um in der Beziehung zu bleiben. Die Gleichung lautete: Schweig und unterdrücke dein Selbst, um in der Beziehung zu bleiben, und sei ein guter Mensch; oder äußere deine Gefühle, verletze jemanden und verliere die Beziehung. Die Identifikation mit einer unterwürfigen, liebevollen Mutter; der Wunsch, gut zu sein; die Unsicherheit hinsichtlich ihres »Rechtes« auf eigene Bedürfnisse sowie finanzielle Abhängigkeit und Angst sind einige der Faktoren, die dazu führten, daß Susan in einer unbefriedigenden Ehe ausharrte und klinisch depressiv wurde.

Susan fühlt sich durch die Lehren ihrer Mutter verraten, denn was sie einmal für die Stärke ihrer Mutter hielt, betrachtet sie jetzt als Schwäche. So ist sie auch nicht sicher, was bei ihr selbst Stärke und Schwäche ist.

> Ich glaube wirklich, daß ich schwach bin, weil ich Nähe brauche und weil ich mich austauschen möchte und Intimität brauche, denn ich lebe mit einem Menschen zusammen, der genau das Gegenteil ist. Ich vergleiche seine Art und meine Art. Und ich kann nicht umhin, mich anzuschauen und zu denken: »Mein Gott, ich bin ja wirklich wachsweich, wenn ich diese Art von Nähe und Intimität brauche.« Ich sollte härter sein, vielleicht sollte ich mehr sein wie er.

Susans Ehe wird so zu einer Arena, wo als die »Starken« diejenigen gelten, die nicht verletzbar sind, die sich nicht auf Beziehung, Kommunikation oder Intimität konzentrieren. Spontan verbindet Susan diese Gedanken mit ihrer Mutter und wie diese in ihrer Beziehung behandelt wurde:

> Mein Vater wurde sehr aggressiv. Nie körperlich, aber er wurde äußerst aggressiv und äußerst ausfallend meiner Mutter gegenüber. Er schimpfte auf ihre Freunde, auf alles an ihr, und sie saß da und nahm es einfach hin. Das wurde mir als Gutsein beigebracht, und wir wollen doch alle gut sein, oder? Heute glaube ich nicht mehr daran. So wie ich nicht an Märchen glaube. Ich glaube nicht, daß Gutsein bedeutet, daß man zuläßt, daß andere auf einem herumtrampeln oder einen manipulieren, erniedrigen, zum Opfer machen. Das hat mit Gutsein nichts zu tun. Ich habe das Gefühl, daß das Schwäche ist, und ich sehe, daß ich in manchen Bereichen schwach bin.

In diesem Abschnitt setzt Susan Gutsein mit »Hinnehmen« und »Hinnehmen« mit Schwäche gleich. Der Zauber der

Kindheitsmärchen wird zur harten Erwachsenenwirklichkeit: »Gutsein« führt dazu, daß ein Mensch schwach und verwundbar ist und Verletzungen erlebt, während ein herzloses, dominierendes Verhalten Macht verleiht und vor Schmerz schützt. Susan versucht, ihre eigene Definition von Gutsein von der Definition ihrer Mutter zu trennen, aber sie hat noch keinen Ersatz gefunden. Ihre eigenen Interessen zu verfolgen, heißt für sie, wie ihr Vater und Ehemann zu handeln, die andere Menschen durch ihr »selbstsüchtiges« Verhalten verletzen. Dennoch stellt sie fest, daß das Gutsein zur Verletzung des eigenen Selbst führt.

Wenn Frauen in ihrer Vorstellung keine Macht ausüben können, ohne verletzend zu sein, dann kann es sein, daß sie aus moralischen Gründen beschließen, sich selbst völlig zurückzunehmen. Susan weiß nicht, wie sie gut sein kann, ohne Opfer zu werden, und wie sie in ihrem eigenen besten Interesse handeln kann, ohne »schlecht« zu sein, d. h. andere zu verletzen. Diese in der Kindheit verinnerlichten Lehren führen dazu, daß es Frauen schwerfällt, zwischen einer gesunden Selbstbehauptung und einer verletzenden Aggressivität zu unterscheiden. Diese Lehren sind auch weitgehend dafür verantwortlich, daß Frauen in Beziehungen bleiben, die ihnen keine Intimität geben und sie zur Selbstverleugnung zwingen, und daß sie andere mögliche Optionen nicht erkennen.

Susan versucht, sich kollektiven Werten anzupassen und einen Lebensstil anzunehmen, der »eigentlich nicht zu mir paßt«. Wie andere depressive Frauen wird sie von sich selbst abgeschnitten, wenn sie versucht, sich äußeren Forderungen anzupassen, mögen diese durch den Partner, die Karriere, die Kirche oder eine sonstige Instanz an sie gerichtet werden. Dies muß der Gipfel der Selbstunterdrückung sein: sich selbst mit den Augen der Kultur oder des Partners zu sehen und ein menschliches Bedürfnis nach Intimität und Gegenseitigkeit zu verurteilen. Anstatt in ihrer Depression ein Signal dafür zu sehen, daß sich etwas ändern muß, hat Susan gelernt, Depressionen als pathologisch und als Bestätigung dafür zu betrachten, daß sie ein »Opfer« und ein »schwaches kleines Kind« ist. Dabei fordert ihre Depression sie lediglich auf, auf das zu hören, was ihr die eigene Lebenserfahrung, die eigenen Gefühle und ihr eigener Körper sagen.

Die Unterdrückung der Kreativität

Frauen nehmen sich nicht nur im Verhältnis zum männlichen Partner zurück; sie unterdrücken auch ihre Kreativität, was wiederum ihr Gefühl von Wertlosigkeit verstärkt. Tillie Olsen beschreibt in *Silences* (1978) jene Zeit der Verzweiflung und Dunkelheit, in der eine Schriftstellerin ihre Stimme verlieren kann:

> Hier handelt es sich nicht um ein natürliches Schweigen, um jene notwendige Zeit der Erneuerung, jenes Brachliegen und Reifen im natürlichen Kreislauf des künstlerischen Schaffens. Das Schweigen, von dem ich hier spreche, ist unnatürlich; es geht um das unnatürliche Zurückdrängen dessen, was darum ringt, Gestalt anzunehmen, es aber nicht darf. Die altbekannten, offenkundigen Parallelen: Wenn die Saat auf Stein stößt, wird der Boden nicht tragen; der Frühling ist trügerisch; alles ist ausgedörrt oder im Keim zunichte gemacht oder verdorben; der Frost kommt vorzeitig. (S. XI)

Das Ersticken der eigenen Kreativität ist zutiefst destruktiv. Da es früher nur wenige Bereiche gab, in denen Frauen ihre Talente ausdrücken konnten, mußten sie diese vorwiegend auf Heim und Familie richten. Viele Töchter und Enkeltöchter haben die Auswirkungen einer geknebelten mütterlichen Kreativität zu spüren bekommen, die unablässig nach Ausdruck suchte. Die depressiven Frauen, die sich mit der Bereitschaft ihrer Mutter identifiziert haben, auf die mit der Kreativität verbundenen Faktoren Selbstbestimmung und Risiko zu verzichten, berichten, wie sie eine spontane, freie Phantasie aufgaben, als sie heirateten oder in einen männlich dominierten Beruf gingen. Sie identifizieren sich besonders mit ihren eigenen Müttern, wenn sie davon sprechen, daß sie nicht fähig sind, sich Zeit für ihre eigenen Interessen zu nehmen. Auf ebenso restriktive Weise verinnerlichen Frauen das kulturell vorgegebene Verständnis von ihren Talenten und Fähigkeiten.

Laura, 30 Jahre alt, beschreibt, warum sie in eine psychiatrische Klinik gekommen ist, um ihre Depression behandeln zu lassen:

> Ich hatte einfach Probleme, eine Menge Probleme mit David, dem Mann, mit dem ich zusammenlebe. Aber am meisten deswegen, weil ich wirklich Tischlern lernen möchte, und es mir wahnsinnig schwer fällt, mit meiner Unsicherheit fertig zu werden. Ich glaube, am schwersten war es für mich, etwas zu finden, was ich wirklich gerne tun würde, einen eigenen Lebensunterhalt...

Sie schildert ihre Erfahrung:

> Ich habe eine Zeitlang als Tischlerin gearbeitet, und es ist mir irgendwie verleidet worden. Die Ausbildung war schwer, und ich habe sie nicht durchgehalten, weil ich gemerkt habe, daß es einen Unterschied zwischen mir und den Männern gab, mit denen ich arbeitete. Sie machten kleine Witze über mich, und ich mußte sehr dagegen ankämpfen, daß mir ihre kleinen Bemerkungen und Späße nichts ausmachten. Und dann hatte ich einen Auftrag, ich habe für jemanden einige Küchen gemacht, und mit diesem Menschen war sehr schwer auszukommen, und mir wurde die Arbeit wirklich verleidet. Und ich konnte nicht sicher auftreten und hatte Probleme mit anderen Leuten, weil ich nicht sagen konnte, ich mache eine gute Arbeit, und ihr haltet euch gefälligst zurück.

Da Laura durch ihr Eindringen in dieses Arbeitsgebiet Normen verletzt, ist sie den »kleinen Späßen«, »kleinen Bemerkungen« und »kleinen Witzen« der Männer ausgesetzt. Die

Sexualisierung und Abwertung, die in diesen Handlungen steckt, werden hinter Witz und Humor versteckt. Aber wie Westkott (1986) feststellt, erlaubt diese Art der »witzelnden Objektivierung eines anderen« den Männern, ihre Macht und Sexualität zu behaupten und jede ernsthafte Absicht zu leugnen. Wenn Laura nun ihren Zweifeln nachspürt, erkennen wir, daß das äußere »Necken« der Männer nur ihre eigene innere Selbstverleugnung widerspiegelt und verstärkt.

> Aber ich glaube, daß ich ein großes Potential habe, wenn ich es jemals schaffe, das, was ich getan habe, gut zu finden. Ich denke, daß ich das Zeug zum Tischlern habe, aber ich habe zuviel Angst; Angst, einen Fehler zu machen und so. Es ist lächerlich, aber das Erste, woran ich denke, ist, daß ich mich lächerlich mache, wenn irgend etwas nicht in Ordnung ist, wenn es nicht so gut ist, wie es hätte sein sollen. Wenn ich daran denke, fühle ich mich wirklich schlecht... Ich weiß nicht, wie ich dieses Gefühl durchbrechen kann, daß ich nicht gut genug bin oder so. Ich meine, irgendwann muß ich das loswerden oder ich werde für den Rest meines Lebens dagegen ankämpfen.

Laura stellt einen Zusammenhang zwischen ihrer Kindheit und dem Gefühl her, nicht gut genug zu sein:

> Das ist interessant, denn gerade dachte ich an meinen Vater und dachte, es ist das Gefühl, nicht gut genug zu sein, eine Sache nicht gut zu machen. Und mein Vater war wirklich schrecklich. Was ich auch tat, nie, nie erreichte ich dieses »das hast du wirklich gut gemacht«; meistens sagte er gar nichts zu mir.

Obwohl Laura vom persönlichen Vater spricht, sind seine Urteile über ihre Bemühungen im männlichen Kollektiv präsent, vor allem, wenn es sich um ein männlich dominiertes Arbeitsfeld handelt. Laura war den Urteilen ihres Vaters ausgeliefert, da die Mutter sie im Stich ließ und ihr nicht beibrachte, sich zu behaupten und sich zu wehren. Laura sagt:

> Meine Mutter war nie wütend – oder vielleicht doch. Aber ihr Verhalten zeigte ständig, daß sie verletzt war. Mein Vater unterdrückte in ihr alle Gefühlsregungen, die er nicht mochte, so daß ich nie ein Vorbild fürs Wütendwerden hatte. Meistens – mein Gott, mir fällt gerade ein, daß ich wirklich ein ganz schlechtes Gewissen hatte, wenn sie sich über mich aufregte und mir sagte: »Es ist so schlimm, wenn du so etwas tust.« Das steckt noch irgendwie in mir drin.

Laura geht dem Gefühl, nicht gut genug zu sein, und ihrem mangelnden Selbstbewußtsein weiter nach, und wir hören klar und eindringlich den inneren Dialog der Depression:

> Ich glaube, da ist eine Stimme, die sagt: »Du bist nicht gut genug.« Ich denke, daher kommt alles. Diese Stimme verstärkt irgendwie das Gefühl, daß ich Schnitzer mache, und sagt: »Siehst du!« Das sitzt wirklich tief.
> (*Können wir zusammen herausfinden, was Sie unter »gut genug« verstehen? Ich meine, was bedeutet in diesem Zusammenhang das Wort »gut«?*) Du liebe Güte, das weiß ich nicht. Ich glaube, es ist albern, aber es ist gar nicht albern, ich habe das Gefühl, das geht auf meinen Vater zurück. Ich habe das schon oft gespürt. Er war einfach so, daß er mir das Gefühl gab, daß ich nie seinen Ansprüchen genügte oder daß ich nie etwas Wichtiges tun würde, dieses Gefühl ist ständig da. Es geht um Leistungen, das ist eindeutig der Knackpunkt. Wenn es darum geht, etwas zu lernen, ist da immer das Gefühl, daß man es nie lernen wird. Die Stimme sagt: »So wie du bist, wirst du es nie lernen. Du bist dumm« oder »Du verdienst es nicht« oder so etwas. Es ist so vage, es ist einfach so, daß ich dieses »Du bist nicht gut genug« höre.
> (*Sie verdienen es also nicht, etwas zu leisten?*) Ja,

genau. Ich weiß nicht, ob es daran liegt, daß ich nicht schlau genug bin, das ist vielleicht ein Teil des Problems, aber da ist auch etwas, was sagt: »Du bist nicht selbstbewußt genug«, sagt daß es mein Mangel an Selbstbewußtsein ist, der mir ein Bein stellt. Ich höre diese Stimme, die etwas mit meinem Vater zu tun hat, und dann höre ich die Stimme, die etwas mit mir zu tun hat und die sagt: »Du bist nicht selbstbewußt genug.« Das sage ich, und die andere Stimme ist die meines Vaters, die sagt: »Du bist nicht gut genug.«

Laura erzählt uns, daß sie durch ihren Vater in einer ganz grundlegenden Weise blockiert wird. Für sie ist das etwas Gegebenes, ein »vages«, »globales« Urteil, das da lautet: »Du bist nicht gut genug.« In seiner Unabänderlichkeit, seiner Gegebenheit scheint es zu ihrem weiblichen Geschlecht zu gehören: *Sie kann nichts dagegen tun.* Diese negative väterliche Einschätzung lähmt sie und läßt ihr keine Hoffnung, sie durch eigenes Bemühen ins Wanken zu bringen. Diese »Wunde der Minderwertigkeit« (Freud, 1925), ein übermächtiges Gefühl, Ansprüche nicht zu erfüllen oder einen grundlegenden Mangel zu haben, nennen die Psychoanalytiker Penisneid. Aber wir sehen deutlich, wie die gesellschaftlichen und kulturellen Muster bei Frauen zu einer solchen psychischen Reaktion führen. Die väterliche Stimme, die sagt: »Du bist nicht gut genug«, rührt außerdem von einer Internalisierung des kritischen männlichen Blickes her, mit dem eine Frau sich selbst sieht.

Aber Laura berichtet auch von einer anderen Stimme, die zu ihr sagt: »Du bist nicht selbstbewußt genug.« Diese Stimme »hat etwas mit mir zu tun« und sagt ihr, was sie braucht, wenn sie sich gegen die patriarchalische Abwertung wehren will: Selbstbewußtsein, das Selbstbewußtsein, ihr weibliches Selbst unabhängig von den Urteilen der männlichen Welt einzuschätzen. Aber das, was sie braucht, hat in ihrer Entwicklung gefehlt. Laura identifizierte sich mit einer Mutter, die sich selbst verleugnete und sozial eine untergeordnete Rolle spielte. Ihre Mutter war unfähig, ihr entweder ein Vorbild zu sein oder ihr die Unterstützung zu geben, die sei gebraucht hätte, um mit der männlichen Welt als ebenbürtige Partnerin in Kontakt zu treten. Als Laura der Frage nachgeht, was ihr das Gefühl geben könnte, »gut genug« zu sein, erzählt sie uns, wie ihre internalisierte Mutter sie immer noch daran hindert, mit anderen Menschen aus einer Position der Authentizität und des Selbstvertrauens heraus zu verkehren:

> Meine Mutter hat mir beigebracht, sehr höflich zu sein. Man darf einfach nichts sagen, was irgend jemanden verletzen könnte. Man soll niemanden verletzen, das ist das A und O. Man soll niemanden verletzen. Das war für meine Mutter wirklich eine große Sünde. Und das macht es für mich noch schwerer, das zu bekommen, was ich möchte, in Beziehungen und auch sonst. Ich kann einfach nicht direkt auf ein Ziel losgehen. In gewisser Weise kann ich manchmal eine richtige Märtyrerin sein, und meine Mutter war wirklich eine Märtyrerin.
>
> *(Wieso war sie eine Märtyrerin?)* Sie kann eine Sache nicht direkt angehen. Sie sagt: »Oh, du verletzt mich«, und dann geht sie weg, und man fühlt sich wegen irgend etwas schuldig, was man getan oder nicht getan hat. Sie manipuliert einen wirklich, was ihr überhaupt nicht bewußt ist, aber sie tut es.

Da Laura gelernt hat, daß die Verletzung eines anderen Menschen in den Augen ihrer Mutter »eine große Sünde« ist, versucht sie immer noch bewußt, ein verletzendes Verhalten zu vermeiden, obwohl sie erkennt, daß es dadurch für sie noch schwerer ist, »das zu bekommen, was ich möchte, in Beziehungen und auch sonst«. Dadurch werden auch unsichtbare Identifikationsbande aufrechterhalten, die garantieren, daß sie niemals wirklich erwachsen werden und sich von den Werten ihrer Mutter trennen wird (siehe Lerner, 1987). Ihre Mutter sagte nämlich in Wirklichkeit: »Verletze *mich* nicht, indem du dich behauptest.« Ihre Mutter bestrafte Laura für kindlichen Eigensinn oder

Fehlverhalten, indem sie durch ihr Verhalten ihr Verletztsein demonstrierte; indem Laura es vermeidet, andere zu verletzen, bleibt sie die gute Tochter ihrer Mutter. Indem sie ihren Willen, ihre Energie und ihre Stärke zügelt, ist sie auch eine Tochter des Patriarchats geblieben, die nach einem illusorischen Gutsein strebt und sich eine trügerische, lähmende Unschuld bewahrt hat. Seine wirklichen Gefühle auszudrücken, kann für andere verletzend sein; weibliche Eigenschaften über das Mütterliche und Mädchenhafte hinaus zu beanspruchen, wie beispielsweise »die körperbetonte, spielerische, leidenschaftlich-erotische Weiblichkeit; die starke, unabhängige, selbstbestimmte Weiblichkeit; und die ehrgeizige, souveräne, vielseitige Weiblichkeit« (Perera, 1985, S. 147), wird andere ganz bestimmt stören.

Laura dämpfte in ihrer Beziehung nicht nur ihre Stimme, sondern legte auch ihrem kreativen, wagemutigen Selbst Fesseln an, das die allgemein akzeptierten Grenzen der Geschlechterrollen überschreiten wollte. Zwei Jahre nach diesem Interview hatte sie ihre Beziehung aufgegeben, war in eine andere Stadt gezogen und ließ sich zur Krankenschwester ausbilden. Sie war weniger depressiv, bedauerte aber, daß sie im Tischlerberuf »gescheitert« war.

Selbstunterdrückung findet nicht nur im Verhältnis zu anderen Menschen statt. Sie geschieht auch, wenn eine Frau gegen sich selbst vorgeht und ihre Kreativität, ihren Willen und ihre Phantasie mit der Härte der väterlichen Autorität niederhält. In Lauras mangelndem Selbstvertrauen offenbart sich eine Angst, die daher rührt, daß sie deutlich die Diskrepanz spürt, die zwischen dem besteht, was sie sich für sich vorstellt, und dem, was sich eine kulturelle, väterliche Autorität für sie vorstellt. Diese grundlegende Angst vor sich selbst, die durch eine Kultur bedingt ist, welche ihr beigebracht hat, sich ständig zurückzunehmen, um andere nicht zu verletzen, schwächt und lähmt sie. Sie hält Frauen davon ab, ihr eigenes Potential zu erkennen. Sie hindert Frauen daran, die mit der Kreativität verbundenen Risiken einzugehen, und treibt sie dazu, den kulturell vorgeschriebenen, sicheren Weg der Kooptation oder der stillschweigenden Übereinkunft zu gehen. Sie schwächt die Frauen, weil sie deren Ausdrucksmöglichkeiten einschränkt und deren Selbstachtung immer tiefer sinken läßt. Im Rückblick sieht Laura, daß sie es nicht gewagt hat, ihre Fähigkeiten auszuleben, und der kompromißhafte Umgang mit sich selbst verstärkt das Gefühl des Scheiterns.

In Dianas Berichten tauchen die gleichen Themen auf wie in Lauras. Es zeigt sich deutlich, wie die Identifikation mit einer abgewerteten, selbstverleugnenden Mutter zur Depressionsanfälligkeit einer Frau beiträgt. Als Diana interviewt wurde, war sie 30 Jahre alt, seit drei Jahren verheiratet, hatte einen zweijährigen Sohn und war schwanger. Das Interview fand in den letzten drei Monaten ihrer Schwangerschaft statt, und Diana wirkte sehr depressiv. Bei der Selbsterforschung, warum sie nicht fähig sei, etwas für sich selbst zu tun, und warum sie das Gefühl habe, egoistisch zu sein, wenn sie es tut, fing sie an, über ihre Beziehung zu ihren Eltern zu sprechen:

> Ich konnte immer mit meiner Mutter besser kommunizieren als mit meinem Vater. Ein Teil meiner Selbstkritik liegt darin – mein Vater ist ein sehr künstlerischer Mensch. Ich habe nichts davon. Deshalb glaube ich, daß ich immer sehr kritisch mir selbst gegenüber war, weil ich kein Talent hatte.
>
> Ich habe immer sehr um die Anerkennung meines Vaters gekämpft – und ich denke, ich habe sie bekommen. Vielleicht auch nicht. Er ist nicht der Typ, der einen wirklich lobt. Mein Mann auch nicht. So habe ich vielleicht nicht die Bestätigung bekommen, die ich gebraucht hätte, obwohl ich es versucht habe. Wenn ich es ein bißchen anders angestellt hätte, wäre es besser gewesen. Und vielleicht denke ich auch immer, ich sollte einen besseren Weg finden. Vielleicht bin ich so aufgewachsen, daß ich denke, daß nichts, was ich gemacht habe, gut genug war.

Die Feststellung »Ich bin nicht gut genug« taucht immer dann auf, wenn die Frauen sich selbst mit den Augen des

Vaters – sprich: der VÄTER – sehen. Wie Laura, hat auch Diana das alles durchdringende, unangreifbare Gefühl, nicht gut genug zu sein, und dieses Gefühl scheint untrennbar mit ihrem weiblichen Geschlecht verbunden zu sein.

Was Dianas Mutter betrifft, so hören wir, daß die Nähe zu ihr Erwartungen bezüglich späterer Beziehungen weckte:

> Meine Mutter war immer da. Und ich habe mich darauf verlassen, und meine Mutter war die Person, zu der jeder mit seinen Problemen ging... Wir hatten ein überaus gutes Verhältnis zueinander. Sehr offen. Und manchmal frage ich mich, ob wir ein zu enges Verhältnis haben. Falls das möglich ist.

Wie Susan fragt sich Diana, ob sie zu ihrer Mutter ein »zu enges« Verhältnis hat, was auf die unsichtbaren Bande hindeutet, die sie an die sehr eingeschränkten Verhaltensweisen ihrer Mutter binden. Sie geht der Frage nach, warum sie nie fähig ist, etwas für sich selbst zu tun, ohne sich »egoistisch« und »schuldig« zu fühlen:

> Ich glaube, es gibt auch Gründe dafür, daß ich nicht soviel für mich selbst tun kann, wie ich gerne möchte. Ein Grund ist finanzieller Art... Neulich ging es z. B. um die Modenschau im Rahmen des March of Dimes. Alle Vorstandsmitglieder wollten sich treffen. Und Bruce wollte Softball spielen. Und wir haben im Moment nur ein Auto. Also blieb ich zu Hause. Es war nicht so, daß ich nicht weg konnte, ich hätte eine Lösung finden können. Aber ich hatte das Gefühl, daß es für ihn wirklich wichtig war, seine Sachen zu machen. Und für mich war es nicht so wichtig, wegzugehen. Obwohl ich es gerne getan hätte.
>
> Das war so eine Situation – obwohl er mich überhaupt nicht unter Druck gesetzt hat, meinen Plan aufzugeben, ich war es selbst. Er hätte gesagt, gut, er würde jemanden finden, der ihn mitnehmen würde, und ich könnte das Auto nehmen. Aber wenn ich das

getan hätte, bin ich sicher, daß ich mich schlecht gefühlt hätte. Ich hätte das Gefühl gehabt, egoistisch zu sein. Bruce verlangte nicht von mir, zu Hause zu bleiben, ermunterte mich zum Weggehen, sagte, daß er eine Regelung für unseren Sohn finden oder ihn mitnehmen würde, aber wenn ich das angenommen hätte, hätte ich mich bestimmt schlecht gefühlt.

Es muß für uns alle Augenblicke geben, in denen wir uns selbst an die erste Stelle setzen. Und ich tue das wahrscheinlich nicht so oft wie ich sollte. Bei meiner Mutter war das noch stärker als bei mir. Wegen meines Vaters. Sie tat das einfach nicht. Meine Schwester und ich waren ihr ganzer Lebensinhalt, weil mein Vater seine eigenen Wege ging. In den letzten Jahren ist sie etwas unabhängiger geworden und unternimmt auch selbst einiges.

Vielleicht bin ich bis zu einem gewissen Grade so geworden, haben solche Gefühle entwickelt, weil meine Mutter, wenn sie jemals etwas für sich selbst tat, wenn sie einmal nicht zu Hause war oder das Essen nicht fertig hatte, den Vorwurf zu erdulden hatte, ihre Pflichten zu verletzen. Solche Situationen habe ich erlebt.

(Hatten Sie als Kind dieses Gefühl auch?) Nein, mein Vater gab ihr das Gefühl. Und obwohl mein Mann nicht so denkt und sich mir gegenüber nicht so verhält, meine ich oft, er sollte anders reagieren. Und obwohl er es nicht tut, habe ich noch immer das gleiche Schuldgefühl.

Betrachten wir die Logik von Dianas Erzählung: Ich hatte einen Wunsch (ich wollte zu dem Treffen gehen), aber die Wünsche meines Mannes sind wichtiger als meine. Er ermunterte mich zum Weggehen, aber »ich hätte das Gefühl gehabt, egoistisch zu sein«; ich darf mich nicht an die erste Stelle setzen. (Ihr Denken ist durch Ausschließlichkeit geprägt – »Es muß für uns alle Augenblicke geben, in denen wir uns selbst an die erste Stelle setzen« – während die Situation lediglich verlangen würde, daß sie *auch* an sich denkt und sich als *Teil* der genannten Allgemeinheit sieht.)

Dann macht sie einen Gedankensprung zu ihrer Mutter, weil sie sich mit ihr identifiziert: »Bei meiner Mutter war das noch stärker als bei mir.« Aber nicht in jeder Beziehung; nur was ihre Selbstbehauptung gegenüber Dianas Vater betrifft: »Wegen meines Vaters.«

Als erwachsene Frau behält Diana die einfühlende Beziehung, die »Nähe« zu ihrer Mutter bei, indem sie ihrem Mann gegenüber die gleichen Gefühle hat, die ihrer Ansicht nach ihre Mutter gegenüber ihrem Vater hatte. Obwohl ihr Mann sie ermuntert, wegzugehen, erlegt sich Diana Beschränkungen auf, weil sie sich mit dem identifiziert, was ihre Mutter in einer solchen Situation *gefühlt hätte*. Durch diese Identifikation erlebt sie mittelbar noch immer die Kritik ihres Vaters: »Wenn meine Mutter jemals etwas für sich selbst tat, wenn sie einmal nicht zu Hause war oder das Essen nicht fertig hatte, hatte sie den Vorwurf zu erdulden, ihre Pflichten zu verletzen.«

Bei Diana, die ein zweites Kind erwartete und den ganzen Tag mit dem ersten zu Hause war, führten diese tiefsitzenden Hemmungen zu Gefühlen wie »Die Sicherung brennt einfach durch und ich fahre total aus der Haut. Aber ich kann eigentlich nicht den Grund dafür beschreiben. Es scheint einfach zu passieren.« Die Depression, die im sechsten Schwangerschaftsmonat begann und ein Jahr nach der Geburt ihrer Tochter aufhörte, war durch zahlreiche Faktoren bedingt, deren Grundursache die starken Einschränkungen waren, die sich aus der Identifikation mit der Stellung der Mutter in deren Ehe ergaben.

Schwangerschaft und Geburt lassen die Ähnlichkeit einer Frau mit ihrer Mutter besonders stark hervortreten. Wenn sich ihr Körper verändert, wenn sie sich erinnert, wie sie selbst versorgt wurde, wenn sie ihre mütterlichen Pflichten gegenüber ihrem Kind erfüllt, erlebt sich eine Frau gleichzeitig als Tochter und Mutter. Dianas Interviews sind voll mit Berichten über ihre Versuche, ihre eigenen Interessen zu bestimmen, gegen ihr Gewicht zu kämpfen und »mehr Selbstvertrauen und ein besseres Gefühl mir selbst gegenüber« zu entwickeln. Nachdem es ihr nach der Geburt ihres Sohnes besser gegangen war, weil sie abgenommen und Aktivitäten außerhalb des Hauses begonnen hatte, hat sie bei der neuen Schwangerschaft das Gefühl, daß sie sich wieder in die Rolle der Ehefrau und Mutter zwängen muß, die ihre eigene Mutter ihr vorgelebt hat. Da Dianas Mutter »immer da war« und ihrer Tochter das Gefühl vermittelte, daß eine gute Mutter die Bedürfnisse ihrer Kinder ohne innere Konflikte oder Frustration erfüllt, muß Diana für ihre eigene Selbstbehauptung die Identifikation mit den Verhaltensweisen ihrer Mutter durchbrechen – sowohl dem Mann als auch den Kindern gegenüber.

Fragt man sich, woher der Einfluß der Mutter kommt, der in den Schilderungen der depressiven Frauen zum Ausdruck kommt, ist es sinnvoll, sich an eine zentrale These der neueren Theorie über die Psychologie der Frau zu erinnern. Da eine Beziehung für eine Frau einen großen Stellenwert hat, versucht sie, die schmerzvolle Abgrenzung und Trennung zu vermeiden. Wenn eine Frau versucht, mit den Verhaltensweisen zu brechen, die ihre Mutter in ihrer Ehe praktizierte, muß sie sich psychisch von ihrer Mutter absetzen, was bedeutet, daß sie eine größere Selbstachtung entwickelt und das Gefühl hat, daß sie es »verdient«, mehr zu haben, als ihre Mutter hatte. Wenn sie das tut, kann sie das Gefühl haben, die von ihr geliebte Mutter psychisch zu verraten oder im Stich zu lassen. Da die Mutter und das Selbst in der Entwicklung von Frauen oft so eng miteinander verbunden sind, kann die Abgrenzung von der Mutter wie eine Trennung von einem Teil des eigenen Selbst wirken. Vor allem, wenn eine Frau keine anderen positiven, überzeugenden Vorbilder für das Frausein in einer Beziehung hat, kann diese Trennung von frühen Identifikationen Angst auslösen.

Aber es geht noch um mehr. Wenn sich eine Frau von ihrer verinnerlichten Mutter trennt, kann sie sich isoliert fühlen. Viele Frauen fürchten das Alleinsein, weil sie dann mit der Tatsache konfrontiert werden, daß sie sich von sich selbst isoliert und irgendwann ihre eigene Entwicklung aufgegeben haben. Sie behalten die Nähe zu ihrer Mutter bei, um diese Isolation zu vermeiden, in der sie die *Abwesenheit* einer Beziehung spüren können. Die Erkenntnis, daß sie darum gekämpft hat, etwas zu vermeiden, was bereits geschehen ist – der Verlust der Beziehung, auch der Beziehung zu sich selbst –, führt zu einem überwältigenden Gefühl von Schmerz und Hoffnungslosigkeit. Dieser Verlust und dieser Schmerz liegen der Depression zugrunde.

Das gespaltene Selbst

Die aktive Unterdrückung des Selbst führt zu der für die Depression typischen inneren Spaltung, aus der Selbstentfremdung und Hoffnungslosigkeit erwachsen.[10] Wenn die Frau den Forderungen des Über-Auges Folge leistet, erlebt sie, wie ihr Selbst in zwei entgegengesetzte Teile zerfällt: ein äußerlich fügsames, angepaßtes Selbst und ein inneres, geheimes Selbst, das wütend und gereizt ist. Indem eine Frau versucht, äußeren Maßstäben gerecht zu werden, schafft sie eine »dunkle Doppelgängerin«[11], ein sie begleitendes schattenhaftes Selbst, das ihre Versuche untergräbt, eine liebenswerte Frau zu sein. Die innere Spaltung zeigte sich bei allen depressiven Frauen dieser Studie, wenn sie ihr Leben und ihre Konflikte beschrieben. Das äußerlich angepaßte Selbst akzeptiert die gesellschaftlichen Normen für das weibliche Gutsein oder für den gesellschaftlichen Erfolg und versucht, sie zu erfüllen; das »Ich«, das authentische Selbst, beobachtet, daß ihre eigenen Wünsche und Bedürfnisse unbefriedigt und ihre Bemühungen um Intimität vergeblich bleiben. Das authentische Selbst wird immer wütender; das Über-Auge bekommt Munition, die es gegen das Selbst einsetzen kann, und wird immer strenger, vorwurfsvoller und tadelnder.

In den Interviews mit depressiven Frauen vernehmen wir eine Stimme, die sich danach sehnt, gehört, anerkannt und als das Selbst geliebt zu werden, das man »wirklich« ist. Aber in dieser authentischen Stimme schwingt auch der Groll darüber mit, daß die Bedürfnisse nach Selbstverwirklichung, Anerkennung und Gegenseitigkeit nicht befriedigt werden. Was die Frauen lähmt und ihnen ein Gefühl der Hoffnungslosigkeit gibt, ist die Überzeugung, daß sie, wenn man ihnen zuhören würde, nicht verstanden und akzeptiert, sondern negativ beurteilt und verlassen würden. Folglich versteckt sich das authentische Selbst und empfindet Groll, Zorn und Hoffnungslosigkeit. Das Über-Auge nimmt dieses authentische Selbst ins Visier und stellt ihm ein schlechtes moralisches Zeugnis aus.

Diese innere Spaltung, die durch die Unterdrückung des Selbst in einer Beziehung hervorgerufen wird, ist eine Dynamik, welche die weibliche Depression entscheidend bestimmt. Die Frauen, die sich überlegen, wie sie zu urteilen und zu handeln haben und wie die Realität wirklich ist, erleben, daß sie einen Teil von sich selbst abspalten. Sie erleben auch einen Mangel an Intimität und Engagement in ihren Kernbeziehungen.

Die Sprache der depressiven Frauen spiegelt das Erlebnis der inneren Spaltung wider und enthält wiederholte Hinweise auf ein »reales Selbst«, dem keine Ausdrucksmöglichkeiten gestattet sind, wobei einerseits Ausdrücke wie »begraben« und »verstecken« gebraucht werden, andererseits gegensätzliche Selbsterfahrungen beschrieben werden: »Ich erkenne, daß ich versuche, einen Lebensstil zu praktizieren – oder etwas zu sein, was ich eigentlich nicht bin. Aber wenn ich darüber nachdenke und über die Bedürfnisse, die ich wirklich habe und wie ich wirklich bin, dann tut mir das weh und ich fühle mich einsam und deprimiert.«

Zwischen den konkurrierenden Auffassungen (des authentischen »Ichs« und des Über-Auges), wie die Situation wirklich ist und wie das Selbst und die eigenen Erfahrungen einzuschätzen sind, hin- und hergerissen, beschreiben sich die depressiven Frauen folgendermaßen:

In der Luft hängend *(Maya)*

Eine gespaltene Persönlichkeit *(Therese)*

Ich habe das Gefühl, das klingt jetzt so, als hätte ich zwei Seiten, und vielleicht habe ich sie auch. *(Betty)*

Ich frage mich allmählich, ob ich einen Konflikt mit mir selbst habe. Vielleicht sollte ich gar nicht diesen

> Lebensstil haben, so wie ich nun einmal bin. Vielleicht paßt das nicht zu der Person, die ich wirklich bin. *(Susan)*

> Ich tue so, als wäre ich unbekümmert, und nach außen hin ist alles prima, aber vielleicht bin ich gar nicht so unbekümmert und bin innerlich wütend. *(Anna)*

Aus Thereses Bericht erfahren wir etwas über das Verhältnis zwischen Selbstunterdrückung und innerer Spaltung.[12] In ihrem Interview ist ständig die Rede von dem »wirklichen Selbst«, das sie aus Angst vor Zurückweisung nicht zu zeigen wagt.[13] Therese, die seit kurzem von ihrem Mann getrennt ist, beschreibt den Einfluß ihrer Ehe auf ihr Selbstgefühl:

> Ich kann mich erinnern, daß ich auf der High School eine Freundin hatte, die zwei ältere Brüder hatte, und sie erzählte mir, daß der jüngere Bruder einen Minderwertigkeitskomplex hatte. Damals war ich noch nicht so, und ich erinnere mich, daß ich dachte: »Menschenskind, wieso hat irgend jemand einen Minderwertigkeitskomplex. Man hat doch eine eigene Persönlichkeit, und daraus muß man das Beste machen.«
> Erst als ich plötzlich heiratete, direkt nach der High School, da verlor ich absolut jedes Gefühl dafür, wer ich war, warum es mich gab, wohin ich ging. Für alles. Ich verlor jegliches Gefühl für mich selbst. Jede Wertschätzung, die ich vielleicht einmal mir selbst gegenüber empfunden hatte. Zu der Zeit wußte ich das noch nicht. Ich fühlte mich einfach wie eine Erweiterung von John und nichts weiter. Und die Dinge sind seitdem nicht besser geworden.

Aus der Erkenntnis heraus, daß sie ihrem Mann gestattet hatte, »mein Leben zu lenken«, blickt Therese auch auf ihre Vergangenheit zurück, um zu verstehen, warum sie unfähig war, John oder seiner Familie gegenüber »ich selbst« zu sein.

Für mich stand seine Familie höher als meine, obwohl ich mich in meiner Familie viel wohler fühlte als in seiner. Ich war sehr verkrampft, sehr nervös, sehr angespannt. Ich zog mich oft zurück, um nicht mein wirkliches Selbst herauszulassen, weil ich dachte, daß sie mich dann zurechtweisen oder auslachen würden.

Therese beschreibt ihre Versuche, ein erfundenes, »akzeptables« Selbst zu leben, eines, das sie sich zurechtzimmerte, weil sie eine tiefsitzende Angst hatte, daß ihr Mann und seine Familie ihr authentisches Selbst ablehnen würden. »Ich hatte Angst, daß sie meine derben, ungehobelten Seiten nicht akzeptieren würden.« Daß sie versuchte, eine äußerlich akzeptable Fassade zu präsentieren, daß sie jemanden darstellte, der »nicht ich« war, bedeutete, daß »meine Ehe mich daran hinderte, zu werden oder zu zeigen, wer ich war«. Das sozial anerkannte Verhalten wird zum *richtigen* Verhalten, das dadurch eine moralische Färbung bekommt, weil es die Macht hat, eine Frau aus der Gemeinschaft auszuschließen, in die sie hineingeheiratet hat, oder sie in diese Gemeinschaft aufzunehmen.

Während Therese ein falsches, angepaßtes Selbst zur Schau stellte, entwickelte sie gleichzeitig ein »heimliches Selbst«, das in der Beziehung seine eigene Geschichte hatte. Sie gibt ihrem Ehemann die Schuld an ihrer Selbstunterdrückung und haßt ihn hierfür. Äußerlich geht sie auf seine Bedürfnisse ein, während in ihr die Rebellion gärt. Dieses heimliche Selbst war angefüllt mit Groll, Wut, Frustration und Verzweiflung. Von dieser Seite hatte ihr Mann keine Ahnung:

> Ich ging auf seine Bedürfnisse ein, so gut ich konnte, und fing dann an, eine dicke Mauer der Rebellion aufzubauen. Und dann wartete ich. Eines Tages, *eines Tages* würde ich ihm dann sagen, wie ich mich fühle. Ich tat es nie, weil ich immer das Gefühl hatte, daß ich es nicht konnte.

Als sie der Frage nachgeht, warum sie ihm die Macht gab,

zu definieren, was akzeptabel war, beschreibt sie ihr Minderwertigkeitsgefühl gegenüber Männern, und wie es ihre Selbsterfahrung spaltete. Sie führt dies auf ihre eigene Erfahrung mit ihrem Vater zurück. Hören wir, was Therese sagt:

> Ich habe immer mehr das Gefühl, daß ich wirklich eine gespaltene Persönlichkeit bin. Ich bin wirklich ein liebesfähiger Mensch, ich gebe gerne Liebe und werde gerne geliebt. Ich möchte so schrecklich gerne geben, aber ich habe Angst davor. Aus irgendeinem Grund habe ich solche Angst davor, zurückgestoßen zu werden, ich habe solche Angst vor Ablehnung. Ich bin mein schlimmster Feind. Ich habe das Gefühl, daß ich so unzulänglich bin. Ich habe das Gefühl, daß alles, was ich sage, nicht gut genug ist. Ich fühle mich wirklich so, aber ich glaube nicht, daß die anderen mich so sehen.
> Warum also fühle ich mich so? Bei Frauen geht es mir nicht so. Männern gegenüber fühle ich mich viel unterlegener. Ich kann kaum mit einem Mann sprechen. Ich hatte kein gutes Verhältnis zu meinem Vater, wahrscheinlich liegt es daran. Er wollte mit uns Kindern nichts zu tun haben und er hatte mit uns nichts zu tun. Daher habe ich große Angst vor einer Beziehung, oder auch nur mit einem Mann zu sprechen, das ist hart.

Die Logik dieser Gefühle veranlaßt Therese, die Ursachen ihrer negativen Selbstsicht bei ihrem Vater zu suchen, durch den sie sich auf der ganzen Linie entwertet fühlte. Wie Laura und Diana, hat sie das Gefühl, daß sie »nie gut genug« ist, wobei diese diffuse Selbstverurteilung bei ihren Beziehungen zu Frauen keine Rolle spielt. Dieses Unterlegenheitsgefühl gegenüber Männern – »ich kann kaum mit einem Mann sprechen« – scheint wiederum in ihrem Geschlecht und nicht in spezifischen Eigenschaften oder Handlungen begründet zu sein. Sie hat dieses innere Gefühl, auch wenn sie weiß, daß es äußerlich nicht sichtbar ist: »Ich fühle mich wirklich so, aber ich glaube nicht, daß die anderen mich so sehen.« Das Gefühl, ein abgewertetes Objekt des patriarchalischen Blicks zu sein, welches im Über-Auge verinnerlicht ist und als Teil des Selbst erfahren wird, ruft das innere Gespaltensein hervor. Sie fühlt sich wie eine »gespaltene Persönlichkeit«, bei der der eine Teil »so unzulänglich ist«, und der andere Teil »nicht so fühlt«.

Therese macht auch deutlich, daß sie ihren Vater indirekt dadurch erlebt, daß sie sich mit den Reaktionen ihrer Mutter auf ihn identifiziert. Als sie sich fragt, warum sie Angst hat, sich in einer Beziehung zu offenbaren, erinnert sie sich an den Umgang der Eltern miteinander:

Das kann daher kommen, daß der Mann der Herr im Haus ist. Ich habe das sogar bei mir zu Hause erlebt. Wir hatten nicht viel Geld, und meine Mutter mußte ohne dieses und jenes auskommen... ich habe in siebzehn Jahren nicht einmal erlebt, daß meine Eltern sich gestritten haben. Ich habe nie ein böses Wort gehört. Ich kannte keine Flüche, habe nie Alkohol gesehen...

In unseren beiden Familien war die Frau unterdrückt, die Frau konnte nicht – nun, meine Mutter sagte wohl ihre Meinung, aber das nützte nichts. Sie lief weinend ins Schlafzimmer. Unsere Eßzimmereinrichtung fiel vor unseren Augen auseinander. Unser Essen landete auf dem Boden, weil die Einrichtung so schlecht war. Mein Vater war Tischler, und es gab eine Menge Holzkisten und auf denen saßen wir. Der Eßzimmertisch krachte einfach zusammen. Meine Mutter bat meinen Vater inständig um einen neuen Tisch, aber es hieß: »Wir haben kein Geld.« Sie lief weinend ins Schlafzimmer, weil wir keinen Platz mehr hatten, wo wir unser Abendessen einnehmen konnten.

Und mein Vater war eine solche Autorität. An dem, was er sagte, durfte nicht gerüttelt werden. Wenn wir einen schlechten Abend hatten, dann waren die Kinder ungezogen oder so etwas. Wir kamen gut mit unserer Mutter aus, aber wenn der Vater sprach, stand die Welt still, niemand rührte sich.

Die väterliche Autorität beherrschte Thereses Familie. Der Vater hatte die quasi-göttliche Macht, die Welt stillstehen zu lassen; im menschlichen Bereich entschied er, wie das Geld auszugeben war, und unterwarf die Familie einer eisernen Disziplin. Ein Mädchen, das in diesem Zuhause zu einer jungen Frau heranwuchs und sich mit seiner Mutter identifizierte, lernte, daß eine Beziehung mit einem Mann bedeutete, daß man sich unterordnete, daß die eigene Meinung nichts galt und daß man sich nicht wehrte. Therese sah, daß es für ihre Mutter wichtiger war, die Ehe aufrechtzuerhalten, als sich in dieser Ehe zu verwirklichen, so daß unbewußt die Gleichung entstand: Sage nichts und bleibe in der Beziehung, oder sage, wie dir zumute ist, und verliere die Beziehung. Indem sie die Beziehung als etwas hinnahm, was nun einmal so ist, verinnerlichte sie auch die negative Einstellung ihres Vaters zu ihrer Mutter und sich selbst.

Therese erzählt, daß ihre Ehe anfangs nicht schlecht war. Sie und ihr Mann zogen in eine Großstadt und schienen mit den alten Mustern zu brechen, zu denen auch die finanzielle Abhängigkeit der Frau gehörte.

> Als ich in Chicago war, hatte ich eine Stelle; da waren Menschen, die sich auf mich verließen. Ich wußte, daß ich eine gute Arbeit machte. Ich stieg wirklich schnell auf und bekam schnell Gehaltserhöhungen. Es ging uns beiden richtig gut in der Stadt, wir hatten viel Spaß miteinander, und jeder von uns hatte seine Stelle. Wir kamen damals wirklich gut miteinander aus.

Dann entschlossen sich Therese und ihr Mann aus verschiedenen Gründen, in ihre kleine Gemeinde zurückzukehren, eine Farm zu kaufen und diese zusammen zu bewirtschaften. Ihre Welt schrumpfte plötzlich zusammen. Sie hatte keine Arbeit außerhalb des Hauses, erhielt keine Selbstbestätigung von außen. Sie hatte nur noch die Freundschaften, die ihr Mann aussuchte: »Wir kehrten in den Kreis von Johns Freunden und seiner Familie und ihren kleinen Kindern zurück, und sonntags gingen wir alle in

die Kirche, und wir waren eine große glückliche Familie.«
Ihr Mann mißbilligte die Freundschaften, die sie schloß,
und ersetzte sie durch andere:

> Ich streckte meine Fühler nach Leuten aus, mit denen
> *ich* Kontakt haben wollte. Ich lernte ein paar Mädchen
> kennen, die Pferde hatten. Wir drei ritten miteinander
> aus. Bingo! John verstand die Welt nicht mehr. Das
> eine Mädchen fluchte, es hatte all die schlimmen Wör-
> ter drauf. »Soll das ein Witz sein? Was ist denn das für
> eine Frau? Die weiß ja nicht, was sich gehört. Sie stiftet
> nur Unruhe.« Ich war ein wenig entgeistert, aber er
> wollte, daß seine Freunde auch die meinen waren, und
> sie paßten oft nicht zu meinen Freunden.

Die unvermeidlichen Irritationen und Unstimmigkeiten,
die in einer Ehe auftreten, konnten nicht in gleichberechtig-
ter Weise ausgeräumt werden, da Therese befürchtete, daß
ihre Ehe in Gefahr sei, wenn sie offen und ehrlich über ihre
Gefühle sprechen würde. Die Hierarchie, die es in der Ehe
ihrer Eltern gegeben hatte, kam in ihrer eigenen Ehe wieder
mit aller Macht zum Tragen, als Therese ebenso unfähig war
wie ihre Mutter, sich in der Beziehung zu behaupten.

> Ich konnte mich nie durchsetzen. Ich konnte nie
> sagen: »Ich will nicht diese ganzen Kühe melken! Ich
> bleibe im Haus!« Oder: »Ich will nicht den ganzen Tag
> Traktor fahren, den Silo füllen und mir im Haus die
> Beine ausreißen, um das Essen zu machen, und dann
> nach dem Essen gleich wieder auf den Traktor, und
> dann in den Stall.« Das habe ich nie getan, ich hatte
> einfach das Gefühl, so ist es nun einmal. Ich meine,
> wir zwei versuchten, etwas aus der Farm zu machen,
> aber ich habe nie...
> Ich konnte nie aus dieser Rolle raus. Ich glaube, ich
> habe sie John mehr oder weniger vorgespielt. Ich habe
> das getan, was ich für die Pflicht einer Frau und Ehefrau
> gehalten habe, bis ich merkte, daß ich es so nicht mehr
> aushielt.

Therese hatte das Gefühl, daß sie keine Kontrolle über ihre veränderten Lebensumstände hatte, weil sie nichts sagen konnte. Sie wurde immer isolierter und immer wütender auf ihren Mann.

> Als wir hierher kamen, konnte ich natürlich nicht [auswärts] arbeiten. Ich mußte mit anpacken, und dadurch fing ich an, ihn zu verachten, weil er den Teil meines Lebens getötet hatte, der mir Spaß gemacht hatte, nämlich meine eigene Arbeit.

Obwohl Therese ihrem Mann Vorwürfe macht, ist ihr Verhältnis zu ihm mehr dadurch bestimmt, daß er eine Personifizierung der männlichen Autorität ist, als dadurch, daß er ein ganz bestimmtes Individuum ist. Das, was sie zuerst überschätzte – »Ich bewunderte ihn, und tat alles, um den Maßstäben gerecht zu werden, die in seiner Familie galten« –, konnte weder von Therese noch von ihrem allzu menschlichen Ehemann verwirklicht werden. Aufgrund der Enttäuschung schlug die Idealisierung in ihr Gegenteil, nämlich in Herabsetzung, um, und sie richtete ihre Wut darüber, daß sie nicht werden konnte, »wer ich bin oder sein will«, gegen ihn:

> Ich fing an, ihn zu hassen. Alles, was an Liebe und Respekt da gewesen war, verschwand. Jedesmal, wenn ich ihn nur sah, war ich wie eine Katze, deren Fell sich sträubt. Ich haßte ihn dafür, daß er mich in eine solche Situation gebracht hatte, aus der ich, wie er wußte, raus wollte.

Sie machte ihren Mann für ihre brachliegende Kreativität, ihr nichtgelebtes Leben verantwortlich und gab ihm die Schuld an ihrem Selbstverlust.

Hier sind eindeutig innere Zwänge am Werk, denn ein Mann kann nicht die ganze Verantwortung haben, wenn seine Frau nicht damit einverstanden ist. Therese erkennt nicht, daß sie insofern Mittäterin war, als sie durch ihr Schweigen die Hierarchie noch verstärkte. Aber ihre Mittäterschaft hat komplexe Gründe. Teilweise wird Thereses Selbstaufgabe dadurch erleichtert, daß die Kultur verspricht, ein Mann könne ihr Leben besser lenken als sie selbst. Außerdem sind moralische Diktate wirksam, die vom Über-Auge aufgestellt werden und verlangen, daß sie »den Mann an die erste Stelle setzt«, »seinen Wünschen und Wertvorstellungen gerecht wird«, weil sie sonst seine Liebe verliert. Die Identifikation mit der Selbstlosigkeit und Machtlosigkeit ihrer Mutter und die Überzeugung, daß ihre Mutter sich mit der Dominanz des Vaters abfand, weil sie keine anderen Möglichkeiten hatte, tragen ebenfalls dazu bei, daß Therese nicht offen ihre Meinung sagt. Wie Carolyn Heilbrun (1988) feststellt, ist die traditionelle Frau versucht, ihr Leben nach einem wohlbekannten Schema einzurichten, einen genau vorgezeichneten Weg zu gehen, während die Entwicklung der eigenen Persönlichkeit in der Ehe ein unbekanntes und nirgends beschriebenes Neuland sind.

In der Hoffnung auf Liebe, in der Hoffnung auf eine gemeinsame Zukunft mit diesem Mann kapitulierte Therese schließlich vor Strukturen, unter denen sie litt. Ihre Hoffnungen, Identifikationen und Ängste sind verwoben mit Liebe, menschlichen Bedürfnissen, Genugtuung und Selbsttäuschung. Wie kann sie die Projektion von der Realität, die Wahrheit von der Lüge, das Schlechte vom Guten unterscheiden, wenn die Dinge dermaßen vermischt sind? Thereses Tragödie liegt teilweise darin, daß sie ihre Gefühle nie äußerte und nie herausfand, ob sie es mit einer Projektion oder mit einem Mann zu tun hatte, der wirklich so dominierend und rigide, so unfähig zur Veränderung war. »Ich habe ihm nie gesagt, was mit mir los war. Er sagt mir, ich hätte es tun sollen, und jetzt weiß ich, daß ich es hätte tun sollen.« Weil sie sich nur vorstellen kann, wie ihr Mann auf solche Eröffnungen reagiert hätte, ist es für Therese um so schwerer, ihre eigene Verantwortung herauszufinden.

Daß Therese davor zurückschreckte, sich durchzusetzen, wurde noch dadurch verstärkt, daß sie zu einer konservativen christlichen Kirche gehörte, die explizit lehrte, daß die Frau dem Manne zu gehorchen habe. Diese Botschaft bestärkte das Über-Auge, das ihr inneres Verlangen nach Selbstverwirklichung und Freiheit als egoistisch und falsch verurteilte. Da Therese keinen Ausweg sah, »wollte ich nicht mehr leben. Ich wußte, daß ich so schrecklich unglücklich war, und ich wußte – ich wußte, daß Scheidung eine absolute Sünde war.« Sie sammelte ein paar Valiumtabletten, die ihr Hausarzt ihr verschrieben hatte, und fing an, den Selbstmord zu planen. Als sie soweit war, daß sie »aufgeben« wollte, als »ich nur noch denken konnte: Selbstmord, Selbstmord«, stellte Thereses Mann für die Farm eine Hilfskraft ein. Allmählich vertraute sie diesem jungen Mann ihre Verzweiflung an.

> Ich hatte uneingeschränktes Vertrauen zu ihm. Ich erzählte ihm, daß ich gerade dabei war, mich von der ganzen Situation, der ganzen Welt zu verabschieden, weil ich darin den einzigen Ausweg sah. Er wußte, daß es mir bitter ernst war. Er war sehr mitfühlend und verständnisvoll und versuchte wirklich, mir zu helfen. Er sagte: »Das ist nicht der einzige Ausweg. Du kannst wegziehen und dir eine Stelle suchen und versuchen, auf eigenen Füßen zu stehen.«

Innerhalb eines Jahres wurde die Beziehung intensiver, und Therese hatte wieder *Gefühle*: »Wir hatten soviel Spaß miteinander, wir lachten über die gleichen Dinge, mochten die gleiche Musik.«

Nachdem Therese Unterstützung gefunden hatte, legte sie ihre Maske der fügsamen Unterordnung ab, lebte ihre Sexualität aus und ließ ihrem aufgestauten Groll und ihrer Wut freien Lauf. Sie hatte keine Bedenken, eine Ehe zu zerstören, die nur widerspiegelte, wie sie als Frau »sein sollte«. Das engelhafte Bild, das sie sich selbst aufgezwungen hatte, zerbrach und dahinter kam die »egoistische«, aktive Frau zum Vorschein, die eines Nachmittags mit dem fünfundzwanzigjährigen Landarbeiter auszog. Wie Baubo, eine mythische Gestalt von ungehemmter Sexualität, schien sie sich vorübergehend nicht um die Meinung der anderen Leute zu kümmern. Nor Hall (1980) beschreibt Baubo als einen »heiligen Kobold weiblicher Lasterhaftigkeit, der stets bereit ist, sich der schmallippigen Prüderie entgegenzustellen. Dieser Impuls, der zu einem uneingeschränkten Leben drängt, kann der Unterdrückung, dem übermäßigen Ernst, der emotionalen Kontrolle oder der Depression entspringen« (1980, S. 46–47). Durch ihren »religiösen« Ehemann gehemmt, der ihr das Gefühl gab, »so blockiert« zu sein, ergriff Therese in ihrer Ehe nie die »sexuelle Initiative«. Über die sexuelle Beziehung mit ihrem Mann sagt sie: »Da spielte sich nichts ab. Er dachte nicht einmal daran.« Aber in dieser neuen Beziehung erlebte sie eine lustvolle und freie sexuelle Intimität: »Wir liebten uns völlig ungeniert.«

Therese erschien dieser junge Mann als eine Personifizierung ihres eigenen ungelebten kreativen Potentials, ihrer eigenen unterdrückten Vitalität und ihres Wunsches nach Veränderung. Bildlich gesprochen, stellt die sexuelle Vereinigung die Sehnsucht nach der Integration eines Teils des Selbst dar, der ausgeschlossen und verdrängt wird. Indem Therese ihre Sehnsüchte und ihre Wut auslebte, bevor sie diese zugegeben oder artikuliert hatte, wählte sie einen unbewußten Weg, einen Weg, der häufig in die Katastrophe führt. Sie sagte über ihre Beziehung zu ihrem Mann: »Als ich mit ihm lebte, war ich nicht, was ich sein wollte, und als ich zu rebellieren anfing, war ich immer noch nicht, was ich sein wollte.« So lange von ihrem authentischen Selbst abgeschnitten und auf Modelle beschränkt, die nur begrenzte Möglichkeiten der Selbstverwirklichung zulassen, versucht Therese, sich selbst durch Handlungen zu finden, die dieses wirkliche Selbst nie widerspiegeln.

Ohne den von Therese eingeschlagenen Weg zu verurteilen, wollen wir seine Auswirkungen auf ihre Depression und ihr Gefühl der inneren Spaltung untersuchen. Eine solche Affäre kann der erste Schritt in den Abgrund einer unbeabsichtigten Zerstörung oder ein Schritt zur Selbsterkenntnis sein, wenn verdrängte Seiten des Selbst *mit* jemandem ausgelebt werden, der sie zu schätzen weiß. Bei den Gesprächen zwei Jahre später ist Therese zutiefst verstört, deprimiert und selbstanklägerisch. Sie verabscheut das, was sie getan hat, weil es ihrer Ansicht nach beweist, daß sie ein Ungeheuer ist. Die Affäre dauerte ein Jahr; sie ist inzwischen geschieden, ihr Ex-Ehemann nennt sie eine »listige Schlange«, und sie hat das Gefühl, daß man in der Stadt mit Fingern auf sie zeigt. Von dem christlichen Therapeuten, den Therese und ihr Mann aufsuchten, um ihre Ehe zu retten, bekam sie ihrem Gefühl nach »einen richtigen Schlag ins Gesicht«. »Er sagte uns, ich hätte John genug verletzt. Er sagte: ›Geben Sie diesen Mann frei, damit er jemanden finden kann, er ihn wirklich liebt.‹«

Angesichts der massiven Verurteilung ihres Verhaltens gibt Therese es auf, die Autorität der Tradition, der Kirche, der diversen Berater in Frage zu stellen, und stimmt in den Chor der moralischen Verurteilung ein.

> Ich fühle mich wie der letzte Dreck, wirklich. Ich kann meinen Freunden nicht in die Augen sehen. Ich fühle mich moralisch beschissen, ja, weil ich weiß, was eine Ehe bedeuten sollte. Sie sollte für immer und ewig sein, und ich wollte das auch, und dann war es doch nicht für immer und ewig. Wenn ich mir irgend etwas auf der Welt wünschen könnte, würde ich den Weg wieder zurückgehen. Auch wenn unsere Ehe miserabel war, ich meine, eine absolut miserable Ehe war. Wir hatten keine richtige Beziehung zueinander. Es gab kein Geben und Nehmen.

Nachdem sich Therese als moralisch wertlos aufgegeben hat, sieht sie einer hoffnungslosen Zukunft entgegen.

> Nach der Scheidung ist wirklich nichts mehr da. Von der Hochzeit bleibt nichts mehr übrig, wenn man geschieden ist. Gott hat einen in der Kälte stehen lassen, man hat sich selbst in der Kälte stehen lassen.

Wir wissen mittlerweile, daß diese harten Urteile vom Über-Auge kommen, das die kollektiven Ansichten über das Gutsein von Frauen akzeptiert und das authentische

Selbst verdammt. Thereses Verzweiflung wächst noch, wenn diese Stimme ihr sagt, daß sie ihre Beziehung hätte retten können, wenn sie nur mit sich selbst strenger gewesen wäre:

> Es gibt einige Dinge, wo ich immer denke, daß ich sie falsch gemacht habe... Ich bin einfach ausgerastet. Ich bin absolut ausgerastet. Ich wollte diese Ehe nicht mehr, ich wollte ihn nicht mehr, ich konnte ihn nicht mehr ausstehen, das war's.

Therese rastete aus und schüttelte alles ab, was ihr Selbst in seiner einsamen Abgeschlossenheit festhielt. Als der strenge Gefängniswärter einmal nicht aufpaßte, brach ihr verdrängtes, niedergehaltenes Selbst hervor; eine Frau, die ihre engelhafte Maske abstreifte, trank, liebte und lachte und auf die Normen des Gutseins pfiff. Unfähig, das konventionelle Schema der glücklich verheirateten oder der resignierten, unglücklich verheirateten Frau zu leben, stellte Therese, ihren Worten zufolge, »ihre eigenen Spielregeln« auf.

Ein wichtiger Faktor, der bei Thereses Selbstverurteilung eine Rolle spielte, war nicht nur, um mit Heilbrun zu sprechen, »das geschlechtsspezifische Arrangement, das angemessene Verhalten, das [sie] auf Modelle beschränkt hatte, die immer als intelligent und richtig betrachtet worden waren«; sie war auch stark dadurch beeinflußt, daß es »kein Modell gab«, das sie über den »Moment der Offenbarung« hinaus hätte begleiten und ihr »Verlangen nach Befreiung von dem ihr zugewiesenen Drehbuch« (Heilbrun, 1988, S. 42) hätte unterstützen können. Therese blieb in dem konventionellen Drehbuch gefangen, dem zufolge sie entweder eine gute Frau oder eine schlechte Frau – eine Ehebrecherin – zu sein hatte. Als sie versuchte, aus diesem Schema auszubrechen und ihre Sehnsucht nach Wahrhaftigkeit in der Beziehung zu befriedigen, interpretierte sie ihre Handlungsweise mit den abwertenden Worten, die ihr zum Teil durch die Kultur zur Verfügung gestellt wurden, die sie kontrollieren wollte. Sie hatte keine tiefergehenden Kontakte zu anderen Frauen, keine positive Beziehung zu den leisen Stimmen des authentischen Selbst, keine Möglichkeit, diese anders zu verstehen oder zu interpretieren als in der traditionellen, wohlbekannten Manier. Für Therese wie für andere depressive Frauen trifft in geradezu schmerzhafte Weise zu, was Heilbrun sagt: »Diese Frauen hatten keine andere Option als die Ablehnung des Lebens, das die meisten Frauen führten, und sie hatten keine Frauen, mit denen sie über das reden konnten, was sie selbst gelernt hatten; es wäre ihnen schwergefallen, eine Antwort auf die Frage zu geben, die unglücklichen Frauen unweigerlich gestellt wird: »Was willst du eigentlich?« (1988, S. 43).

Aber Thereses Problem beschränkt sich nicht darauf, daß ihr weder eine geeignete Sprache noch angemessene Bilder zu Verfügung stehen, sondern hier geht es auch um Macht: die Macht zu bestimmen, welche Bedeutungen dominieren, welche Optionen eine Frau hat, wie sehr sie sich anpassen muß, um zu überleben. Eine Kultur, welche die Selbständigkeit und Freiheit der Frauen fürchtet, hat ein Interesse daran, die Frauen innerlich zu spalten, ihre Aggressivität sich selbst gegenüber zu fördern. Eine solche innere Spaltung läßt bei den Frauen die Überzeugung entstehen, daß sie es mit spezifischen, inneren Problemen zu tun haben; sie sorgt dafür, daß sie ihre Energien auf den Kampf gegen sich selbst konzentrieren, und hindert sie daran, die übergeordneten destruktiven sozialen Strukturen zu erkennen und konstruktivere Kämpfe zu führen.

Die Stärke zu fordern, die in der Ganzheit liegt, und die verdrängten Teile des Selbst zu integrieren, bedeutet, auf Engagement und Veränderung in der Beziehung zu setzen. Um die psychologische Aufgabe der modernen Frau metaphorisch zu beschreiben, wählt Sylvia Perera die alte sumerische Sage von Inanna, der Königin der Himmel, die herabsteigt, um Ereshkikal, die Königin der Unterwelt und des Todes, zu treffen. Die uneingestandenen Kräfte der unbekannten »dunklen Göttin« werden »als Depression und als eine schreckliche Qual der Hilflosigkeit und Vergeblichkeit empfunden, als unannehmbares Verlangen und verändernd-destruktive Energie, als unannehmbare Autonomie (das Bedürfnis nach Trennung und Selbstbehauptung); diese Kräfte werden abgespalten und verwandelt und zehren am mühsam errungenen Stärke- und Selbstwertgefühl des einzelnen« (1985, S. 152). Wenn eine Frau diese Aspekte nicht integriert, bleibt sie die gute Tochter des Patriarchats – unschuldig, gefällig, die Konfrontation mit ihrer Macht zum Verletzen und Vernichten vermeidend. Wenn sich eine Frau bewußt mit dem kulturellen Ideal vom weiblichen »Gutsein« als selbstverleugnender Unterstützung anderer identifiziert, »läßt sie die Stärke, die sie für die Entfaltung ihrer individuellen Ganzheit braucht, in der Unterwelt« (ibid., S. 178).

Die Intensität und Bandbreite von Thereses Gefühlen waren überraschend, auch für sie selbst. Da sie feststellte, daß ihre Bemühungen um Nähe und um eine Veränderung ihrer Ehe für sie selbst und für ihren Mann destruktiv waren und daß sie ihr die moralische Verurteilung der Kirche eingebracht haben, denkt Therese nun, daß ihre Auffassung von Beziehungen (sowie ihr eigenes Selbst) egoistisch und unmoralisch sein müssen. Da sich Therese in ihrer Ehe nur in einer Weise behaupten konnte, die sie jetzt als selbstzerstörerisch verurteilt – Selbstmordpläne, eine Affäre, Scheidung –, hat sie vor ihrer Selbstbehauptung weiterhin Angst. Sie sieht keine Möglichkeit, für sich selbst zu sorgen, nach ihren eigenen Bedürfnissen und Gefühlen zu handeln, ohne destruktiv zu sein, und keine Möglichkeit, für einen Mann zu sorgen, ohne sich selbst zu verlieren. Was die Legitimität ihrer Gefühle betrifft, einschließlich ihrer Wünsche nach emotionalen und sexuellen Ausdrucksmöglichkeiten, so bleibt sie zutiefst verstört und gespalten.

Da sie weiß, daß sie in ihrer Beziehung nie offen über ihre Gefühle gesprochen hat, und weil sie sich ihrer Selbstaufgabe bewußt ist, kommt sie jetzt zu dem Schluß, daß sie, anstatt ihren Groll und ihre Wut durch eine Affäre auszuleben, besser geblieben wäre und gesagt hätte: »So fühle ich mich, und ich werde nicht wieder in den Stall gehen, selbst wenn du ein Feuer unter meinen Füßen machst.« »Er hätte es nicht getan, aber das wußte ich nicht.«

Thereses Bericht zeigt, wie wichtig das soziale Umfeld ist und wie notwendig es ist, sich selbst zu kennen. Wenn eine Frau kein Ohr für ihr »wirkliches Selbst« hat, wenn es keinen positiven inneren Dialog gibt, der die Werte und Visionen dieses Selbst bestätigt und positiv beurteilt, kann es vorkommen, daß eine Frau handelt, ohne ihre Bedürfnisse zu kennen und ohne zu wissen, wie sie befriedigt werden können. Therese wird weiterhin von Zweifeln geplagt, weil sie überstürzt eine Ehe beendet und nie ausprobiert hat, ob ihr Mann zu Veränderungen fähig war. Da sie nicht versucht hat, in ihrer Ehe ehrlich zu sein, fragt sie sich, wie ihr Mann auf ihr wahres Selbst reagiert hätte. Außerdem: wenn eine Frau nach ihren eigenen Bedürfnissen handelt und dadurch die gesellschaftlichen Normen verletzt, muß sie mit Kritik von außen rechnen und sich Rückhalt und Unterstützung verschaffen, um mit dieser Kritik fertigzuwerden. Therese aber zieht die Mißbilligung der Gesellschaft auf sich und interpretiert diese Mißbilligung fälschlicherweise dahingehend, daß es in Zukunft absolut notwendig sei, ihr authentisches Selbst zu verstecken.

Thereses Erzählung zeigt auch, wie mächtig die von außen kommenden Urteile sind: Wenn sich die Selbsteinschätzung in einem Schwebezustand befindet, zwischen der konventionellen Auffassung und einem selbstkonstruierten Gutsein gefangen ist, können diese Urteile bewirken, daß die Selbsteinschätzung ins Negative umkippt. Da die traditionellen Anforderungen an die weibliche Rolle Selbstaufopferung und Unterwürfigkeit beinhalten, muß sich die Frau gegen eine Moral wehren, welche die Zerstörung ihrer Authentizität dadurch fördert, daß sie ihr eine Selbstlosigkeit verordnet, die für Frauen als »gut« und »normal« bewertet wird. Sie kann sich nur durch Selbsterkenntnis und Selbstachtung wehren, und selbst das ist leider nicht genug.

Uns wird gewöhnlich beigebracht, daß wir zuerst uns selbst lieben müssen, und daß wir schwach und machtlos sind, wenn wir Bestätigung von anderen brauchen, aber die Beziehungstheorie vertritt einen anderen Standpunkt. Als Wesen, die nicht isoliert existieren, nicht für sich allein funktionieren, keine selbstgenügsamen Inseln sind, brauchen wir *sowohl* ein positives Verhältnis zu uns selbst *als auch* Liebe, Akzeptanz und Bestätigung von anderen. Wie die Forschung zeigt, gehen diese beiden Aspekte – die Qualität der Beziehung und die Art des Selbstgefühls – Hand in Hand.[14] Ein Mensch lernt nicht spontan und in einem Vakuum, sich selbst zu lieben, und geht dann liebevolle Beziehungen ein. Vielmehr begleiten liebevolle Beziehungen die Veränderungen seiner inneren Welt, und diese Veränderungen fördern wiederum liebevolle Beziehungen. In einer Kultur, die die Frauen lehrt, sich selbst zu unterdrücken, um Sicherheit und Verbundenheit zu erreichen, stehen diese vor einem schwierigen Problem: Wie können sie lernen, das Risiko einer ehrlichen Selbstoffenbarung einzugehen, um Beziehungen zu schaffen, die von Gegenseitigkeit und Dialog geprägt sind?

6. Kapitel

Das Selbst im Dialog: Die Überwindung der Depression

Ich bin auf der Suche danach,
was eine Frau wirklich ist.

Das häufige Auftreten von Depressionen bei Frauen kann als eine fast unvermeidliche Reaktion darauf betrachtet werden, daß sie in einer Kultur leben, die das Weibliche zutiefst fürchtet und abwertet.[1] Da es keine Vorbilder und Modellvorstellungen von Frauen gibt, die in Beziehungen aktiv und authentisch sind, internalisieren die Frauen die dominierenden kulturellen Werte von Weiblichkeit, Liebe und Leistung und werden somit »leicht zu Opfern einer Depression, einer an die Grenzen des Patriarchats gebundenen Depression, die ihres organischen, mythischen Wesens und somit ihrer heilenden Eigenschaften beraubt ist« (Holub, 1989, S. 6). Da die Geheimnisse des Frauseins — das Aufblühen des weiblichen Körpers, die erste Menstruation, Geburt und Wechseljahre — nicht mehr zelebriert werden, und da es nur wenige Vorbilder weiblicher Stärke gibt, kann der »Übergangsritus«, durch den junge Frauen ihr Selbst fordern und schaffen, auch eine Phase der Verzweiflung über ein Selbst einschließen, das bei der Suche nach Akzeptanz und Liebe auf der Strecke geblieben ist.

Nor Hall zieht den Mythos heran, um »das Hinabsteigen in die Unterwelt« zu erklären, das die Suche der Frau nach einem verlorenen Selbst kennzeichnet.

Übergangsriten im Zusammenhang mit Jahreszeiten und Lebenszyklen sind verschwunden – die Mutter-Tochter-Riten haben 2000 Jahre bestanden... Es gibt keine bedeutsamen rituellen Verhaltensregeln mehr – aber das Geheimnis bleibt... das Hinabsteigen in die Unterwelt, die unfruchtbare Zeit des Wartens, und die lange Trauerprozession... welche die Suche der Mutter [Demeters] nachahmt. Diese Stadien des Ritus haben keine sichtbaren Strukturen, Symbole oder Räume, in denen sie sich manifestieren, sondern haben sich nach innen verlagert, so daß die Initiation ein aktives Eintreten in den dunklen Bereich eines unbekannten Selbst ist, in dem wir immer noch nach der verlorenen Tochter, der weiblichen Quelle des Lebens suchen...

Das unbewußte Selbst macht sich auf autonome Weise bemerkbar; wenn sich die Menschen nicht mehr auf einer heiligen Straße versammeln, um ihre verlorenen Seelen zu suchen, werden diese Zusammenkünfte und dieses Suchen in die Bewegung und Sprache unseres Inneren übersetzt. Die Übergangsriten haben sich ins Innere verlagert, wo sie als Stadien der psychischen Transformation ausgelebt werden können. (1980, S. 84–85).

Bleiben wir bei der Suche nach der »verlorenen Tochter« in der Sprache der Metapher und schauen wir uns das Märchen vom Rumpelstilzchen an, das ein Symbol für die Depression von Frauen im Patriarchat ist. Diese Geschichte aus der Sammlung der Gebrüder Grimm erzählt von einer Müllerstochter, deren Vater sie der männlich regierten Welt mit dem Versprechen übergibt, daß sie wunderbare Fähigkeiten habe. »Ich habe eine Tochter, die kann Stroh zu Gold spinnen«, sagt ihr Vater zum König. Nachdem sie aufgrund ihrer Fähigkeit, dem Mann das zu geben, was er am meisten wünscht – den Schatz ihrer Sexualität –, Zugang zum Königreich bekommen hat, wird die »schöne Tochter« dort willkommen geheißen, aber nur, wenn sie die an sie gestellten Erwartungen erfüllt. Der König sagt zum Müller: »Das ist eine Kunst, die mir wohlgefällt; wenn deine Tochter so geschickt ist, wie du sagst, so bring sie morgen in mein Schloß, da will ich sie auf die Probe stellen.«

Entsprechend dem konventionellen Frauenleben geht die Tochter aus den Händen des Vaters in die des Königs über, ohne Widerspruch gegen die Aufgaben oder Eigenschaften einzulegen, die ihr durch die väterlichen Autoritäten zugewiesen werden. Das Drama, das sich jetzt entfaltet, wäre anders verlaufen, wenn sie nicht stumm und fügsam geblieben, sondern sich gegen die falschen Erwartungen gewehrt und gesagt hätte: »Ich möchte mit der männlichen Welt auf meine Weise in Kontakt treten, anstatt die Wünsche des ›Königs‹ zu erfüllen.« Da das einzige Vorbild die konventionelle Ehe ist, da es in der Geschichte weder eine Mutter noch andere Frauen gibt, die ihr andere Möglichkeiten vor Augen führen könnten, folgt die Müllerstochter dem ihr zugewiesenen Drehbuch. Sie hat kaum eine andere Wahl: Wie kann sie auf die Forderungen des Königs in einer Weise reagieren, die sie sich nicht vorgestellt hat und die ihr nie vorgelebt wurde?[2]

Dem König von ihrem eigenen Vater als eine Tochter mit wunderbaren magischen Kräften dargestellt, aber als eine Person, die sie nicht ist, muß sie nun dem Bild entsprechen oder den Tod erleiden. »Wenn du diese Nacht durch bis morgen früh dieses Stroh nicht zu Gold versponnen hast, so mußt du sterben«, sagt der König. Die Müllerstochter gerät genau in das Dilemma, vor dem Mädchen im Jugendalter stehen: Soll sie so tun als ob, um Sicherheit und männliche Gunst zu erringen? Wagt sie, sie selbst zu sein? Nachdem man so mit ihr gesprochen hat, glaubt sie, daß sie entweder die erwartete Lüge produzieren oder ein schreckliches Schicksal erleiden muß. An diesem Punkt wird sie traurig und niedergeschlagen, weil sie nicht weiß, wie sie das Unmögliche vollbringen kann, um vom König akzeptiert zu werden. Als sie hinter der verschlossenen Tür weint, taucht Rumpelstilzchen auf (jener Teil des weiblichen Selbst, der sich mit dem Mann identifiziert und weiß, was die männliche Welt will und wie man es ihr gibt). Als die Müllerstochter ihm erklärt, warum sie weint, sagt sie: »Ich soll Stroh zu Gold spinnen und verstehe das nicht.«

Rumpelstilzchen wird in ihrer Psyche aktiviert, weil sie dem König gefallen muß; sie muß also all das erreichen, was in der männlichen Sphäre maßgebend ist – den begehrenswerten Mann, Erfolg, Leistung –, um sich beliebt zu machen und der Bestrafung zu entgehen. Aber Rumpelstilzchen fordert von der Müllerstochter Geschenke, ehe es ihr hilft, die Täuschung ins Werk zu setzen. Zuerst scheint es nicht viel zu sein – ein Ring, eine Kette –, ein kleines Wahrheitsopfer hier, ein kleiner Verzicht auf ihre Interessen und ihre Kreativität dort. Diese Opfergabe des eigenen Selbst scheint ihrem Wohl zu dienen, leistet aber zugleich einer Vorspiegelung Vorschub, die allmählich in Gegensatz zu ihrer Authentizität gerät. Rumpelstilzchens Eingreifen versetzt die Müllerstochter in die Lage, dem König ein Selbst zu präsentieren, welches das Unmögliche vollbringt, aber sie weiß, daß sie weniger (bzw. etwas anderes) ist als sie scheint. Sie will unbedingt jemand sein, der sie nicht ist, um zu gefallen und zu überleben. Kein Wunder, daß Frauen, die das Gefühl haben, das Wohlwollen des Königs durch etwas anderes als durch ihr wahres Selbst errungen zu haben, sich für Hochstaplerinnen und Betrügerinnen halten.[3]

Im weiteren Verlauf der Handlung werden die Forderungen des inneren Tyrannen (Rumpelstilzchens) und des äußeren Tyrannen (des Königs) fast ununterscheidbar. Anstatt sich damit zufriedenzugeben, daß die Müllerstochter das Unmögliche vollbracht hat, setzt der König sie in der zweiten Nacht in einen größeren Raum mit noch mehr Stroh und befiehlt ihr, auch das in einer Nacht zu spinnen, wenn ihr das Leben lieb wäre. Und wieder erscheint Rumpelstilzchen und fordert ein Geschenk. In der dritten Nacht, als die Müllerstochter (sie wird in der ganzen Geschichte nicht beim Namen genannt) in eine noch größere Kammer voll Stroh gebracht wird, sagt der König: »Das mußt du noch in dieser Nacht verspinnen: Gelingt dir's aber, so sollst du meine Gemahlin werden.« Abermals erscheint Rumpelstilzchen und fragt, was sie ihm gebe, wenn er an der Täuschung mitwirke. Wie Frauen es oft tun, wenn sie aufs äußerste bedrängt werden, sagt die Müllerstochter:

»Ich habe nichts mehr, was ich dir geben könnte.« Rumpelstilzchen antwortet: »So versprich mir, wenn du Königin wirst, dein erstes Kind.« »Wer weiß, wie das noch geht, dachte die Müllerstochter und wußte sich auch in der Not nicht anders zu helfen.«

Da sie nicht weiß, wie sie sonst ihr Überleben sichern kann, handelt sie gegen ihre ureigensten Interessen und verspricht, das Symbol ihrer zukünftigen Ganzheit und Kreativität herzugeben, nämlich das werdende Selbst. Rumpelstilzchen spinnt noch einmal Stroh zu Gold. Der König kommt am Morgen und findet alles so vor, »wie er gewünscht hatte«. Nachdem die Müllerstochter seine Wünsche erfüllt hat, wird sie Königin.

Ganz damit beschäftigt, die Rolle der Königin zu spielen – Ehefrau, Beruf, Sexsymbol, was auch immer –, vergißt die Müllerstochter das Versprechen, das sie Rumpelstilzchen gab. Dann kommt das Kind, dessen Geburt in Mythen und Träumen die Existenz eines zerbrechlichen neuen Selbst bedeutet, eine sich entwickelnde Bewußtheit, die gehegt und gepflegt werden muß.

Nach der Geburt des Kindes aber erscheint Rumpelstilzchen erneut, um der Frau dieses werdende Selbst zu nehmen. »Die Königin erschrak und bot dem Männchen alle Reichtümer des Königreichs an, wenn er ihr das Kind lassen wollte: Aber das Männchen sprach: ›Nein, etwas Lebendes ist mir lieber als alle Schätze der Welt.‹« Das Märchen geht weiter: »Da fing die Königin so an zu jammern und zu weinen, daß das Männchen Mitleid mit ihr hatte: ›Drei Tage will ich dir Zeit lassen‹, sprach es, ›wenn du bis dahin meinen Namen weißt, so sollst du dein Kind behalten.‹«

In dem Märchen von der patriarchalischen Tochter tritt Rumpelstilzchen an zwei entscheidenden Punkten ihres Lebens in ihr Bewußtsein, um seine Forderungen zu stellen. Das erste Mal erscheint er, als diese junge Frau eine heterosexuelle Beziehung aufnimmt. Jedes Mal, wenn sie eingesperrt und allein ihrer Verzweiflung überlassen ist, dem Erwartungsdruck ausgeliefert, daß sie etwas vollbringt, was sie nicht kann, ist sie niedergeschlagen, mutlos und angsterfüllt. Das sind die Momente, in denen der autoritäre, mit dem Mann identifizierte Teil des Selbst das Kommando übernimmt und bereit ist, das zu tun, was erforderlich ist, um die erwartete Verwandlung zustande zu bringen. Da die Selbstveränderung, die nötig ist, um dem König das erwartete Resultat zu präsentieren, privat, d. h. hinter verschlossenen Türen stattfindet, bleibt sie für andere unsichtbar, ist sie ein Geheimnis, das nur die Müllerstochter kennt. Aber die Selbstveränderung hat ihren Preis.

Rumpelstilzchen kommt an einem zweiten Punkt, der in der Entwicklung der jungen Frau eine wichtige Rolle spielt. Zu diesem symbolischen Zeitpunkt, der Geburt ihres »schönen Kindes«, fordert er von ihr: »Nun gib mir, was du mir versprochen hast.« Dieser Moment kann auf zwei Ebenen interpretiert werden. Erstens: Wenn die Geburt des Kindes wörtlich genommen wird, bedeutet das, daß eine Frau mit den Forderungen der Autoritäten konfrontiert wird, die ihr sagen, was sie tun muß, um in ihren Augen eine perfekte Mutter zu sein.

Rumpelstilzchen erscheint schnell als der innere Tyrann, bereit, ihr die eigene Sichtweise und damit ihre direkte Erfahrung, ihre Gefühle und Wertvorstellungen zu nehmen. Zweitens: Der mit dem Mann identifizierte Teil des Selbst wird an den Punkten bewußt und fordernd, wo eine Frau versucht, sich ein neues Selbst, ein neues Bewußtsein, eine neue Kreativität zu schaffen. Rumpelstilzchen kommt und sagt ihr, daß sie es ihm übergeben muß – es ist *sein* Besitz, mit dem er tun kann, was er will.

Um die schwierige Aufgabe der Namensfindung zu lösen, nimmt die Königin die Hilfe von Boten in Anspruch, jenen Teilen des Selbst, die durch die Verlustdrohung nicht gelähmt sind. Sie sucht zuerst die Kultur nach der Identität ihres Unterdrückers ab: »Nun besann sich die Königin die ganze Nacht über auf alle Namen, die sie jemals gehört hatte, und schickte einen Boten über Land, der sollte sich erkundigen weit und breit, was es sonst noch für Namen gäbe.« Durch diese großangelegte Suche erfährt sie etwas über die kulturellen Wurzeln der inneren Vorschriften und Forderungen. Aber das reicht nicht. Als die Königin Rumpelstilzchen alle Namen nennt, die sie kennt, sagt das Männlein bei allen: »So heiß ich nicht.« Dann verläßt die Königin den üblichen Rahmen und sucht den Namen in neuen Bereichen. In dem Märchen geschieht dies, als die Königin dem Männlein »die ungewöhnlichsten und seltsamsten Namen« vorsagte: »Heißt du vielleicht Rippenbiest oder Hammelswade oder Schnürbein?« Aber dieser Versuch, ihrem persönlichen Tyrannen die Stirn zu bieten, indem sie ihn mit seltsamen Ausdrücken belegt, scheitert ebenfalls. Am dritten Tag entdeckt der Bote der Königin endlich Rumpelstilzchens Identität, als er »...an einem hohen Berg um die Waldecke kam, wo Fuchs und Has' sich gute Nacht sagen...« Hier, mitten im Wald, an diesem heilsamen Ort, wo die Dinge Wurzeln schlagen und wachsen, wird der Name entdeckt. An einem Ort der symbolischen Versöhnung der Gegensätze, wo Fuchs und Hase in Harmonie leben – wo Schmerz und Tod zu Heilung und Wiedergeburt führen können –, wird der innere Tyrann erkannt und stellt keine Bedrohung mehr dar.

Das Märchen lehrt, daß eine an die Grenzen des Patriarchats gebundene Depression nicht dadurch überwunden werden kann, daß man weiterhin die erwarteten falschen Tatsachen vorspiegelt oder daß man dem mit dem Mann identifizierten Teil des Selbst erlaubt, das Kommando zu übernehmen. Die Müllerstochter (jetzt Königin) befreit sich von Rumpelstilzchens Despotismus durch ihre eigene Macht, das richtig zu benennen und sich mit dem zu konfrontieren, was die Fähigkeit besitzt, ihr das Selbst zu nehmen. Mit Hilfe aller verfügbaren Möglichkeiten muß sie versuchen, die Identität der inneren Stimme ausfindig zu machen, die sie drängt, die kollektiven Vorschriften und Forderungen zu erfüllen. Sie muß die Ursprünge dieser Stimme in ihrer eigenen Entwicklung und in der Kultur suchen. Aber das Märchen weist darauf hin, daß die tiefe innere Spaltung und der Verlust, die dieser Frau drohen, nur dadurch abgewendet werden können, daß sie in den Teil der Psyche eindringt, der durch die Natur symbolisiert wird: Es ist dies der Sitz der spontanen Gefühle, der Ort, an dem sich die zeitlosen weiblichen Geheimnisse von Geburt,

Tod und Wiedergeburt abspielen. Und indem sie ihr innerstes Wesen absucht, jenseits der Forderungen der Kultur, gewinnt sie eine Perspektive, die es ihr erlaubt, jene Stimme zu hören, die es darauf abgesehen hat, sie zu spalten:

> Heute back' ich, morgen brau' ich,
> Übermorgen hol' ich der Königin ihr Kind;
> Ach, wie gut, daß niemand weiß,
> Daß ich Rumpelstilzchen heiß!«

Wenn eine Frau die Identität der schädlichen Stimme aufgedeckt hat, kann sie Rumpelstilzchens Destruktivität auf ihn selbst lenken, so daß er »in seiner Wut... sich selbst mitten entzwei« reißt. Die Botschaft lautet, daß Frauen, indem sie ihre Wut richtig wahrnehmen, sie richtig benennen und sich ihr stellen, den inneren Tyrannen entwaffnen und das wahre Selbst freisetzen können. Bei diesem optimistischen Ende gewinnt die Tochter, jetzt Königin, die Freiheit, ihrem werdenden Selbst im Rahmen des Königreiches Entfaltungsmöglichkeiten zu geben. Sie kann jetzt die Aufgaben der weiblichen Entwicklung in einer männlich dominierten Welt erfüllen.

Die Frauen sehen sich selbst häufig in der mythischen Position der Müllerstochter, die bis zum Morgen Stroh zu Gold spinnen muß. So sagt die 35jährige Rechtsanwältin Gaile, die versucht, konkurrierende berufliche und häusliche Erwartungen zu erfüllen:

> Die Anforderungen sind unmöglich. Das Telefon klingelt den ganzen Tag und ich bin den ganzen Tag beschäftigt und habe keine Minute Zeit, auch nur darüber nachzudenken, was ich mit dem nächsten Fall mache. Die Woche beginnt, und als erstes nehme ich Montagabend einen Stapel Arbeit mit nach Hause. Und ich arbeite, arbeite, arbeite den ganzen Montagabend. Und dann arbeite ich den ganzen Dienstag wie verrückt, und dann nehme ich mir wieder Arbeit mit. Außerdem ist gerade ein Schriftsatz fällig und man hat schwierige Mandanten, und dann fährt man die Sekre-

tärin oder den Partner an. Es ist wirklich stressig, einen Mandanten zu haben, der entweder nicht zuhört oder aber zuhört und dann doch das Falsche tut, und man ist ständig damit beschäftigt, solche Probleme zu lösen.
Der andere Streß ist die Zeit. Zeit ist der größte Streß. Man hat nie genug Zeit, um alles zu erledigen. Wo finde ich Zeit für meinen Sohn und meinen Mann? Ich bin die ganze Zeit so beschäftigt, daß meine privaten Beziehungen sehr darunter gelitten haben. Ich fühle mich schon fast unwohl, wenn ich nicht eine Aktentasche voll Arbeit mit nach Hause nehme. Auch wenn ich mir die Sachen nicht ansehe. Es beruhigt mich, daß ich meine Arbeit mitgebracht habe und daß ich bis zum nächsten Morgen Zeit habe, sie zu erledigen.

Wie die Müllerstochter, die »bis zum Morgen« Zeit hat, lebt Gaile unter dem Druck ständiger unmenschlicher äußerer Sachzwänge, um im Königreich Erfolg zu haben.[4] Indem sie die Erwartung zu erfüllen versucht, daß sie alles schaffen könnte, was von ihr verlangt wird, muß sie ihre realistischen Grenzen verleugnen, was bereits einen Preis fordert.

Depressive Frauen berichten auch, daß sie die Notwendigkeit empfinden, sich zu verändern, um von einem begehrten Mann geheiratet zu werden. Rita, 19 Jahre alt, sagt:

Bill mag keine dicken Frauen, so daß ich abgenommen habe. Ich habe mir das 24 Stunden am Tag anhören müssen, und es ist mir auf die Nerven gegangen. Er hat es mir tausendmal gesagt, aber dadurch hat er mir geholfen, die Pfunde loszuwerden. Darum fühle ich mich auch nicht benutzt, sondern er mag mich einfach, nicht wegen meines Aussehens oder so etwas.

Praktisch auf zwei Ebenen schildert Rita ihre Wahrnehmungen und leugnet sie im gleichen Atemzug; wie die Müllerstochter verwandelt sie das Stroh der Realität in den schönen Schein einer akzeptablen Lüge: »Ich fühle mich nicht benutzt... er mag mich einfach, nicht wegen meines

Aussehens.« Rita erkennt, worauf ihr Partner Wert legt, verleugnet dieses Wissen aber und arbeitet an sich, um sich seinem Bild anzupassen. Wenn Rita und andere Frauen sich aus einem anderen Blickwinkel sehen könnten, aus einer »Waldecke«, »wo Fuchs und Has' sich gute Nacht sagen«, würden sie den zutiefst destruktiven Charakter ihres Vorgehens gegen sich selbst sowie die Ursprünge dieses Vorgehens erkennen.

Wenn wir die Depressionen von Frauen aus der Perspektive der Beziehungstheorie sehen, bietet sich als Metapher für die Überwindung der Verzweiflung der Dialog an. Der Dialog ist nicht nur eine Form des Redens, sondern auch eine Form der Beziehung (Buber, 1970). Er ist eine Möglichkeit, auf neue Weise zu anderen Menschen, zu sich selbst und zur Welt in Beziehung zu treten. Als gleichwertige Partner wurden die Frauen aus dem kulturellen Dialog ausgeschlossen; sie waren meistens nur Gegenstand von Geschichten, die andere erzählt haben. Ebenso waren und sind Frauen auch Opfer männlicher Gewalt, wodurch sie noch weiter vom Dialog ausgeschlossen wurden.

Wir haben gesehen, wie depressive Frauen Verlust beschreiben, und zwar nicht den des Partners, sondern den des eigenen Selbst, und wie sie diesen »Verlust des Selbst« mit ihrem Verstummen in intimen Beziehungen gleichsetzen. Intimität wird nicht dadurch erreicht, daß man es dem »König« recht macht. Intimität kann nur durch einen Dialog hergestellt werden, in dem das »Ich« präsent ist.

Wenn sich eine Frau ihres »Ichs« schämt – wenn sie es als wertlos, inkompetent, dick, nicht liebenswert sieht –, dann versucht sie, es zu verstecken. Wenn der Dialog aber nicht das authentische Selbst einschließt, dann wird das »Ich« aus der Beziehung ausgeschlossen. Es fühlt sich hilflos und verliert die Hoffnung, eine enge Beziehung zu einem anderen Menschen herzustellen. Die Depression scheint unvermeidbar zu sein, wenn eine Frau die Hoffnung auf eine authentische Beziehung aufgibt oder wenn sie sich für ihre Zukunft nur zwei Möglichkeiten vorstellen kann:

Unterordnung oder Isolation, wobei beides eine Form von Verlust ist.

Wenn wir auf die Moralvorstellungen achten, die depressive Frauen in ihren Berichten ansprechen, entdecken wir, wie und warum sich eine Frau ihres authentischen Selbst schämt. Dieser innere Dialog zeigt nicht nur versteckte Aspekte der weiblichen Psychologie, sondern auch den direkten Beitrag der Kultur zu der hohen Depressionsrate bei Frauen. Die Herstellung von Verbundenheit durch Unterordnung, zwanghafte Fürsorglichkeit und Selbstunterdrückung – alle diese Verhaltensweisen sind Wege, auf denen der begehrte Partner erreicht werden soll. Diese Formen der Kontaktaufnahme sind gesellschaftlich anerkannt und scheinen Sicherheit und Geborgenheit zu bieten. Statt dessen führen sie jedoch zur Depression. Sisyphos vergleichbar, sprechen die Frauen davon, daß sie »alles daransetzen«, damit ihre Beziehung funktioniert. Aber sie rollen den Stein den falschen Berg hinauf; sie versuchen, es anderen recht zu machen, während sie statt dessen »alles daransetzen« sollten, sich selbst – Gefühle, Initiative, Werte, Perspektiven – in intime Beziehungen einzubringen.

Wenn Frauen ihre Depressionen schildern, zeigen sich zwei Formen des Schweigens: die eine ist durch Verzweiflung und Isolation gekennzeichnet, die andere enthält Möglichkeiten der Bewegung und Veränderung. Wenn das authentische Selbst in einen abgeschlossenen Raum verbannt ist und nicht mit anderen kommunizieren darf, deutet das Schweigen des authentischen Selbst auf das Fehlen jeglicher Verbindung hin. Eine daraus resultierende Depression ist durch eine wütende Vorwurfshaltung gegenüber dem Partner gekennzeichnet, der nicht weiß, wogegen sich die Wut richtet, sowie durch eine harte Selbstverurteilung. Das Schweigen, das bei dieser Art der Depression anzutreffen ist, bedeutet Verzweiflung, Resignation und Hoffnungslosigkeit. Es scheint für chronische Depressionen charakteristisch zu sein, wenngleich es in extremer Form auch für schwere Depressionen typisch ist.

Wenn das Schweigen darauf hindeutet, daß sich eine Frau den autoritären Stimmen der anderen und dem kritischen Blick des Über-Auges entzieht, um *den Kontakt zum eigenen »Ich« zu halten*, birgt dieses Schweigen die Möglichkeit der Gesundung in sich. Ein solcher Rückzug kann eine sichere Nische schaffen (Hall, 1980), die von kreativer Dunkelheit und von Warten erfüllt ist, in der die Veränderung heranreift und wo neue Erkenntnisse und eine neue Stärke gefunden werden. Die Depression wird zu einem Herabsteigen zur verdrängten Seite des Selbst, zur Unterseite der »guten Frau«, um jene Teile des Selbst zurückzufordern, die solange beiseite geschoben worden sind, daß eine Frau ihren Verlust betrauert. Hier müssen Frauen innerlich an sich arbeiten, wobei der Blick immer auf Beziehungen gerichtet ist – auf die Beziehung zur unbekannten Seite des Selbst, zu den inneren Antrieben und selbstgestellten Aufgaben, zum Partner, wie er wirklich ist.

Die Gesundungsmöglichkeiten ergeben sich aus einem Dialog innerer Fragen und aus der Aufmerksamkeit gegenüber dem authentischen Selbst (anstelle der kritischen Bewertung und Verurteilung des »Ichs«). Solche neuen Dialoge führen zu Feststellungen, wie sie beispielsweise Susan macht, wenn sie die Struktur ihres Verhaltens gegenüber dem Partner und die Vorstellungen, von denen sie sich hat leiten lassen, hinterfragt. Susan nennt die Vorstellungen, die sie davon abhalten, das zu tun, was sie braucht, »Plastikgründe«,

> weil sie in dem Sinne oberflächlich sind, daß sie gesellschaftlicher Art sind und nicht viel mit meinen eigenen Bedürfnissen nach Erfüllung und Zufriedenheit und Wertschätzung zu tun haben. Ich schiebe diese eigentlich wichtigen Dinge beiseite, damit die gesellschaftliche Fassade meines Lebens erhalten bleibt. Ich glaube, daß ich genau das tue.

Maya sagt über ihren Versuch, die falschen, restriktiven Vorstellungen vom weiblichen Selbst in Beziehungen abzulegen: »Ich bin auf der Suche nach dem wirklichen Wesen der Frau.«

Eine Depression kann dazu führen, daß eine Frau sich

aufmacht, ihr eigenes Selbst zu erkunden, um die Wurzeln der inneren Spaltung und der Selbstentfremdung zu erkennen, das Über-Auge zu benennen und eine Vorstellung von Gutsein, Autorität und Verbundenheit durch eine andere zu ersetzen. Als ein heilsamer »Übergangsritus«, in dessen Verlauf das eigene Selbst zurückgefordert und in das Königreich eingebracht wird, macht es die Depression erforderlich, eine Phase zu durchlaufen, in der die Dinge unklar und verwirrend sind. Dies ist eine Zeit der Unsicherheit, in der die Konzepte, die eine Frau benutzt hat, um ihre Erfahrungen zu interpretieren und ihrem Leben einen Sinn zu geben, mit neu entstehenden Perspektiven zusammenprallen. Diese Frauen weisen darauf hin, daß ihre bisherigen Vorstellungen vom weiblichen Selbst in einer Beziehung, von denen sie sich haben leiten lassen, durch so schmerzhafte Erfahrungen wie Geschlagenwerden, Trennung, Drogenmißbrauch und Depression in Frage gestellt wurden. Solche Erfahrungen beweisen einer Frau, daß ihre überkommenen Annahmen über das Erlangen von Intimität nicht die gewünschten Resultate, sondern Verzweiflung und Selbstverlust bringen.

Eine depressive Frau braucht Mut, um sich von den vertrauten Vorstellungen und Leiden zu verabschieden und wie eine Spinne, die nur noch an einem unsichtbaren seidenen Faden hängt, den Sprung ins Unbekannte zu wagen, wo sie ihre eigenen Bedeutungen »spinnen« muß. Ohne ein stabiles Selbstverständnis, ohne feste Überzeugungen von der weiblichen Rolle, von Beziehungen und Moral muß sie auf ihre Fähigkeit vertrauen, ihr eigenes Netz von Bedeutungen und Beziehungen zu schaffen, das stark genug ist, sie selbst und vielleicht auch ihre Kinder zu tragen. Laura sagt dazu:

> Ich habe Angst, daß ich bis zum Ende gehe und dieses Etwas dann sagt: »Du wirst es nicht schaffen.« Denn was kommt, wenn man erst einmal seine Zelte abgebrochen hat, wenn man das aufgibt, wofür man sich immer selbst kritisiert hat? Was macht man dann? Ich glaube, das ist wieder das Gefühl, an das ich mich

schon gewöhnt habe – von mir selbst zu denken, daß ich nicht gut genug bin.

Auch Maya beschäftigt der Übergang in das unbequeme Unbekannte. Sie sagt dazu:

> Neulich lag ich im Bett und dachte: »Ich frage mich, wer ich bin und was ich bin.« Ich versuchte, eine Formulierung zu finden und kam auf nichts Konkretes. Ich bin nicht das, was ich früher war, und ich bin nicht das, was ich sein soll, ich bin irgend etwas dazwischen.

Und Maya beschreibt noch näher, wie schwer es ihr fällt, ihr Denken umzustellen:

> Es ist wirklich ein Konflikt. Wenn ich an das denke, was mir früher gesagt wurde, und an das, was ich heute glaube, dann ist da immer so ein großer Unterschied, eine Kluft, eine Veränderung in meinem Denken, und das ist manchmal beängstigend.
> *(Wieso ist das beängstigend?)* Weil ich das Gefühl habe, daß ich mich von etwas entferne, was so lange zu mir gehört hat.

Da Maya nicht genau sagen kann, wovon sie sich entfernt, und da sie sich nicht vorstellen kann, wohin sie in Zukunft gehen wird, hat sie das Gefühl, »in der Luft zu hängen«. Die Unsicherheit wiegt um so schwerer, als sie eine geringe Selbstachtung hat und sich insgesamt unzulänglich fühlt, was mit der Abwertung ihres Geschlechts zusammenhängt. Carol Gilligan beschreibt diesen Übergang als einen Wechsel von einem konventionellen Verständnis von Fürsorge, »bei dem das Richtige von den anderen definiert wird und die Verantwortung bei den Frauen liegt« (1982, S. 123), zu einem postkonventionellen Verständnis von Fürsorge, bei dem die früheren Auffassungen von Gutsein abgelehnt werden, weil »ihre Macht, Menschen zu schaden, als unmoralisch« betrachtet wird (S. 90). Der Wechsel wird dadurch erleichtert, daß sich das *Schwergewicht vom Gut-*

sein auf das Ehrlichsein verlagert; man findet heraus, wie man sich selbst fühlt und wie sich die anderen »wirklich« fühlen; man tritt aus dieser neuen Position heraus in einen Dialog ein.

Dieser von depressiven Frauen beschriebene Übergang scheint das zu sein, was Marcia Westkott eine »Verwandlung der mit dem weiblichen Altruismus verbundenen abhängigen Verantwortung« nennt (1986, S. 203). Im Hinblick auf diese Verwandlung führt Westkott näher aus, was zurückgelassen und was gewonnen wird:

> Anstatt sich in eine geschützte Sphäre zurückzuziehen, wo sie sich um andere kümmert, weil sie die anderen auf angstvolle Weise braucht oder sich von deren Autorität einschüchtern läßt, glaubt die starke Frau, daß sie selbst Fürsorge verdient hat und daß die Welt ihre Domäne ist. Sie ist fürsorglich aus einer Position der Stärke heraus, und nimmt Konflikte in Kauf, um die Welt so zu verändern, daß Frauen und das sozial notwendige Bedürfnis, sich um andere zu kümmern, nicht mehr abgewertet werden. (ibid.)

Sowohl Gilligan als auch Westkott beschreiben detailliert die Schwierigkeiten dieses Übergangs von einem machtlosen Geben zu einem starken, selbstbewußten Auftreten dem Partner gegenüber. Dieser Übergang beinhaltet den Verlust alter Sicht- und Verhaltensweisen, und viele Frauen trauern einem Selbst und einer Beziehung nach, die sie verloren haben und die sie zurückgewinnen bzw. neu schaffen müssen.

Wenn eine Frau das Gefühl hat, daß die Welt um sie herum zusammengebrochen ist, und wenn ihre Selbstachtung einen Tiefpunkt erreicht hat, muß sie neue Formen des Erkennens und des Umgangs mit anderen Menschen entwickeln. In einem Vakuum des Selbstzweifels muß sie ihren eigenen Wahrnehmungen vertrauen und erkennen, daß sie selbst für ihr zukünftiges Leben verantwortlich ist. Sie muß ihre eigene Geschichte schreiben und leben und darf nicht Gegenstand einer Geschichte sein, die jemand anders geschrieben hat. Der Zusammenbruch der alten Strukturen in der Übergangsphase der Depression führt auch zu der angstvollen Unsicherheit, wie Beziehungen zu gestalten sind, um Intimität zu erreichen, wenn die früheren Muster über Bord geworfen werden. Die Frauen dieser Untersuchung wollen ihre Beziehungen zu Männern nicht ganz aufgeben. Sie suchen vielmehr nach neuen Formen der Verbundenheit, aber da sie diese in der Kultur nicht bereits vorfinden, müssen sie ihre eigenen Vorstellungen entwickeln. Denn, wie Heilbrun sagt, die Kultur sieht »kein Szenario der Ehe vor, das eine Entwicklung ermöglicht, als Individuen und als Paar« (1988, S. 27).

In dieser krisenhaften Übergangszeit hat eine Frau auch die Möglichkeit, die Ungewißheit als eine kreative Desintegration zu betrachten, die neue Möglichkeiten in sich birgt. Aber es gibt auch Frauen, die sich in die Sicherheit des vertrauten Leidens zurückziehen und versuchen, die traditionelle Rolle mit ihrer ganzen Energie auszufüllen. Ein solcher Rückzug verspricht nicht nur Sicherheit, sondern hält die Frau auch davon ab, sich mit den größeren Fragen von Sinngebung und Lebenszweck auseinanderzusetzen, denen sie vielleicht noch nicht gewachsen ist. Die Müllerstochter brauchte die magischen drei Male, bevor sie mit ihrer Depression anders umging. Betty, die beispielsweise nicht bereit war, die ganze Struktur ihres Lebens in Frage zu stellen, stürzte sich in die Rolle, »eben Mrs. Perfekt zu sein, glaube ich. Eben alles zu sein, was ich Bills Meinung nach sein sollte, glaube ich, und das ist ganz schön viel verlangt.« Wie viele Frauen wurde sie schwer depressiv, als sie erkannte, daß diese Anstrengungen nicht die Intimität schufen, die sie sich wünschte, aber sie sah keine Alternative. Als ihr Mann eine Affäre hatte, fühlte sie sich im Stich gelassen, nicht liebenswert und »wie eine Versagerin«.

> Ich hatte das Gefühl, daß mein Wert davon abhing, daß ich eine gute Ehefrau und Mutter war. Als das kaputtging, hatte ich das Gefühl, gar nichts mehr wert zu sein. Ich wollte nicht mehr leben.

In dieser Zeit der größten Verletzbarkeit muß eine Frau neue Formen der eigenen Wertschätzung sowie neue Wahrnehmungs- und Interaktionsformen entwickeln. Mary Belenky und ihre Kollegen beschreiben diese Aufgabe so: »Um zu lernen, mit einer unverwechselbaren und authentischen Stimme zu sprechen, müssen die Frauen die von den Autoritäten gesetzten Rahmenbedingungen und Systeme ›wegwerfen‹ und sich ihren eigenen Rahmen schaffen« (1986, S. 134).

Wie geschieht das? Wie kann ein Mensch erkennen, daß die kollektiven Maßstäbe für sein Leben und seine Gefühle falsch sind? Die Erzählungen von Frauen, die dabei sind, ihre Depression zu überwinden, machen uns auf mehrere wichtige Aspekte aufmerksam. Erstens gewinnen diese Frauen allmählich eine Perspektive, die dazu führt, daß sie den Status quo in Frage stellen. Diese Infragestellung erfolgt in moralischen Kategorien; die *moralische Autorität* der dominanten Bedeutungssysteme beginnt abzubröckeln. Dadurch wird es einer Frau möglich, sich selbst nach anderen Maßstäben einzuschätzen und sich von denen zu entfernen, die ihrer Entwicklung und ihrem Bedürfnis nach echter Verbundenheit entgegenstehen. Da die Depression dazu führt, daß sich das Bild verändert, das man von sich selbst hat, und da die Selbsteinschätzung das Selbstbild stark beeinflußt, ist es für die Überwindung einer Depression von entscheidender Bedeutung, sich andere Werte und Bedeutungen zu eigen zu machen.

Die Untersuchungen, auf die ich mich in diesem Buch beziehe, weisen darauf hin, daß depressive Frauen zwischenmenschliche Ereignisse und Gefühle nach einem *moralischen Bedeutungssystem* interpretieren. Wenn eine Frau spontan die Geschichte ihrer Depression erzählt, zeigt sich, welche Bedeutungen sie den Ereignissen gibt und wie diese sich auf das Bild auswirken, das sie von sich selbst hat. Um es noch einmal zu sagen, diese Bedeutungen sind eindeutig moralischer Art. Da Frauen mehr auf zwischenmenschliche Beziehungen ausgerichtet sind als Männer, sind Ereignisse in diesem Bereich äußerst wichtig für ihre Selbsteinschätzung und ihr Selbstverständnis. Wenn wir die Annahme der Beziehungstheoretiker akzeptieren, daß die Herstellung und Aufrechterhaltung von Beziehungen für einen Menschen ein Leben lang ein wichtiges Anliegen ist, dann ist die Analyse der kognitiven Schemata bezüglich des beziehungsorientierten Selbst für das Verständnis und die Behandlung einer Depression von entscheidender Bedeutung. Die kognitiven Schemata, die bei einer Depression am meisten ins Gewicht fallen, sind *Vorstellungen vom Selbst in intimen Beziehungen*, insbesondere das Verständnis der Frau davon, was es bedeutet, »gut genug« zu sein, um geliebt zu werden. Folglich üben die moralischen Bedeutungen, die sie Ereignissen, vor allem zwischenmenschlichen Ereignissen, gibt, einen tiefgehenden Einfluß auf ihre Selbstachtung aus.

Die moralischen Maßstäbe, die eine Frau benutzt, wenn sie sich selbst negativ beurteilt, verändern sich in dem Maße, wie ihre persönlichen Erfahrungen zunehmen und die kulturellen Normen in Frage zu stellen beginnen. So erkennen Frauen, daß die kognitiven Systeme, die sie benutzen, um ihre Erfahrungen zu interpretieren, diesen keinen Sinn mehr geben. Zu viele ihrer Wahrnehmungen entziehen sich den sinngebenden kognitiven Systemen und stellen deren Angemessenheit in Frage. Nach Piaget ist der Prozeß der Veränderung von Bedeutungssystemen das Ergebnis der dynamischen Interaktion zwischen Erfahrung und Reflexion über diese Erfahrung. Im Falle der »Akkomodation« werden dabei die zur Interpretation der eigenen Erfahrungen benutzten begrifflichen Schemata durch die tatsächlichen Erfahrungen geschaffen und verändert; bei der »Assimilation« werden dagegen die Erfahrungen in die vorgegebenen begrifflichen Schemata eingeordnet. Bei einer Depression wurden nun die für das beziehungsorientierte Selbst wichtigsten kognitiven Systeme – wie man Beziehungen gestaltet, wie man sie schützt, wie man in ihnen gut ist – durch bestimmte Ereignisse in Frage gestellt und befinden sich im Prozeß der Veränderung. Eine Frau kann ihre Erfahrungen nicht mehr mit den bestehenden Systemen in Einklang bringen und muß diejenigen verändern, die für ihr Selbstgefühl am ausschlaggebendsten sind.

Wenn sie anfängt, ihre konkreten Erfahrungen anders zu sehen und zu interpretieren, beginnt sie auch, die vorherrschenden kulturellen Werte in Frage zu stellen, zu denen auch die moralischen Vorschriften für das Verhalten von Frauen gehören.

Hören wir, was die folgenden Frauen dazu zu sagen haben:

> Es klingt irgendwie merkwürdig, wenn man sagt, daß eine Scheidung nicht richtig ist, und wenn man dann im gleichen Atemzug sagt, daß sie für mich trotzdem der richtige Weg ist. Ich habe den Punkt erreicht, wo – ich habe *gesehen*, daß er sehr frustriert war; ich habe *gesehen*, daß meine Kinder und ich frustriert waren, daß es nicht besser wurde, sondern eher noch schlechter. *(Betty erklärt im zweiten Interview ihren Entschluß, die Scheidung einzureichen.)*

> *Ich war fähig, immer mehr zu sehen*, was wirklich los war, und *ich sah*, daß viele ihrer Interpretationen [der Kirche und ihres Mannes] nicht richtig waren. Sie konnten nicht richtig sein, weil sie den Menschen schadeten. *(Maya erklärt im dritten Interview, was es ihr ermöglicht hat, die Autorität ihres Mannes und der Kirche in Frage zu stellen und dadurch die Freiheit zu gewinnen, die Ehe zu verlassen.)*

> Wir wohnten mehrere Monate bei meiner Familie, bevor wir hierher zogen. Und *ich sah*, daß meine Mutter sich viele Probleme selbst schafft. *Und ich glaube, das war das erste Mal, daß ich das wirklich gesehen habe oder in der Lage war, es zuzugeben.* Ich bin mir nicht sicher, was es war. Und manchmal ist sie nicht bereit, das Risiko einzugehen, daß er [der Vater] die Dinge anders macht. Er hat es früher immer so gemacht... *Ich kann das jetzt irgendwie besser sehen, ihre Situation eben klarer sehen* und feststellen, daß

meine Mutter nicht immer glücklich ist, daß das aber teilweise ihre eigene Schuld ist. Dann *sah ich*, daß man jemand anderen nicht für sein Unglück verantwortlich machen kann. Und anstatt zu denken, daß mein Mann recht hat oder daß ich die Dinge für ihn auf eine ganz bestimmte Weise zu regeln habe, *muß ich zuerst erkennen, was ich fühle. (Diana, zweites Interview)*

Ich habe die Einsicht in die Vereinbarung *verlangt*, die ich vor unserer Hochzeit unterschrieben habe. Ich war völlig fassungslos. Ich wurde sehr wütend, weil ich erkannte, daß meine Rechte total auf der Strecke geblieben waren, und es war Wut über den offenkundigen Schwarz-Weiß-Charakter der Beziehung. Das wurde für mich plötzlich viel wichtiger als der ganze emotionale Wust, und ich erkannte, daß ich wirklich über den Tisch gezogen worden war und daß unsere Ehe eine reine Heuchelei gewesen war und daß alles zu seinen Bedingungen gelaufen war. Es war unfair und unmoralisch von ihm, mich dazu zu bringen, das zu unterschreiben, als ich vertrauensvoll und naiv war. (Susan erklärt im letzten Interview ihren Entschluß, sich von ihrem Mann scheiden zu lassen.)*

Diese Frauen erzählen uns, daß sie die Freiheit, schlechte Beziehungen zu verlassen oder sich in ihren Beziehungen zu verändern, ihrer neugewonnenen Fähigkeit verdanken, *selbst zu sehen* und die Interpretationen in Frage zu stellen, die früher ihre Wahrnehmungen und Handlungen bestimmt hatten. Vor allem, wenn Frauen den Prozeß der Überwindung ihrer Depression beschreiben, kommen sie darauf zu sprechen, daß sie angefangen haben, die Dinge anders zu *sehen*. Erst wenn der Blick und die moralische Autorität des Über-Auges durch die Sichtweise des »Ichs« in Frage gestellt werden, fängt eine Frau an, »die Situation klarer zu sehen«, und festzustellen, daß sie »zuerst erkennen muß, was ich fühle«. Diese neue, selbstgeschaffene Sichtweise ersetzt die moralischen Bedeutungen und Normen des Über-Auges, die den Frauen den Blick verstellt und ihr »Ich« zum Schweigen gebracht hatten. Und wenn die Frauen sich selbst und ihre Situation erst einmal mit neuen Augen sehen gelernt haben, dann können sie auch ihre Stimme – ihre Gefühle, ihre Sichtweise und ihre Aktivität – zurückfordern und in ihre Beziehungen einbringen.

Solche kognitiven Verschiebungen, die Wahrnehmungsveränderungen, vor allem im Bereich der moralischen Bedeutungen, ermöglichen, scheinen den Veränderungen der depressiven Symptome *vorauszugehen*. Die kognitiven Schemata bezüglich des Selbst in intimen Beziehungen dienen als Richtschnur für das eigene Verhalten und vermitteln moralische Bedeutungen. Sie bestimmen die Selbsteinschätzung einer Frau hinsichtlich ihrer Vergangenheit, Gegenwart und Zukunft und sind daher maßgeblich an ihrer Depression beteiligt. Diese Schemata entspringen jedoch einer Kultur, die Ungleichheit zwischen den Geschlechtern, besonders in der Ehe, institutionalisiert hat. Die traditionellen Normen weisen den Frauen einen untergeordneten Status zu und führen, wenn sie durch Identifikation mit der Mutter verinnerlicht wurden, zu einer Dynamik der Selbstunterdrückung und der damit einhergehenden Wut und inneren Spaltung.[5] Sobald diese Schemata indes in Frage gestellt werden, können sich Verhaltensweisen und Symptome verändern.

Die Frauen weisen auch auf die Bedeutung von Frauenfreundschaften für die Überwindung der Depression hin. Sie beschreiben einen wichtigen Aspekt der Unterstützung, die ihnen Freundinnen geben: die Freiheit, das Risiko einzugehen, man selbst zu sein und neue Vorstellungen vom Selbst in Beziehungen auszuprobieren. Laura etwa arbeitet aktiv an dem Versuch, sich nicht »für jeden verantwortlich zu fühlen, nach dem Motto: ich will nicht, daß irgend jemand verletzt wird«, und beschreibt, wie sie durch ihre Freundin Marion lernt, in ihrer Beziehung offen ihre Meinung zu sagen:

> Marion tut mir wirklich gut. Wir hatte neulich einen Streit. Ich war dabei, mir die Haare zu schneiden, und

ich hatte in puncto Haareschneiden schlechte Erfahrungen mit ihr gemacht, so daß ich sie nicht dabei haben wollte. Sie kam herein,... und ich sagte: »Oh, nein.« Sie nahm die Bürste und sagte: »Du hast doch nichts dagegen, daß ich sie dir bürste«, und ich dachte, ich will sie wirklich nicht verletzen, und sie wurde richtig ärgerlich und sagte: »Du sagst nie, was du denkst, nie!« Und sie redete immer weiter, und dann sagte ich: »Gut, ich möchte überhaupt nicht, daß du hier bleibst.« Das war gut, und ich versuche, noch besser zu werden. Marion hilft mir dabei sehr.

Für Laura, die nicht daran gewöhnt ist, Meinungsverschiedenheiten mit Menschen zu haben, an denen ihr viel liegt, ist diese Gelegenheit, es mit einer Freundin zu üben, der erste Schritt, um ihr authentisches Selbst, das sie als »nicht gut genug« beschreibt, aus der Isolation herauszuführen und an einem Dialog teilhaben zu lassen.

Auch für Maya war die Unterstützung ihrer Freundinnen sehr wichtig:

Ihre Unterstützung gab mir den Wunsch, durchzuhalten. Wirklich zu versuchen, mit der Situation, in der ich mich befand, fertig zu werden, anstatt aufzugeben und in eine richtige Depression zu verfallen. Und ich weiß, daß genau das wahrscheinlich passiert wäre. Ich wäre wirklich deprimiert gewesen, hätte mich gehen lassen und wäre isoliert gewesen, glaube ich.

Einige Frauen wurden durch sexuellen Mißbrauch in der Kindheit so geschädigt, daß sie Angst haben, irgend jemandem ihr Inneres zu offenbaren. Anna, die während der Dauer dieser Untersuchung ihre Depression nicht überwinden konnte, beschreibt ihre Unfähigkeit, dieses versteckte, entwertete Selbst in einer Beziehung zu zeigen:

Meine Freundinnen fragen mich: »Anna, was empfindest du? Was empfindest du *wirklich*?«, und ich kann es ihnen nicht sagen. Ich weiß nicht warum, ich kann es einfach niemandem sagen.

Daß ihre Freundinnen um ihre schweigende Doppelgängerin wissen, zeigt sich daran, daß sie sie zweimal ansprechen und fragen, was sie *wirklich* empfinde. Annas verborgenes Selbst braucht nicht nur die Erlaubnis, zu sprechen, sondern muß auch aus seinem Versteck herausgelockt werden, was sie selten tut. Früh durch den Inzest in die Isolation getrieben, der begann, als sie acht Jahre alt war, war sie erst mit zweiundfünfzig Jahren fähig, über ihre Gefühle zu sprechen; sie sprach mit ihren Therapeuten über das Inzesttrauma, als sie sich wegen einer schweren Depression mit psychotischen Aspekten erstmals in einer Klinik aufhielt. Bis dahin hatte Anna undurchdringliche Schutzmauern um dieses ängstliche, »wertlose« Selbst herum aufgebaut, den Ort, an dem sich das Grundgefühl eingenistet hatte, daß sie ein schlechter Mensch sei. Wie es für Inzestopfer charakteristisch ist, veränderte sie ihre Auffassung von sich selbst, um die entwürdigenden sexuellen Übergriffe ihres Großvaters zu erklären. Um weiterhin glauben zu können, daß ein Verwandter, der so etwas tut, ein guter Mensch ist, gibt ein Kind sich selbst die Schuld und denkt: Ich muß ein schlechter Mensch sein, der es verdient, so behandelt zu werden. Ein derart verändertes Selbstverständnis erlaubt es dem Kind, sich Hoffnungen in bezug auf das Selbst und die Zukunft zu bewahren, wenn es danach strebt, gut zu sein und bessere Beziehungsformen zu finden. Anna ist zu jeder notwendigen Veränderung bereit, wenn sie dadurch ihre Beziehung behält; aber sie glaubt, daß sie nie ihr innerstes Selbst zeigen darf (das sie als schlecht und wertlos betrachtet), weil sie sonst abgelehnt würde (Herman, 1989).

Anna empfindet es als zu schmerzhaft, zu schwierig, diesen Kern ihres Selbst in die Kommunikation mit einzubeziehen, außer durch gelegentliche psychotische Symptome. In jener Zeit hatte Anna, so die Krankenberichte der Klinik, »Angst, daß andere Leute sie ansahen und sagten, daß sie nicht gut genug oder ein schlechter Mensch sei. [Sie war] auch über die Vorstellung beunruhigt, daß Abhöranlagen in ihrem Haus angebracht seien und daß andere ihr zuhörten.« In ihrem Bericht schildert Anna die tiefe innere

Spaltung zwischen einem wütenden, schamvollen und isolierten authentischen Selbst und einem äußerlich angepaßten »guten« Selbst, das versucht, in seinen Beziehungen zu anderen Menschen seine realen Gefühle zu verstecken.

> Ich glaube, hier versuche ich, ein ehrlicher Mensch zu sein, aber vielleicht bin ich kein ehrlicher Mensch. Vielleicht habe ich mir das nur vorgemacht, denn als die Kinder mit uns auf dem Boot waren, und wir aufstanden, ich weiß nicht, was es war, vielleicht weil der Hund bellte, fing ich an zu weinen und sagte: »Ich lüge und betrüge und bin zu nichts gut.« Aber vielleicht habe ich das nur zu mir selbst gesagt, weil ich mich mit ihrem Hund abgefunden habe, obwohl ich wirklich keinen Hund ausstehen kann. Ich weiß es nicht. Ich weiß es nicht. Ich habe ihnen nie erklärt, worum es mir ging, und sie haben mich auch nicht gefragt. Ich glaube, ich muß meinen eigenen Gefühlen mehr nachgehen. Aber das habe ich so lange nicht getan... vielleicht noch nie.

Das schamvolle, wütende Selbst, das Anna aus ihren Beziehungen auszuschließen versucht, durchbricht die tugendhafte Fassade, die sie den anderen präsentiert, und ruft in ihr das Gefühl einer tiefen Spaltung hervor. Dieses in den Hintergrund gedrängte, »entrechtete« Selbst unterminiert die Realität der guten, liebenden Frau, an der sie als Erwachsene so hart gearbeitet hat.

Da moralische Fragen für die Depressionen von Frauen von zentraler Bedeutung sind, ist es unbedingt erforderlich, sich in der Therapie mit ihnen auseinanderzusetzen. Moralische Überzeugungen, die an das Geschlecht und an die Identität gebunden sind, sperren sich aus vielen Gründen gegen Veränderung: Sie hängen unbewußt mit der Billigung bzw. Mißbilligung der Eltern zusammen; sie sind mit der Frage verbunden, ob man »gut genug« ist, um geliebt zu werden, und somit auch fähig ist, sein ganzes Selbst in die Beziehung einzubringen; sie sind mit der kulturellen Forderung verknüpft, daß Frauen gut zu sein haben; und sie sind mit den Erwartungen der männlichen Partner und des größeren gesellschaftlichen Umfeldes verbunden, daß das weibliche Verhalten dieser Forderung entspricht. Die Vorstellungen vom richtigen Verhalten in der Partnerschaft, welche Unterordnung, Nachgiebigkeit und/oder das Verstecken des Selbst verlangen, werden durch eine Kultur verstärkt, die jenen Frauen, die »zu viel« für sich selbst wollen, den sicheren Verlust ihrer Beziehung prophezeit.

Viele Therapeuten schrecken davor zurück, die Grundannahmen über das »Gutsein« oder das moralische Verhalten näher zu untersuchen, weil sie befürchten, daß dies Patienten dazu ermutigen könnte, bestimmte Moralvorstellungen über Bord zu werfen und sich sexuelle oder aggressive Verhaltensweisen herauszunehmen, die noch mehr Verluste nach sich ziehen. Diese Angst, eine Pandora-Büchse zu öffnen, ohne zu wissen, wie die freigesetzten Übel wieder eingefangen werden können, ist meines Erachtens darauf zurückzuführen, daß das Wesen der moralischen Diktate nicht verstanden wird. In der Ausbildung von Therapeuten werden solche Diktate bemerkenswerterweise ausgeblendet und damit auch die Frage, wie sie sich auf die Selbstachtung und die zwischenmenschlichen Beziehungen auswirken und in welchem Zusammenhang sie mit dem Geschlecht und der Kultur stehen. Obwohl Therapeuten wie Patienten gute Gründe für diesen Widerstand haben, können moralische Fragestellungen einen Zugang zur Depression von Frauen bieten.

Aber die Konzentration auf moralische Fragestellungen ist nicht genug. Denn die depressiven Frauen erzählen uns, daß sie sich zum Schweigen gebracht fühlen. Und wenn wir uns nun daran erinnern, daß der Dialog nicht nur eine Form des Redens, sondern auch eine Form der Beziehung ist, müssen wir auch die Therapie-Beziehung als solche überprüfen. Die Begegnung mit dem Therapeuten muß eine Qualität der Verbundenheit bieten, die das verstummte »Ich« einer depressiven Frau hört und am Dialog teilhaben läßt. Das bedeutet, daß sich die Therapeuten *auf das »Ich« der Frau einlassen* müssen. Anstatt zu denken, daß wir als Kliniker oder Forscher schon wissen, wie wir die Aussagen einer Frau zu interpretieren haben, besteht unsere Aufgabe darin, auf die Patientin einzugehen und für das empfänglich zu sein, was *sie* selbst aufdecken wird, wenn sie in einer sicheren Beziehung auf das lauscht, was ihre Selbsterkenntnis ihr sagt. So kann das Zuhören für beide Teile ein Weg zu neuer Erkenntnis werden.

Wie Diane Wolkstein berichtet, hat die Sprache der Sumerer dasselbe Wort für Ohr und Weisheit. »Das Ohr, dessen größter Teil innen liegt und das die Form einer Spirale oder eines Labyrinthes hat, nimmt Geräusche auf und *verwandelt das Unsichtbare in Bedeutung*« (Wolkstein und Kramer, 1983, S. 156, Hervorhebung von mir). Das Ohr, der Weg zur Weisheit, ist eine zentrale Metapher im Mythos von Innana, die in die Unterwelt hinabsteigen muß, um den Zorn, die destruktive Seite des Selbst, zu integrieren und so ein Ganzes zu werden. Die erste Zeile des Textes sagt, welchen Weg der Heilung sie gehen wird: »Vom Großen Oben öffnete die Göttin ihr Ohr, durch das sie die Weisheit empfing, für das Große Unten« (ibid., S. XVII).

Die Metaphern des Dialogs, des Ohrs und der Weisheit nehmen der formellen therapeutischen Begegnung die Aura von Objektivität und Distanz. »Im Gegensatz zum Auge erfordert das Ohr Nähe zwischen Subjekt und Objekt. Im Gegensatz zum Sehen bedeutet das Sprechen und Zuhören Dialog und Interaktion« (Belenky u. a., 1986, S. 18). In ihrer üblichen Form reproduziert die Therapie weitgehend eine hierarchische Beziehung zwischen dem (autoritären, männlichen) Therapeuten und der (ergebenen, weiblichen) Patientin. In dieser Konstellation wird es kaum vorkommen, daß das versteckte, ängstliche »Ich« in einen aktiven Dialog zurückgeführt wird. Und wenn es doch geschieht, wird das »Ich« wahrscheinlich wieder versuchen, es der mächtigeren Autorität recht zu machen, um Anerkennung und Liebe zu bekommen.

Im Wissen darum, daß die Frauen nicht als gleichwertige Partnerinnen im kulturellen Dialog anerkannt worden sind, daß die Stimme der Frauen dazu erzogen wurde, nicht zu unterbrechen, nicht herauszufordern, sich kein Gehör zu verschaffen, muß die therapeutische Beziehung hier eine andere Art des Dialogs bieten, und zwar eine, die die vorherrschenden zwischenmenschlichen und innerpsychischen Muster in Frage stellt. Wenn beide Teile aufmerksam auf das leise Flüstern der lange verurteilten und unterdrückten Gefühle lauschen, kann das Unsichtbare dadurch erkannt und in eine Bedeutung verwandelt werden, daß es im Rahmen einer verläßlichen Beziehung Beachtung findet und – vielleicht – in eine äußerlich sichtbare Handlung umgesetzt wird.

Wenn wir die Richtigkeit der feministischen Maxime »Das Private ist politisch« anerkennen, stellt sich uns auch die Frage, wie wir in der Therapie die Dinge benennen. Anstatt die »Depression« einer Frau zu untersuchen, ist es vielleicht ergiebiger, gemeinsam die Bereiche anzuschauen, in denen sich eine Frau zum Schweigen verurteilt fühlt, in denen sie sich selbst zum Schweigen verurteilt und nicht wirklich sie selbst ist. Im Rahmen eines therapeutischen Dialogs, der ihr Sicherheit bietet und Aufmerksamkeit schenkt, kann eine Frau die Risiken abwägen, die entstehen, wenn sie gemäß ihrer Selbsterkenntnis handelt. Was wird es bedeuten, wenn sie auf sich selbst hört? Wenn sie ernsthaft an ihrer Selbsterkenntnis arbeitet? Wenn sie ihr »Ich« in eine Beziehung einbringt? Was ist, wenn es sich bei dieser Beziehung um eine intime Beziehung, ein Unternehmen, einen Job, einen Beruf handelt? Was ist, wenn das Heraustreten aus dem Schweigen sie zu einer Außenseiterin macht, sie aus dem konventionellen Szenario eines Frauenlebens ausschließt, während sie versucht, die Vision, die Worte und die Handlungsmuster zu finden, die ihr authentische Beziehungen erlauben?

Das soziale Umfeld einer Frau ist sehr wichtig dafür, ob ihre neue Sichtweise unterstützt oder abgelehnt wird. Gruppenarbeit kann eine Frau in ihrem Versuch unterstützen, zwischenmenschliche Ereignisse neu zu interpretieren und zu bewerten. In Gruppen können sich die Frauen gegenseitig stärken und helfen, indem sie Ereignisse zusammen durchleuchten, besprechen und neu interpretieren (neu benennen). Gruppen ermöglichen es den Frauen auch, über die Worte hinaus zum Symbol und zum Ritual vorzudringen und so zu lernen, die destruktiven Beziehungsformen zu durchbrechen, die sie gelernt haben. Mary beschloß zum Beispiel, einer Gruppe eine symbolische Darstellung ihrer inneren Veränderungen zu geben: Als sie 18 Jahre lang verheiratet war und ihre drei Kinder in der Schule waren, beschloß sie im Alter von 45 Jahren, aufs College zu gehen. Am Abend ihres ersten Unterrichtstages eröffnete ihr Mann ihr, daß er die Scheidung wollte. Mary hatte während ihrer Ehe schon mehrmals unter Depressionen gelitten, aber die Tatsache, daß ihr Mann sie verließ, als sie gerade beschlossen hatte, etwas für ihre eigene Entwicklung zu tun und aufs College zu gehen, löste bei ihr eine schwere Depression aus. Sie war sicher, daß der Zeitpunkt seiner Entscheidung bedeutete, daß sie mit ihrem Entweder-Oder-Denken recht gehabt hatte: entweder sie opferte ihre Identität und ihre persönlichen Ziele und lebte in seinem Schatten, oder sie würde verlassen werden.

Nachdem Mary die Probleme ein Jahr lang durchgearbeitet hatte, war sie bereit, vor der Gruppe symbolisch darzustellen, wie sie sich von Überzeugungen freimachte, die sie nicht mehr als die ihrigen anerkennen wollte. Sie entwarf zwei Masken. Eine war grau und hatte weder Augen noch Mund, um zu symbolisieren, daß sie unfähig gewesen war, die Wahrheiten zu erkennen und auszusprechen, die ihre eigenen Erfahrungen enthielten, während sie die Rolle der »guten Ehefrau« spielte. Die andere Maske war mit leuchtenden Farben angemalt, lächelte, hatte offene Augen und symbolisierte ihren Anspruch auf Entscheidungsfreiheit und Verantwortung sowie ihre Bereitschaft, ihre Gefühle zu erkennen und auszudrücken. Als Mary die graue Maske trug, verbrannte sie kleine Papierstückchen, auf die sie die folgenden Ausdrücke und Worte geschrieben hatte: »Frau von – «, »herabgesetzt«, »stumm«, »gefällig«. Dann setzte sie die bunte Maske auf und berichtete der Gruppe von ihrer neuen Art, Dinge wahrzunehmen und Beziehungen zu gestalten. Sie wußte, daß dieser symbolische Akt in konkreten Situationen unzählige Male wiederholt werden mußte, aber sie hatte einer Gemeinschaft, die ihr neues Bild von sich selbst unterstützte, einen inneren Wandel durch eine äußere Handlung demonstriert. Wenn man die mythischen, entwicklungspsychologischen Dimensionen der Depression versteht und die Unterstützung einer Gemeinschaft hat, können der Schmerz des Verlustes und die Ungewißheit ein Durchgangsstadium zu einer heilsamen Veränderung sein, welche die Möglichkeit in sich birgt, neue Formen der Verbundenheit und Nähe zu finden.

Eine Depression ist sowohl individuell als auch gesellschaftlich bedingt; in ihr mischen sich das Private und das Politische. Die beziehungstheoretische Perspektive betont den sozialen Charakter des Selbst. Das Selbst entsteht durch die Kommunikation mit anderen Menschen, und man kann es nicht in der Isolation heilen. Da das Individuum beziehungsorientiert im tiefsten Sinne des Wortes ist und da die Depressionsanfälligkeit von Frauen in der Qualität ihrer Beziehungen begründet ist, ist es das beziehungsorientierte Selbst, das nach Heilung ruft. Eine Frau muß an dieser Aufgabe allein und mit anderen arbeiten – vielleicht in einer Therapie, in einer Gruppe und mit Freunden. Aber da der Heilungsprozeß im wesentlichen sozialer Natur ist, impliziert er auch die Einbeziehung des kulturellen Wertesystems. Es ist nicht möglich, daß jede Frau diese neuen Formen des Dialogs alleine sucht; sie müssen sich auf einer größeren Ebene herausbilden und immer weitere Kreise ziehen. Frauen und Männer müssen zusammen nach neuen Beziehungsformen suchen, in denen die Machtunterschiede aufgehoben und ein aufrichtiger Dialog sowie eine echte Intimität möglich sind.

Anhang A

Die an der Langzeitstudie beteiligten Frauen

Vor der Mitwirkung an dieser Untersuchung war bei jeder der Frauen von Klinikern entsprechend den Kriterien des Handbuchs *Diagnostical and Statistical Manual of Mental Disorders (DSM)III* (1980) eine Depression diagnostiziert worden. Bei zehn dieser Frauen wurde entsprechend der Kategorie 300.40 eine dysthyme Störung festgestellt, während bei zwei Frauen gemäß der Kategorie 296.34 eine wiederkehrende schwere Depression mit psychotischen Merkmalen diagnostiziert wurde.

Die Tatsache, daß die Diagnose bei zehn Frauen »dysthyme Störung« (oder »neurotische Depression«) lautete, eine Kategorie, die zum ersten Mal im *DSM III* (1980) genannt ist, deutet meiner Ansicht nach eher auf den *chronischen Charakter* ihrer Symptome als auf das Fehlen jener Symptome hin, die zur Diagnose einer schweren Depression führen würden. Bei meinen Gesprächen mit den Frauen waren bis auf eine Ausnahme (Julie) in allen Fällen eindeutig Symptome einer schweren Depression erkennbar. Mindestens zwei Wochen lang waren vier der spezifischen Symptome einer schweren Depression vorhanden: somatische (körperliche) Aspekte wie Gewichtsabnahme, Schlafstörungen; psychomotorische Erregung oder Verlangsamung; Abnahme der Lebensfreude, Antriebsarmut oder Verminderung der sexuellen Appetenz; und/oder andere Aspekte des Symptombildes wie Gefühle von Wertlosigkeit, Selbstvorwürfe, Schuldgefühle, Konzentrationsprobleme, Selbstmordgedanken und -versuche. Ich glaube, daß die folgenden Umstände dazu geführt haben, daß die Therapeuten bei diesen Frauen keine schwere Depression, sondern eine Dysthymie diagnostiziert haben: 1) Die Therapeuten haben nur das *DSM III* des ersten Erscheinungsjahres benutzt und immer noch mit der Kategorie 300.40 des vorausgegangenen *DSM II* (1968) gearbeitet. In der früheren Version von 1968 wurde die Kategorie 300.40 »nur als ›eine übermäßig depressive Reaktion‹ definiert, ›die durch einen inneren Konflikt oder ein identifizierbares Ereignis bedingt ist‹... Aus diesem Grund wurde sie auf verschiedenartige Bedingungen angewandt« (*DSM III*, 1980, S. 377), zu denen auch das gehört, was das *DSM III* eine schwere Depression, Einzelepisode oder wiederkehrend, nennt (ohne Melancholie, 296.22, 296.32). 2) Die Diagnose wurde nur bei der Aufnahme gestellt, als alle Frauen eine *chronische* Depression beschrieben, die jedoch keineswegs schwach war.

3) Es bestand die Tendenz, den Schweregrad der Depression »herunterzusetzen«.

Bei den Diskussionen über die im *DSM III* eingeführte Kategorie der dysthymen Störung wird zugegeben, daß »die bei der Dysthymie auftretenden Symptome denen einer schweren Depression sehr ähnlich sind. Ein Abgrenzungsproblem besteht hauptsächlich gegenüber einer schweren depressiven Störung, insbesondere in ihrer chronischen Form« (Klerman u. a., 1987, S. 19). Außerdem hat die NIMH Collaborative Study auf das Phänomen der »doppelten Depression« hingewiesen, was bedeutet, daß bei einem erheblichen Prozentsatz der Patienten, die unter Dysthymie leiden, diese Störung »von Schüben einer akuten Depression überlagert wird, welche die Kriterien einer schweren Depression erfüllen« (ibid., S. 20). In diesem Fall, so die Autoren, »sollten beide Diagnosen [schwere Depression und dysthyme Störung] gestellt werden«. Meiner Ansicht nach sollte bei allen an der vorliegenden Langzeituntersuchung beteiligten Frauen mit Ausnahme von Julie (siehe unten) eine schwere Depression diagnostiziert werden, während bei einigen sowohl eine schwere Depression als auch eine dysthyme Störung zu diagnostizieren wäre.

Das hier genannte Alter der Frauen bezieht sich auf das Erstinterview; wir fangen bei der Vorstellung der Frauen mit der jüngsten an.

1. Bei *Rita*, 19 Jahre alt, wurde entsprechend der Kategorie 300.40 eine dysthyme Störung oder neurotische Depression diagnostiziert. Sie heiratete, kurz nachdem sie die High School abgeschlossen hatte, und wurde von ihrem Mann körperlich und seelisch mißhandelt. Sie verließ ihn nach einem Jahr und lebte wieder bei ihren Eltern. Sie war vor und während ihrer Ehe von verschiedenen Mitteln abhängig. Nach zwei Selbstmordversuchen (durch einen Autounfall und später durch eine Überdosis Drogen) wurde ihre Entlassung aus dem Krankenhaus mit der Auflage verbunden, sich einer Therapie zu unterziehen. Zum Zeitpunkt des Erstinterviews war sie geschieden, lebte allein und nahm Drogen, war »übergewichtig« (ihre Bezeichnung) und sehr depressiv. Seit ihrem dreizehnten Lebensjahr, als sie »sehr dick« wurde, hatte ihr Gewicht ihr zu schaffen gemacht. Bei ihrem letzten Gespräch war sie nicht mehr depressiv, hatte abgenommen, machte Zukunftspläne, nahm keine Drogen mehr und lebte mit einem Mann zusammen, den sie heiraten wollte. Ihre Eltern lebten in der gleichen Gegend und waren noch verheiratet. Sie hatte drei Interviews: zwei im März 1981 und eins im September 1982.

2. Bei *Jan*, 24 Jahre alt, wurde entsprechend der Kategorie 300.40 eine dysthyme Störung oder neurotische Depression diagnostiziert. Sie hatte vier Jahre lang das College besucht und wer seit einem Jahr unglücklich verheiratet. Bei ihrem ersten Interview sagte sie, daß sie in ihrer Ehe depressiv war und an Trennung dachte. Zwischen ihrem ersten und zweiten Interview machte sie einen Selbstmordversuch und beschloß dann, sich von ihrem Mann zu trennen. Zum Zeitpunkt ihres zweiten Interviews hatte sie sich für einen Magisterkurs eingeschrieben und war nicht mehr

depressiv. Ihre Eltern waren noch verheiratet. Die Interviews fanden im September 1980 und im September 1982 statt.

3. Bei *Cindy*, 26 Jahre alt, wurde entsprechend der Kategorie 296.34 eine wiederkehrende schwere Depression mit psychotischen Zügen diagnostiziert. Sie war verheiratet, hatte eine fünfjährige Tochter und einen zweijährigen Sohn. Sie hatte die High School abgeschlossen und während ihrer siebenjährigen Ehe nicht gearbeitet. Sie wurde als Kind von ihrem Vater körperlich mißhandelt und mißhandelte selbst während der zweiten Schwangerschaft ihre Tochter. Nachdem sie bei der Jugendfürsorge angezeigt worden war, mußte sie sich einer Beratung unterziehen. Bei ihrer dritten Schwangerschaft nahm sie in der sechsundzwanzigsten Woche eine Überdosis Sinequan, das ihr Arzt ihr gegen ihre Depression verschrieben hatte, und wurde für drei Tage ins Krankenhaus eingeliefert. Danach machte ihr die Frage große Sorgen, ob sie den Fötus geschädigt hatte. Bei ihrer dritten Schwangerschaft war ihre Depression von akustischen und optischen Halluzinationen begleitet. In dieser Zeit hatte sie Streit mit ihren Eltern. Bei ihrem letzten Interview war sie nicht mehr depressiv, obwohl sie immer noch Sinequan nahm. Es fanden folgende Interviews statt: drei im letzten Drittel ihrer Schwangerschaft, im März und April 1981; zwei Wochen nach der Entbindung, im Mai 1981; fünf Monate nach der Entbindung, im Oktober 1981; und zwei abschließende Interviews im Oktober 1982.

4. Bei *Julie*, 30 Jahre alt, wurde entsprechend der Kategorie 300.40 eine dysthyme Störung oder neurotische Depression diagnostiziert. Sie war mit einem Alkoholiker verheiratet, der auf dem Weg der Heilung war, und hatte eine fünfjährige Tochter. Sie hatte das College abgeschlossen, arbeitete bis zur Geburt ihrer Tochter ganztags, dann bis zur zweiten Schwangerschaft halbtags. Nach der Geburt ihres ersten Kindes bekam sie eine schwere Depression. Ihrem Geburtshelfer sagte sie, daß sie Angst davor habe, nach der Geburt des zweiten Kindes wieder depressiv zu werden. Ihr Vater und ihr Stiefvater waren gestorben, ihre Mutter lebte noch. Es fanden folgende Interviews statt: zwei im letzten Drittel ihrer Schwangerschaft, im März 1981; zwei Wochen nach der Entbindung, im Mai 1981; etwa vier Monate nach der Entbindung, im September 1981; und die abschließenden Interviews im September 1982.

5. Bei *Laura*, 30 Jahre alt, wurde entsprechend der Kategorie 300.40 eine dysthyme Störung oder neurotische Depression diagnostiziert. Bei ihrem ersten Interview stellte sich heraus, daß sie in ihrer seit drei Jahren andauernden Beziehung unglücklich war. Davor hatte sie eine lange Beziehung gehabt, in deren Verlauf es zwei Schwangerschaften und Abtreibungen gegeben hatte. Sie hatte zwei Jahre lang das College besucht und versuchte, sich ihren Lebensunterhalt als Tischlerin zu verdienen. Als das zweite Interview stattfand, war sie in eine andere Stadt gezogen, hatte ihren Partner verlassen und machte eine Ausbildung als Krankenschwe-

ster. Sie war nicht mehr depressiv. Ihre Eltern waren noch verheiratet, und sie hielt engen Kontakt zu ihnen. Sie wurde im Juni 1981 und im Oktober 1982 befragt.

6. Bei *Susan*, 30 Jahre alt, wurde entsprechend der Kategorie 300.40 eine dysthyme Störung oder neurotische Depression diagnostiziert. Sie war seit sieben Jahren mit einem reichen Mann verheiratet und hatte zwei Töchter im Alter von sechs und zwei Jahren. Sie hatte das College abgeschlossen, aber nie außerhalb des Hauses gearbeitet. Bei ihrem Erstinterview zeigte sich, daß sie in ihrer Ehe unglücklich war und an Scheidung dachte. Sie berichtete von gelegentlicher körperlicher Mißhandlung durch ihren Mann. Zwei Jahre später war sie noch immer depressiv, unglücklich verheiratet und dachte entschlossener an Scheidung. Ein Jahr später (also drei Jahre nach dem Erstinterview) hatte sie sich von ihrem Mann getrennt und war nicht mehr depressiv. Ihre Eltern waren noch verheiratet. Susan hatte vier Interviews: im September 1980, zweimal im September 1982 und im September 1983.

7. Bei *Diana*, 30 Jahre alt, wurde entsprechend der Kategorie 300.40 eine dysthyme Störung oder neurotische Depression diagnostiziert. Sie war verheiratet, hatte einen zweijährigen Sohn und war zum zweiten Mal schwanger. Sie hatte ein Jahr lang das College besucht und arbeitete zu Hause, indem sie tagsüber mehrere Kinder betreute. Sie war zuvor bereits einmal verheiratet gewesen. In dieser Ehe, die nach vier Jahren geschieden wurde, war sie seelisch und körperlich mißhandelt worden. Sie stand in engem Kontakt zu ihren Eltern, die noch verheiratet waren. In siebzehn Monaten hatte Diana sechs Interviews: dreimal während des letzten Drittels ihrer Schwangerschaft, im April und Mai 1981; zwei Wochen nach der Entbindung, im Juni 1981; vier Monate nach der Entbindung, im Oktober 1981; das letzte Gespräch fand im September 1982 statt.

8. Bei *Maya*, 31 Jahre alt, wurde entsprechend der Kategorie 300.40 eine dysthyme Störung oder neurotische Depression diagnostiziert. Sie war mit ihrem ersten Ehemann sieben Jahre lang verheiratet gewesen, hatte zwei Kinder und war von ihm geschieden worden. In ihrer ersten Ehe waren sie und ihr Sohn wiederholt körperlich mißhandelt worden. Sie heiratete noch einmal und trennte sich von ihrem zweiten Mann, als sie im dritten Monat schwanger war. Bei ihrem ersten Interview waren ihre Kinder sieben und drei Jahre alt, und sie war im letzten Drittel ihrer Schwangerschaft. Sie hatte fünf Jahre lang das College besucht und eine abgeschlossene Lehrerausbildung. Bei ihrem ersten Interview war sie sehr depressiv, und fünfzehn Monate später war sie von ihrem zweiten Mann geschieden, lebte von der Sozialhilfe und war depressiv. Bei dem Nachinterview ein Jahr später war sie wesentlich weniger depressiv und hatte vor, wieder zu arbeiten. Ihre Eltern waren noch verheiratet und lebten in ihrer Nähe. Es fanden folgende Interviews statt: im letzten Drittel der Schwangerschaft, im Juni 1981; vier Monate nach der Entbindung, im

November 1981; Nachinterviews im September 1982 und im September 1983.

9. Bei *Betty*, 32 Jahre alt, wurde entsprechend der Kategorie 300.40 eine dysthyme Störung oder neurotische Depression diagnostiziert. Sie war seit 14 Jahren verheiratet, hatte eine zehnjährige Tochter und einen sechsjährigen Sohn. Bettys Mutter starb, als sie drei Jahre alt war, und sie lebte in verschiedenen Heimen, bis sie sieben Jahre alt war und ihr Vater wiederheiratete. Ihre Stiefmutter mißhandelte sie manchmal und gab ihr keine emotionale Wärme. Betty schloß die High School ab und besuchte ein Jahr lang eine Handelsschule, arbeitete nach ihrer Ehe aber nicht außerhalb des Hauses. Bei dem ersten Interview, bei dem sie sehr depressiv war, beschrieb sie ihre Eheprobleme; beim zweiten hatte sie gerade die Scheidung eingereicht und als Sekretärin zu arbeiten begonnen. Sie war weniger depressiv. Die Interviews fanden im September 1980 und im September 1982 statt.

10. Bei *Therese*, 32 Jahre alt, wurde entsprechend der Kategorie 300.40 eine dysthyme Störung oder neurotische Depression diagnostiziert. Sie hatte die High School abgeschlossen, hatte eine Handelsschule besucht und nach ihrer Heirat einige Jahre als Sekretärin gearbeitet. Sie war 14 Jahre lang verheiratet gewesen und betrieb mit ihrem Mann eine gutgehende Farm. Zum Zeitpunkt ihres Erstinterviews lebte sie von ihrem Mann getrennt und hatte eine Affäre. Sie war sehr depressiv, verstört und unzufrieden mit ihrer Ehe. Als das letzte Interview stattfand, war sie geschieden, arbeitete als Verwaltungsangestellte, war in eine andere Stadt gezogen und war immer noch depressiv und verstört. Das Trinken war zum Zeitpunkt ihres Erstinterviews ein Problem für sie geworden, das sich bis zum Nachinterview verschlimmert hatte. Ihre Eltern wären noch verheiratet und lebten in ihrer Nähe. Die Interviews fanden im Oktober 1980 und im Oktober 1982 statt.

11. Bei *Cathy*, 36 Jahre alt, wurde entsprechend der Kategorie 300.40 eine dysthyme Störung oder neurotische Depression festgestellt. Sie war 17 Jahre lang verheiratet gewesen und hatte einen sechzehnjährigen Sohn und eine dreizehnjährige Tochter. Sie hatte die High School abgeschlossen und hatte zusammen mit ihrem Ehemann jahrelang ein Geschäft geführt. Sie wurde depressiv, als sie erfuhr, daß ihr Mann eine Affäre hatte. Bei ihrem ersten Interview fragte sie sich, was sie tun sollte, und war stark selbstmordgefährdet. Zum Zeitpunkt des Zweitinterviews hatte ihr Mann seine Affäre beendet, und sie war nicht mehr depressiv. Ihre Eltern waren noch verheiratet, lebten aber nicht in ihrer Nähe. Die Interviews fanden im Oktober 1980 und im September 1982 statt.

12. Bei *Anna*, 55 Jahre alt, wurde entsprechend der Kategorie 296.34 eine wiederkehrende schwere Depression mit psychotischen Zügen diagnostiziert. 1972 und 1980 war sie wegen Paranoia und Depression in

einer Klinik gewesen. Beim Erstinterview lag der Klinikaufenthalt vier Monate hinter ihr. Sie war 36 Jahre lang verheiratet gewesen, und ihr Mann war seit kurzem im Ruhestand. Ihre beiden verheirateten Söhne lebten woanders und kamen manchmal mit ihren Kindern zu Besuch. Anna hatte vor ihrer Heirat zwei Jahre lang das College besucht, aber nie außerhalb des Hauses gearbeitet. Sie war als Kind und Jugendliche jahrelang von ihrem Großvater sexuell mißbraucht worden, und ihre Mutter war von ihrem Vater körperlich mißhandelt worden. Annas Depression verschlimmerte sich während des Zeitraums dieser Untersuchung trotz fortdauernder Therapie in einer psychiatrischen Klinik. Sie wurde dreimal interviewt: im April und Mai 1980 und im September 1982.

Neben den zwölf Frauen, die an dieser Langzeituntersuchung teilgenommen haben, ziehe ich auch Gespräche mit vier anderen Frauen heran, die überlegten, ob sie sich scheiden lassen sollten oder nicht. *Alison*, *Linda*, *Sandra* und *Kim* nahmen an der Marital Decision Study (1985–1986) teil, die unter der Leitung von Carol Gilligan durchgeführt wurde und an der ich mitgearbeitet habe. In dieser Untersuchung wurden 22 Paare befragt, die überlegten, ob sie sich scheiden lassen sollten oder nicht. Nach einem ersten Interview fand ein Jahr später ein weiteres statt, in dem festgestellt wurde, wie sie ihre Entscheidung begründeten und wie sie darüber sprachen. Die Frauen, die ich zitiere, waren alle von ihren behandelnden Therapeuten als depressiv eingestuft worden.

Tabelle A.1. Merkmale der befragten Personen: Aspekte der Depression

Name	Alter	Diagnose und Verlauf der Depression 1. Jahr	2. Jahr	Therapeutische Behandlung 1. Jahr	2. Jahr	Selbstmordversuch 1. Jahr	2. Jahr	Selbstmordgedanken im Interview 1. Jahr	2. Jahr	Führt Probleme auf die Beziehung mit Ehemann/Partner zurück 1. Jahr	2. Jahr
Rita	19	300.40	besser	ja	nein	ja	nein	ja	nein	ja	–
Jan	24	300.40	besser	ja	nein	ja	nein	ja	nein	ja	–
Cindy	26	296.34	besser	nein*	nein*	ja	nein	ja	nein	ja	–
Julie	30	300.40	besser	nein	nein	nein	nein	nein	nein	ja	–
Laura	30	300.40	besser	ja	nein	nein	nein	nein	nein	ja	–
Susan	30	300.40	gleich	ja	nein	nein	nein	nein	nein	ja	ja
Diana	30	300.40	besser	nein	nein	nein	nein	nein	nein	ja	–
Maya	31	300.40	gleich	nein	nein	nein	nein	ja	nein	ja	ja
Betty	32	300.40	besser	ja	nein	nein	nein	ja	nein	ja	–
Therese	32	300.40	gleich	ja	nein	nein	nein	ja	nein	ja	ja
Cathy	36	300.40	besser	ja	nein	nein	nein	ja	nein	ja	–
Anna	55	296.34	gleich	ja*	ja*	nein	nein	nein	ja	ja	ja

*Nimmt antidepressive Mittel

269

Tabelle A.2. Merkmale der befragten Personen: Ausgewählte soziale Faktoren

Name	Alter	Diagnose	Ausbildung	Sozial-ökonomischer Status*	Familienstand** 1. Jahr	Familienstand** 2. Jahr	Alter der Kinder	Berufstätigkeit außerhalb des Hauses 1. Jahr	Berufstätigkeit außerhalb des Hauses 2. Jahr
Rita	19	300.40	High School	1	GESCH	P	keine	nein	Beschäftigung im Dienstleistungsgewerbe
Jan	24	300.40	Bachelor of Arts (College-Abschluß)	3	V	GETR	keine	nein	Studentin
Cindy	26	296.34	High School	2	V	V	5 + 2	nein	nein
Julie	30	300.40	Bachelor of Arts (College-Abschluß)	2	V	V	5	nein	nein
Laura	30	300.40	2 Jahre College	2	P	A	keine	ja	Studentin
Susan	30	300.40	Bachelor of Arts (College-Abschluß)	3	V	V	6 + 2	nein	nein

Diana	30	300.40	High School + 1 Jahr College	2	V	2	nein	nein
Maya	31	300.40	Bachelor of Arts (College-Abschluß)	1	GETR	GESCH	7 + 3	nein	nein
Betty	32	300.40	High School + 1 Jahr Handelsschule	2	V	GETR	10 + 6	nein	Büroangestellte
Therese	32	300.40	High School + Handelsschule	2	V	GESCH	keine	nein	Büroangestellte
Cathy	36	300.40	High School	2	V	V	16 + 13	Zusammen mit Ehemann selbständig	
Anna	55	296.34	2 Jahre College	3	V	V	32 + 27	nein	nein

* Der sozialökonomische Status wird durch den Ehemann oder Vater bestimmt, da keine der Frauen zum Zeitpunkt des Erstinterviews finanziell unabhängig war; 1 = Frau lebt von der Sozialfürsorge; 2 = gibt an, daß Ehemann oder Vater Angestellter, Farmer und/oder beim Militär ist; 3 = Vater oder Ehemann ist Freiberufler oder gehört zur oberen Mittelschicht
** Familienstand: V = verheiratet; GETR = getrennt; GESCH = geschieden; P = hat einen Partner; A = lebt allein.

Anhang B

Die Skala der Selbstunterdrückung

Kreisen Sie bitte die Zahl ein, die am besten beschreibt, was Sie von den folgenden Aussagen halten.

Starke Ablehnung	Schwache Ablehnung	Weder Zustimmung noch Ablehnung	Schwache Zustimmung	Starke Zustimmung

1.* Ich glaube, es ist das Beste, wenn ich zuerst an mich selbst denke, weil sich niemand anders um mich kümmert.
    1   2   3   4   5

2. Ich spreche in einer intimen Beziehung nicht über meine Gefühle, wenn ich weiß, daß sie Unstimmigkeiten auslösen.
    1   2   3   4   5

3. Fürsorge bedeutet, daß die Bedürfnisse des anderen für mich wichtiger sind als meine eigenen.
    1   2   3   4   5

4. Ich bin egoistisch, wenn ich meine Bedürfnisse für genauso wichtig halte wie die Bedürfnisse der Menschen, die ich liebe.
    1   2   3   4   5

5. Wenn ich eine enge Beziehung habe, fällt es mir schwerer, ich selbst zu sein, als wenn ich allein lebe.
    1   2   3   4   5

6. Ich neige dazu, mich danach zu beurteilen, wie andere Menschen mich meiner Meinung nach sehen.
    1   2   3   4   5

7. Ich bin mit mir selbst unzufrieden, weil ich fähig sein sollte, all das zu tun, was heutzutage von einem erwartet wird.
    1   2   3   4   5

8.* Wenn es einen Konflikt zwischen den Gefühlen und Bedürfnissen meines Partners und meinen eigenen gibt, äußere ich meine immer deutlich.
    1   2   3   4   5

9. In einer engen Beziehung ist es meine Aufgabe, den anderen glücklich zu machen.
    1   2   3   4   5

10. Fürsorge bedeutet, daß ich das tue, was der andere möchte, auch wenn ich etwas anderes tun möchte.
    1   2   3   4   5

11.* Um mich selbst gut zu fühlen, muß ich mich unabhängig und selbständig fühlen.
    1   2   3   4   5

12. Egoistisch zu sein, gehört für mich zu den schlimmsten Dingen.
    1   2   3   4   5

13. Ich habe das Gefühl, daß ich mich in einer bestimmten Weise verhalten muß, um meinem Partner zu gefallen.
    1   2   3   4   5

14. Anstatt Auseinandersetzungen in einer engen Beziehung zu riskieren, kehre ich die Dinge lieber unter den Teppich.
    1   2   3   4   5

15.* Ich spreche auch dann mit meinem Partner über meine Gefühle, wenn das zu Problemen oder Unstimmigkeiten führt.
    1   2   3   4   5

16. Oft wirke ich äußerlich glücklich, bin innerlich aber wütend und rebellisch.
    1   2   3   4   5

17. Damit mein Partner mich liebt, kann ich ihm gewisse Dinge von mir selbst nicht anvertrauen.
    1   2   3   4   5

18. Wenn es einen Konflikt zwischen den Bedürfnissen oder Ansichten meines Partners und meinen eigenen gibt, vertrete ich nicht meinen Standpunkt, sondern pflichte ihm schließlich bei.
    1   2   3   4   5

19. Wenn ich eine enge Beziehung habe, verliere ich das Gefühl, wer ich bin.
    1   2   3   4   5

20. Wenn es so aussieht, als könnten manche meiner Bedürfnisse in einer Beziehung nicht befriedigt werden, komme ich gewöhnlich zu dem Schluß, daß sie ohnehin nicht sehr wichtig waren.
    1   2   3   4   5

21.* Mein Partner liebt und schätzt mich so, wie ich bin.
   1   2   3   4   5

22. Ich bin egoistisch, wenn ich etwas nur für mich tue.
   1   2   3   4   5

23. Wenn ich eine Entscheidung treffe, beeinflussen mich die Gedanken und Meinungen anderer mehr als meine eigenen Gedanken und Meinungen.
   1   2   3   4   5

24. Ich drücke meinen Ärger selten gegenüber den Menschen aus, die mir nahe stehen.
   1   2   3   4   5

25. Ich habe das Gefühl, daß mein Partner mein wahres Selbst nicht kennt.
   1   2   3   4   5

26. Ich glaube, daß es besser ist, meine Gefühle für mich zu behalten, wenn sie denen meines Partners entgegenstehen.
   1   2   3   4   5

27. Ich fühle mich oft für die Gefühle anderer verantwortlich.
   1   2   3   4   5

28. Ich finde nur schwer heraus, was ich denke und fühle, weil ich viel Zeit damit verbringe, darüber nachzudenken, wie sich andere fühlen.
   1   2   3   4   5

29. In einer engen Beziehung ist es mir gewöhnlich egal, was wir tun, solange der andere glücklich ist.
   1   2   3   4   5

30. Ich versuche, meine Gefühle zu verstecken, wenn ich glaube, daß sie mir in einer engen Beziehung Probleme schaffen.
   1   2   3   4   5

31. Ich scheine nie den Maßstäben zu genügen, die ich mir selbst setze.
   1   2   3   4   5

Wenn Sie die letzte Frage mit 4 oder 5 beantwortet haben, führen Sie bitte drei der Maßstäbe an, denen Sie nicht genügen:

---

* Fragen mit einem Sternchen werden in der umgekehrten Reihenfolge ausgewertet.

Anmerkungen

1. Bereit sein zum Zuhören

1. Unter Verwendung der spezifizierten diagnostischen Kriterien der 3. Auflage des psychiatrischen Handbuchs *Diagnostic and Statistical Manual of Mental Disorders* (DSM III (R), 1987) und des Diagnostic Interview Schedula (DIS) untersuchen psychiatrische Epidemiologen gegenwärtig Verbreitung und Vorherrschen von spezifischen psychiatrischen Störungen in den Vereinigten Staaten. Die Epidemiologic Catchment Area (ECA)-Untersuchung, eine an fünf Orten durchgeführte Langzeituntersuchung, die mit dem DIS arbeitet, analysiert die Daten über die Beziehungen zwischen verschiedenen Variablen, einschließlich Geschlecht, sozialökonomischem Status und Familienstrukturen. Die ECA-Untersuchung die auf Wahrscheinlichkeitsstichproben von über 18 000 Erwachsenen ab 18 Jahren basiert, belegt, daß die Häufigkeit von schweren Depressionen bei den Geschlechtern unterschiedlich ist, wobei Frauen fast doppelt so häufig unter depressiven Symptomen leiden wie Männer (Wickramaratne, Weissman, Leaf und Holford, 1989). Siehe auch Klerman und Weissman (1989). Obwohl die ECA-Untersuchungen die Wirksamkeit der therapeutischen Interventionen untersuchen, erforschen sie nicht systematisch die Psychologie der weiblichen Depression.

2. Einen entwicklungspsychologischen Beitrag zur Frauenforschung leisten die Arbeiten von Carol Gilligan (1977, 1982, 1990) und ihren Kollegen, die an der Harvard University ein Projekt über die Psychologie von Frauen und die Entwicklung von Mädchen durchgeführt haben; siehe insbesondere Brown u. a. (1989); Brown und Gilligan (1990a, 1990b); Gilligan, Lyons und Hanmer (1990); Gilligan, Ward und Taylor (1988); und Gilligan, Brown und Rogers (1990). Eine neue, klinisch orientierte Betrachtungsweise der Frauenproblematik bietet das Stone Center for Developmental Services and Studies, Wellesley College; siehe insbesondere Kaplan (1984), Miller (1984), Stiver (1984) und Surrey (1984). Die Orientierung von Frauen auf ihre Beziehungen beleuchtet aus einer psychoanalytischen Perspektive Chodorow (1978, 1989).

3. An klinisch-psychologischen Schriften über Geschlechtsunterschiede bei depressiven Reaktionen auf einen Verlust wären zu nennen Arieti und Bemporad (1978), Beck u. a. (1979) und Mendelson (1974). Herman (1983) fand heraus, daß unter College-Studenten die auslösenden Ereignisse bei Frauen zwischenmenschlicher und bei Männern leistungsbezogener Natur waren. Bei einer Stichprobe von klinisch depressiven Frauen wurde festgestellt, daß Unstimmigkeiten in der

Ehe während der letzten sechs Monate am häufigsten genannt wurden (Weissman und Paykel, 1974).

G. W. Brown und seine Kollegen verwenden den Life Event and Difficulty Schedule (LEDS), um den Zusammenhang zwischen bestimmten Lebensereignissen und der Entwicklung einer Depression zu untersuchen. Brown und Harris (1987, 1989) fassen die Forschungsergebnisse über die Bedeutung von zwischenmenschlichen Ereignissen für den Beginn einer Depression bei Frauen zusammen. Ihre 1979 durchgeführte Untersuchung über Frauen aus einkommensschwachen Schichten in London beschreibt Beziehungskonflikte und Trennungen als die zentralen Auslöser für eine klinische Depression. In einer prospektiven Untersuchung über 400 britische Frauen aus der Arbeiterklasse mit Kindern, die zu Hause lebten, stellten Brown u. a. (1986) fest, daß fehlende Unterstützung durch eine Kernbeziehung (definiert als Ehemann, Liebhaber oder jemand, der einem »sehr nahe steht«) in einer Krisensituation stark mit einem erhöhten Depressionsrisiko assoziiert war. Sehr gefährdet waren auch Frauen, die nicht die Unterstützung erhielten, die sie erwarteten.

Eine Langzeituntersuchung über depressive Frauen (Birtchnell und Kennard, 1983a) stellte fest, daß dem Auftreten von depressiven Symptomen normalerweise Störungen in der Ehe vorausgingen. Frauen, die den Gewalttätigkeiten ihrer Ehemänner ausgesetzt waren, zeigten eine stärkere Neigung, depressiv zu sein und eine geringe Selbstachtung zu haben (Andrews und Brown, 1988). Dobson schließlich kam bei einem Vergleich von depressiven, nicht-depressiven und ehemals depressiven Frauen (1987) zu dem Schluß, daß die im sozialen Umfeld oder in der Ehe auftretenden Störungen, die bei depressiven Frauen eine Rolle spielten, die Depressionen eher beschleunigt hatten als daß sie durch Depressionen hervorgerufen worden waren.

Dies ist keineswegs ein umfassender Forschungsbericht über den Zusammenhang zwischen Beziehungskonflikten bzw. Trennungen und Depressionen von Frauen, doch bieten die genannten Arbeiten dem interessierten Leser einen Einstieg in die Problematik.

4. Roger Gould betont, daß zur Entwicklung zum erwachsenen Menschen auch gehört, daß man jene Annahmen über die Welt revidiert, die einem in der Kindheit vermittelt wurden. Er beschreibt, wie der Mensch, der 45 Jahre alt (und älter) ist, vor der Herausforderung steht, eine neue Form des In-der-Welt-Seins zu schaffen, die auf der Annahme des Erwachsenen basiert: »Ich gehöre mir selbst« (1978, S. 310).

5. Siehe auch Gilligans Darstellung der Freudschen Ideen über Depressionen (Gilligan, Ward und Taylor, 1988) sowie meine früheren Darstellungen seines Denkens (Jack, 1984).

6. Es gibt bereits eine Fülle von Arbeiten über den zwischenmenschlichen Charakter von Depressionen, wenngleich keine die Geschlechtsnormen und die Kultur der Ungleichheit berücksichtigt, welche die Interaktionen von Frauen nachhaltig beeinflussen. Dazu gehören Bowlbys Bindungstheorie (1969, 1973, 1980, 1988) und Coynes Untersuchung der Ablehnung anderer Menschen, die aus der depressiven Verstimmung resultiert. Eine Theorie über Intervention und Therapie mit dem Titel »Interpersonal Psychotherapy of Depression« (IPT), die von Klerman u. a. (1984) dargestellt wird, basiert vor allem auf Sullivans interpersoneller Theorie (1953, 1956) und auf Bowlbys Bindungstheorie. Während die IPT großes Gewicht auf den Zusammenhang zwischen Depression und zwischenmenschlichem Kontext legt, analysieren die Autoren die zwischenmenschlichen Probleme nicht unter einem feministischen Blickwinkel und untersuchen nicht, wie die Geschlechtszugehörigkeit das Selbstgefühl einer Frau, ihre Selbstachtung und ihr Verhalten in Beziehungen beeinflußt.

7. Siehe die Hinweise in der Anmerkung 2. Siehe auch die Arbeit von Mary Belenky und ihren Kollegen über die weiblichen Erkenntnisformen (1986) und die Arbeit von Marcia Westkott (1986) über den »weiblichen Typus«, die eine scharfsinnige Analyse des Einflusses kultureller Faktoren auf die Psychologie der Frau enthält.

8. Eine Untersuchung über Töchter, Mütter und Großmütter (Cohler und Grunebaum, 1981) kommt zu dem Schluß, daß das Erwachsenenleben von Frauen nicht durch Vorstellungen von Autonomie und Unabhängigkeit geprägt ist. Eine Tochter wird gewöhnlich in eine Beziehung zu ihrer Mutter hineinsozialisiert, die durch Nicht-Abgrenzung und wechselseitige Abhängigkeit gekennzeichnet ist und bis ins Erwachsenenalter hinein andauert. Diese Beziehung »wird für die Tochter ein Vorbild für das Verhalten, das sie als Erwachsene in Beziehungen praktiziert« (S. 331). Das Leben der in dieser Untersuchung erfaßten Frauen war um Beziehungen zentriert, was die Forscher veranlaßte, Abhängigkeit als »normativ« zu bewerten und eine Überprüfung »der gesamten Frage der Bedeutung dieser ein Leben lang andauernden affektiven Abhängigkeit für das Individuum« zu verlangen (S. 12).

9. Pollack und Gilligan (1982) forderten Frauen und Männer auf, die Phantasien zu beschreiben, welche ihnen vorgelegte Bilder von zwischenmenschlicher Intimität und von Erfolg im Konkurrenzkampf bei ihnen auslösten. Die Männer reagierten heftig, als die Menschen auf den Bildern einander näher gerückt wurden; die Frauen reagierten heftig, als die Menschen voneinander entfernt wurden. Männer sehen in der Intimität die Gefahr der »Vereinnahmung oder des Ver-

rats, daß sie entweder in einer erdrückenden Beziehung gefangen oder durch Ablehnung und Täuschung gedemütigt werden«; die Frauen lokalisieren die Gefahr dagegen in der Leistungsorientierung und beschreiben die »Gefahr der Isolation, die Angst, daß sie allein gelassen werden, weil sie nicht mithalten können oder durch den Erfolg beiseite geschoben werden« (Gilligan, 1982, S. 42). Gilligan kommt zu dem Schluß: »So scheint es, daß Männer und Frauen Bindung und Trennung unterschiedlich erleben und daß jedes Geschlecht dort eine Gefahr sieht, wo das andere keine sieht – die Männer in der engen Verbundenheit, die Frauen im Getrenntsein« (ibid.).

10. Siehe die Forschungen über weibliche Jugendliche (Gilligan, Lyons und Hanmer, 1990; Brown und Gilligan, 1990b), über Depressionen bei Jugendlichen (Rutter, 1986) und über Eßstörungen bei Jugendlichen (Steiner-Adair, 1986).

11. Siehe die Forschungen von Coyne (1976, 1985), Bowlby (1980) und Klerman u. a. (1984).

12. Viele Forschungen über den Einfluß der Geschlechtsnormen auf die Sozialisation beschreiben Interaktionsmuster, die über den Rahmen dieser Arbeit hinausgehen. Zu einem Überblick über diese Thematik siehe Barry, Bacon und Child (1957), Elder (1984) und Belle (1987).

13. Schätzungsweise jedes dritte Mädchen und jeder siebte Junge wird vor dem achtzehnten Lebensjahr sexuell mißbraucht. Siehe Gallagher und Dodds (1985), Crewdson (1988) und Tower (1988).

14. Im Gegensatz zu den Objektbeziehungstheoretikern, die das Selbst aus einem sozialen Milieu herleiten und dann so schreiben, als würde dieses Sclbst mehr oder weniger unabhängig von Beziehungen existieren und agieren (Mitchell, 1988), richtet diese Sichtweise das Hauptaugenmerk auf die Welt der sozialen Interaktionen. Sie geht von der Prämisse aus, daß problematische Interaktionen nicht allein durch die Merkmale der depressiven Frau verursacht werden, sondern daß der soziale Kontext das ganze Leben hindurch das Selbst grundlegend beeinflußt.

15. Zu Definitionen von Abhängigkeit und für einen Überblick über den Begriff Abhängigkeit in der Geschichte des psychoanalytischen Denkens siehe Mendelson (1974) und Chodoff (1972) sowie die Kritiken von Ainsworth (1969) und Bowlby (1969, 1973, 1979, 1980)'. Siehe auch die feministischen Kritiken an diesem Begriff von Lerner (1983) und Stiver (1984).

16. Forscher, die Depressionen unter kognitiven und psychodynamischen Aspekten betrachten, haben kürzlich zwischen »abhängigen«

und »autonomen« Persönlichkeitsdimensionen unterschieden, die mit verschiedenen Depressionstypen verbunden sind. Sidney Blatt (1974; Blatt u. a., 1976) nennt diese »anaklitisch« (abhängig) bzw. »introjektiv« (selbstkritisch), während Aaron Beck (1983) von »Soziotropie« bzw. »Autonomie« spricht. Anaklitisch/introjektiv und Soziotropie/Autonomie beziehen sich sowohl auf die Persönlichkeitstypen, die depressionsanfällig sind, als auch auf spezifische depressive Zustände oder Depressions-»Typen«. Eine »abhängige« Persönlichkeit (so Blatts Terminologie) oder die sozial abhängige Persönlichkeit (so Becks Terminologie) »braucht« Menschen, die ihr Sicherheit, Hilfe und Zufriedenheit geben (Beck, 1983, S. 274) und ist »besonders anfällig für negative zwischenmenschliche Lebensereignisse« (Blatt, D'Afflitti und Quinlan, 1976, S. 383). Forschungen, welche die Spezifität der Dimensionen Abhängigkeit und Autonomie/Selbstkritik als Untertypen von Depressionen oder als Persönlichkeitstypen getestet haben, erbrachten indes keine schlüssigen oder vielversprechenden Ereignisse (Brown und Silberschatz, 1989; Hammen u. a., 1989; Klein u. a., 1988; Zuroff und Mongrain, 1987; siehe auch Stoppard, 1989).

17. Wenn die Zahl der intimen Bindungen abnimmt, nimmt bei jeder Gruppe die Vorherrschaft der depressiven Symptome zu (Birtchnall und Kennard, 1983a, 1983b; Gore, 1978; Gove, Hughes und Style, 1983).

18. Bowlby beschreibt folgende Phasen: 1) Die Phase des Protestes, in welcher der Mensch einen akuten Schmerz empfindet, scheint eine Suche nach dem fehlenden geliebten Menschen zu sein; in ihr werden Zorn, Kummer und Angst zum Ausdruck gebracht. 2) Die Phase der Verzweiflung, in der das Verhalten des Menschen auf wachsende Hoffnungslosigkeit hindeutet und die durch ständiges oder gelegentliches Weinen gekennzeichnet ist. Bowlby läßt bei seinen Beschreibungen keinen Zweifel daran, daß in dieser Phase der gestörten Bindung die Depression der primäre Affekt ist. 3) Die Ablösungsphase, die dadurch charakterisiert ist, daß der Mensch mehr Anteil an den ihn umgebenden Personen und Ereignissen nimmt. Bei Kindern ist festzustellen, daß das Kind bei der Rückkehr des geliebten Menschen auf Distanz bleibt und desinteressiert zu sein scheint, bis eine gewisse Zeit vergangen ist und das anklammernde, ängstliche Bindungsverhalten wieder voll da ist. Diese Ansichten und die sie bestätigenden Forschungen sind in Bowlbys dreibändigem Werk über Bindung (1969), Trennung (1973) und Verlust (1980) dargestellt. Neuere Untersuchungen von Bowlby sind 1988 erschienen.

Im Rahmen des beziehungstheoretischen Modells stellen die Arbeiten von Bowlby über Bindungen, ihre Entstehung und Bedeutung sowie über die vorhersehbaren Verhaltensweisen bei gestörten oder verlorenen Bindungen eine Theorie dar, die zum Verständnis des interpersonellen Ursprungs und Charakters von depressiven Symptomen beiträgt. Die Bindungstheorie wird »weithin als die bislang wohl am besten abgesicherte Theorie der sozio-emotionalen Entwicklung betrachtet« (Bowlby, 1988, S. 28). Zusammen mit den Untersuchungen von feministischen Psychologinnen über die Geschlechtsunterschiede im Selbstgefühl und im Umgang mit intimen Beziehungen bietet dieser theoretische Rahmen die Möglichkeit, ein richtigeres und weniger abwertendes Verständnis der Tendenz von Frauen zu entwickeln, in bestimmten Phasen ihrer Beziehungen in eine Depression zu verfallen.

19. Das Verhalten, das von Therapeuten als »abhängig« bezeichnet wird, hat oft die versteckte Funktion, eine Ehestruktur aufrechtzuerhalten, die auf Dominanz/Unterordnung beruht (Lerner, 1983).

20. Das Zitat wird von Beatrix Campbell in ihrem Artikel »Model Female, oder Female Role Model?« (Musterfrau oder Vorbild für andere Frauen?) in der Londoner *Times* vom 23. 11. 1990 verwendet. Es stammt aus einem Interview, das Miriam Stoppard mit Margaret Thatcher geführt hatte.

21. Näheres dazu findet sich bei Carolyn Heilbrun (1988), die diesen Punkt herausgearbeitet hat.

22. Siehe die Forschungen und Schlußfolgerungen von Jack (1987), Jack und Dill (1992), Lerner (1987), Miller (1976, 1984) und Pearlin (1980). Siehe auch die in Anmerkung 3 angegebenen Arbeiten. Daß eine tragfähige und intime Beziehung wichtig ist, um die Depression einer Frau aufzufangen, wurde in zahlreichen Untersuchungen bestätigt (Brown und Harris, 1978; Belle, 1982b; Brown und Prudo, 1981; Campbell, Cope und Teasdale, 1983; Parry und Shapiro, 1986).

In unglücklichen Ehen neigen Frauen dreimal häufiger als Männer dazu, depressiv zu werden, und fast die Hälfte aller unglücklich verheirateten Frauen ist depressiv. In glücklichen Ehen kommen Depressionen wesentlich seltener vor, aber auch hier ist die Wahrscheinlichkeit einer Depression bei Frauen fünfmal höher als bei Männern (Weissman, 1987). Wenn eine Depression daher rühren würde, daß Frauen übermäßig abhängig von ihren Beziehungen sind, müßte der Verlust einer solchen Beziehung eigentlich die Depression fördern, und wir müßten feststellen, daß Witwen häufiger depressiv sind als Witwer. Aber Radloff stellte in einer epidemiologischen Untersuchung (1980) fest, daß bei verwitweten Menschen die Männer in der Regel depressiver waren als die Frauen, während bei verheirateten, getrennt lebenden oder geschiedenen Menschen die Frauen depressiver waren als die Männer. Als Bowlby (1980) die Reaktionen auf den Tod eines Ehepartners untersuchte, stellte er fest, daß nicht die Abhängigkeit vom Ehepartner, sondern das Ausmaß der Konflikte und Ambivalenzen in der Ehe ein Indikator für eine Depression und/oder eine abnorme Trauerreaktion war.

23. Brown und Harris (1978) haben einen Maßstab für die Zusammenhänge zwischen Lebensgeschichte und Depressionen ausgearbeitet (LEDS, siehe Anm. 3), der die Frage beinhaltet, welche Ereignisse nach Ansicht der betroffenen Frauen ihre Depressionen verursacht haben und welche Bedrohung diese Ereignisse für sie bedeuteten. Die Autoren haben auch einen objektiven Gradmesser für die auslösenden Ereignisse erstellt; dazu gehörten Gespräche mit den depressiven Frauen und ihren Verwandten sowie die Einschätzung der von den angegebenen Ereignissen ausgehenden »Bedrohungen« durch die Forscher und Therapeuten (die nicht wußten, wie eine bestimmte Frau die Ereignisse erlebte). Durch die Ausarbeitung dieses Gradmessers konnten sie die subjektiven Berichte der Frauen anhand »objektiver« Bestätigungen überprüfen und die Verläßlichkeit der Lebensbeschreibungen feststellen: »Es ist vielleicht erwähnenswert, daß wir den starken Eindruck hatten, daß die Lebensbeschreibungen der depressiven Frauen bemerkenswert genau waren... Dies wird durch die Gespräche mit einem nahen Verwandten bestätigt... Die Patientin und der Verwandte waren sich zu 86 Prozent über die Schwierigkeiten einig, die als die drei gravierendsten eingeschätzt worden waren und... nur Schwierigkeiten dieses Grades spielten eine auslösende Rolle« (1978, S. 133). Auch in Belles Untersuchung (1982b) über Frauen, die in Armut lebten, wurde die Richtigkeit der Berichte depressiver Frauen über ihre Beziehungen durch andere Familienmitglieder bestätigt. In einer weiteren Untersuchung schließlich wurden die Ehemänner, die ihren Frauen emotionale Unterstützung gaben und sich auch um die Kinder kümmerten, von den Kindern als »fürsorglich« eingeschätzt (Zur-Spiro und Longfellow, 1982).

24. Näheres über diese Untersuchungen findet sich bei Jack (1984, 1987) und bei Jack und Dill (1992).

25. Die in diesen drei Untersuchungen befragten Personen kommen aus sehr unterschiedlichen sozialen Schichten, sind aber fast alle weiß, obwohl große Anstrengungen unternommen wurden, auch Frauen zu befragen, die Minderheiten angehörten. Was die Langzeituntersuchung betrifft, so wurden uns die Frauen von den behandelnden Klinikern vermittelt, und die Tatsache, daß alle weiß sind, spiegelt die rassische Homogenität der ländlichen Gemeinde wider, in der die Untersuchung durchgeführt wurde. Hinzu kommt, daß Frauen aus Minderheiten die psychosozialen Einrichtungen der Gemeinde oder die Dienste privater Therapeuten selten in Anspruch nehmen. Bei der Untersuchung über etwa 140 mißhandelte Frauen aus drei Frauenhäusern im Staat Washington war ein viertes Frauenhaus, in dem vor allem Frauen aus Minderheiten untergebracht waren, nicht bereit,

die Forscher hereinzulassen. Die Analysen der in den Frauenhäusern ermittelten Daten (Jack und Dill, 1992) enthalten auch Unteranalysen einer kleinen Stichprobe, von Frauen aus Minderheiten. Bei den Forschungen im Rahmen des Projekts »Kokaingenuß während der Schwangerschaft und die Entwicklung des Kindes«, das an der University of Washington unter der Leitung von Ann Streissguth durchgeführt wurde, besteht die Stichprobe ausschließlich aus weißen Frauen. Diese rassisch homogene Stichprobe wurde deswegen für die vom National Institute of Drug Abuse (NIDA) finanzierte Studie ausgewählt, weil sich die meisten anderen Untersuchungen über drogenabhängige Frauen auf solche konzentrierten, die Minderheiten angehörten.

2. Der Verlust des Selbst

1. Auch Belenky u. a. erwähnen die zentrale Bedeutung der Metapher der Stimme für die Berichte von Frauen: »Wir stellten fest, daß die Frauen wiederholt die Metapher der Stimme verwendeten, um ihre geistige und moralische Entwicklung zu schildern; und daß die Entwicklung der Stimme, der Psyche und des Selbst untrennbar miteinander verbunden waren« (1986, S. 18).

2. Zu dem Thema, daß Männer sprechen und Frauen zuhören, siehe Argyle, Lalljee und Cook (1968); Thorne und Henley (1975); Zimmerman und West (1975); Aries (1976); Swaker (1976); Bernard (1972, 1981); Fishman (1983); Spender (1980); West und Zimmerman (1983). Zur Abwertung der geistigen Produkte von Frauen siehe Jose und McCarthy (1988).

3. Catherine Keller (1986) hat sehr schön die Mythen beschrieben, die Frauen an die konventionelle heterosexuelle Beziehung fesseln.

4. Siehe Mitchell (1988, S. 104–109), der sich aus der Perspektive der Objektbeziehungstheorie ausführlich über die »Suche nach dem Objekt« und über Intimität geäußert hat.

5. Eine Untersuchung solcher Situationen bietet Heard (1973, 1982).

6. Gottman (1990) stellt noch andere Interaktionsmuster zwischen Ehepartnern dar, die Indikatoren für eine Veränderung der Zufriedenheit mit der Ehe sind: das Austragen von Konflikten deutete auf eine momentane Unzufriedenheit mit der Ehe, im Laufe der Zeit aber auf eine größere Zufriedenheit hin. Konflikte, bei denen ein Partner eine Defensivhaltung einnahm, verstockt war und sich zurückzog (zumeist der Ehemann), erwiesen sich im Laufe der Zeit jedoch als dysfunktio-

nal. Jammern des Ehemanns deutete auf eine abnehmende Zufriedenheit mit der Ehe hin.

7. »Nach dem Common Law, das wir von England geerbt haben und das in jedem Staat solange in Kraft bleibt, bis es durch Gesetz oder gerichtliche Entscheidung geändert wird, ist ein Ehemann verpflichtet, während der Ehe für den Unterhalt seiner Ehefrau aufzukommen. Dafür ist eine Ehefrau verpflichtet, die Hausarbeit zu verrichten und für die Kinder zu sorgen« (Mansbridge, 1986, S. 92). In 42 Staaten sah das Gesetz auch vor, daß derjenige, der während einer Ehe bewegliche und unbewegliche Vermögenswerte kaufte, auch der Eigentümer war. Wenn eine Frau also Hausfrau und der Mann der alleinige Verdiener war, gehörte ihm alles, was er während der Ehe erworben hatte. In den acht anderen Staaten galt das Prinzip der Gütergemeinschaft, wobei der Ehemann das Recht hatte, den Besitz zu verwalten. Erst 1982 wurden die meisten dieser Gesetze dahingehend geändert, daß eine gerechtere Verteilung des gemeinsamen Eigentums möglich wurde (Mansbridge, 1986).

8. Marcia Westkott hat die vorgeschriebene Versorgungsrolle als »die kulturelle Erwartung [beschrieben], daß die Fürsorge von Frauen nicht nur den Kindern, sondern auch den Männern gilt« (1986, S. 123). Und Adrienne Rich schreibt in ihrem Essay »Husband-Right and Father-Right« (Die Rechte von Ehemann und Vater): »Die wirtschaftliche Unterhaltspflicht des Vaters gibt ihm das Recht, sich Zugang zu einem Kind zu verschaffen und mit ihm in Kontakt zu treten, und das fast unabhängig davon, welche Art Mensch er ist; das Recht der Mutter besteht dagegen dem Gesetz nach in der Fürsorgepflicht und kann einer Frau mit der Begründung ihrer fehlenden Eignung entzogen werden« (1979, S. 219).

9. Weissman und Paykel (1974) haben depressive und nicht-depressive Frauen verglichen und festgestellt, daß akut depressive Frauen feindseliger sind als nicht-depressive Frauen, und daß Kinder diese Feindseligkeit am meisten zu spüren bekommen. Siehe auch Belles Untersuchung (1982b) über Frauen aus der Innenstadt von Boston.

3. Vorstellungen vom Selbst in intimen Beziehungen

1. Siehe den Aufsatz von Adrienne Rich (1979) »Women and Honor; Some Notes on Lying«.

2. Die Überzeugung, daß man einem anderen Menschen durch Liebe helfen könne, deutet nicht immer auf eine dysfunktionale Co-Abhängigkeit hin (siehe Bowlby, 1980; Kotler, 1985).

3. »Obwohl sich auf der Ebene des Verhaltens einige Änderungen vollzogen haben, sind die alten kognitiven Konstrukte und die sie begleitenden Gefühle in den heutigen Menschen noch wirksam« (Arieti und Bemporad, 1978, S. 369), Moulton (1973) stellt fest, daß »das Unbewußte der modernen Frau viele Relikte von... ihrer Großmutter enthält. Die Anpassungsfähigkeit [des Menschen] ist bemerkenswert wegen ihrer Flexibilität, aber selten wegen ihrer Schnelligkeit. Eine im Wandel begriffene Kultur bietet offensichtlich ein großes Spektrum von Wahlmöglichkeiten, aber die Auswirkungen sind nicht vorhersehbar...« (zitiert bei Arieti und Bemporad, 1978, S. 369).

4. Die Tugenden, die in den vergangenen Jahrhunderten für die Frauen vorgeschrieben waren, sind von feministischen Historikerinnen genau beschrieben worden (Kerber, 1986; Welter, 1973). Im neunzehnten Jahrhundert war klar, welchen Preis die Frauen für ihre »moralische Überlegenheit« zu zahlen hatten. Cott (1977) beschreibt die »Ehetraumata« und Smith-Rosenberg (1972) zeigt auf, wie die Ungereimtheiten und Widersprüche zwischen dem Frauen-Ideal und dem tatsächlichen Leben der Frauen Spannungen hervorriefen, die bei den Frauen zur Herausbildung bestimmter Symptome führten. Die Symptome der Hysterie, die zu jener Zeit bei den Frauen vorherrschend waren, stellten »eine Intensivierung der traditionellen Passivität und Abhängigkeit der Frauen« dar (Smith-Rosenberg, 1972, S. 671). Gleichwohl gaben diese Symptome einer Frau die Chance, ihren Platz in der Familie neu zu bestimmen, da sie die ihr zugewiesenen Aufgaben und Rollen veränderten. Die Tatsache, daß im neunzehnten Jahrhundert ebenso wie heute mehr Frauen als Männer depressiv waren (Weissman und Klerman, 1977), stützt das Argument, daß die sozial festgelegten Rollen der Frauen und das weibliche »Gutsein« von ausschlaggebender Bedeutung für ihre Depressionsanfälligkeit sind.

5. Die Befürchtung, daß Horney recht hat, wenn sie sagt, daß sich Männer häufiger Frauen aussuchen, die nichts für ihre eigene Entwicklung tun, wurde eindrucksvoll bestätigt, als eine Untersuchung der Volkszählungsdaten von 1982 und 1985 zeigte, daß bei einer Frau die Wahrscheinlichkeit abnahm, geheiratet zu werden, je gebildeter sie war und je länger sie wartete (Bennett und Bloom, 1986). Interessanter als die Frage, ob die Schlußfolgerungen aus den statistischen Daten richtig waren oder nicht, war die Reaktion der Medien auf die Daten. Die Schlagzeilen der Zeitungen warnten: »Die alten Jungfern auf dem Vormarsch« und verkündeten »Zielstrebige Studentinnen bleiben mit 30 sitzen!«; »Kein M.R.S.-Grad für diejenigen, die warten!«; »Frauen, die warten, kriegen vielleicht keinen Mann ab!« (Bennett und Bloom, 1986, S. 27). Nach Auffassung der Forscher zeigten ihre Statistiken, daß »der Status einer Frau nicht mehr vorwiegend durch den Mann bestimmt wird, mit dem sie verheiratet ist« und daß »es auch eine freiwillige Veränderung der Heiratsgewohnheiten gege-

ben hat, bedingt durch die größere wirtschaftliche und soziale Unabhängigkeit der Frauen und ihre Befreiung vom Mutterschaftszwang« (1986, S. 27). Viele Frauen befürchteten allerdings, wie die Daten zeigten, daß die Männer einer Kind-Frau, die der Ideologie entspricht, den Vorzug gegenüber einer Frau geben, die ihr eigenes Potential und ihre eigene Aktivität in eine Beziehung einbringt.

4. Moralvorstellungen und weibliche Depressionen

1. Siehe Kohut (1980), Kohut und Wolf (1978), Miller (1981) und Winnicott (1965).

2. Das Konzept des authentischen Selbst (das die Existenz eines falschen oder idealen Selbst impliziert), ist nicht neu. Es taucht in religiösen und philosophischen Schriften (beispielsweise bei Kierkegaard) sowie in psychologischen Theorien auf (beispielsweise bei Karen Horney, Heinz Kohut, Alice Miller und D. W. Winnicott). Sehr einfach ausgedrückt, entwickelt sich das idealisierte, falsche Selbst als eine Abwehr, um die Liebe der mächtigen Eltern zu gewinnen, die das authentische Selbst kritisieren und lächerlich machen. Das Kind erkennt, daß es bestimmte Eigenschaften besitzen muß, um von den Eltern akzeptiert zu werden und Zuwendung zu erhalten. Das idealisierte oder falsche Selbst entwickelt diese Eigenschaften, um sie den Eltern präsentieren zu können. Die meisten psychologischen Theorien betonen, daß dies in der Familie als Reaktion auf sehr zurückhaltende oder narzißtische Eltern geschieht. Die Anpassung an die Bedürfnisse der Eltern führt zur »Als-ob-Persönlichkeit« (Miller, 1981), einem Selbst, das die Eltern vor den inakzeptablen, negativen Gefühlen des Kindes schützt.

3. Karen Horney entwickelte das Konzept des idealisierten Selbst, das versucht, den Vorstellungen der Eltern zu entsprechen, um Liebe und Anerkennung zu gewinnen. Marcia Westkott sagt über Horneys Theorie: »Die Normen, die das idealisierte Selbst konstituieren, sind keine echten moralischen Ideale, die erfolgreich sind, um das zivilisierte Leben aufrechtzuerhalten, sondern externalisierte Abstraktionen und ›die neurotische Verfälschung der normalen moralischen Bestrebungen‹« (1986, S. 147).

4. Diese Rechtsanwältin war nicht depressiv, und ihr Beispiel dient hier lediglich zur Illustration, wie widerstreitende Anforderungen die Frauen in Schwierigkeiten bringen. Siehe auch Westkotts Analyse (1986) der Horneyschen Theorie über den von Frauen erlebten Konflikt zwischen Liebe und Arbeit.

5. Da die Männer eine Geschlechtsidentität entwickeln, die auf Abgrenzung von der Mutter beruht, gründet sich ihr Selbstgefühl mehr auf eine Verleugnung von Beziehungen und Bindungen und auf eine innere Welt, die fester gefügt ist und klar zwischen dem Selbst und dem Anderen trennt (Chodorow, 1989). Die Notwendigkeit, das männliche Selbst als »nicht-weiblich« zu definieren, trägt bei Männern nicht nur zu einem stärker defensiv strukturierten Selbstgefühl bei, sondern auch zu einer allgemeinen Abwertung von Frauen und Angst vor Frauen. Wie Dinnerstein (1976) und Chodorow (1989) aufzeigen, entsteht aus dem Bedürfnis der Kontrolle über die als mächtig erlebte Mutter, die als ein Archetypus oder ein nicht-persönliches Mutterbild verinnerlicht wird, »die männliche Dominanz in der Kultur und der Gesellschaft, was zu systematischen Spannungen und Konflikten in heterosexuellen Beziehungen führt« (Chodorow, 1989, S. 184).

6. Brown und Gilligan (1990b) haben in einer Langzeitstudie über weibliche Jugendliche das Bild vom »Perfekten Mädchen« beschrieben – einem Mädchen, das »keine schlechten Gedanken oder Gefühle hat; die Person, mit der jeder gerne zusammen sein möchte; das Mädchen, das so perfekt ist, daß es Lob und Aufmerksamkeit, Anerkennung und Liebe wirklich verdient hat« (S. 16). Bezeichnenderweise erscheint dieses Perfekte Mädchen in den Berichten von Mädchen, die kurz vor der Geschlechtsreife und dem Eintritt in die Welt der Erwachsenen stehen. Das Streben nach dem Perfekten Mädchen beinhaltet die Verheißung von Angenommenwerden, Liebe, Aufmerksamkeit. Die Entdeckung der Forscher, daß sich das Bild vom Perfekten Mädchen während des Übergangs zur Geschlechtsreife herausbildet, bestätigt die Beobachtung, daß die kognitiven Schemata über das Selbst in der Beziehung zu anderen ein Leben lang durch geschlechtsspezifische Normen beeinflußt werden, welche die zwischenmenschlichen Interaktionen *und* die Anforderungen an das zwischenmenschliche Verhalten nachhaltig prägen.

7. Bislang waren die Skalen, mit denen die kognitiven Korrelate der Depression gemessen werden, mehr an den allgemeinen Verzerrungen der gedanklichen Prozesse und der Zufriedenheit interessiert als an geschlechtsspezifischen Überzeugungen. Beck hat keine geschlechtsspezifischen Denkmuster berücksichtigt, durch die Frauen unter Umständen anfälliger für Depressionen sind als Männer. Die auf der Basis seiner kognitiven Depressionstheorie entwickelten Skalen, wie etwa die Hoffnungslosigkeits-Skala (Hopelessness Scale) (Beck u. a., 1974), die Skala der dysfunktionalen Einstellungen (Dysfunctional Attitude Scale) (Oliver und Baumgart, 1985) und die Soziotropie-Autonomie-Skala (Sociotropy-Autonomy Scale) (mit denen die Unterschiede zwischen Depressionen im Leistungsbereich und in der interpersonellen Sphäre untersucht werden, Beck u. a., 1983), enthalten keine Hinweise auf Geschlechtsunterschiede. Ein Grund dafür ist

vielleicht die Tatsache, daß die Forscher nicht die kognitiven Schemata untersuchen, die für die Depressionen von Frauen am relevantesten sind: die Vorstellungen vom Selbst in intimen Beziehungen.

Die Skala der dysfunktionalen Einstellungen kommt dem von mir entwickelten empirischen Maß, der Selbstunterdrückungs-Skala, am nächsten. Beide Skalen erfassen Einstellungen und Überzeugungen, die mit Depressionen assoziiert sind, aber meine Skala versteht die selbstverleugnenden Einstellungen als Teil der traditionellen weiblichen Rollenvorschriften, und die in dieser Skala formulierten Sätze spiegeln eine angenommene gedankliche Dynamik wider, die mit dieser Rolle assoziiert ist. Die Skala der dysfunktionalen Einstellungen ist breiter angelegt und mißt Überzeugungen, die mit Anerkennung, Liebe, Leistung, Perfektionismus, Berechtigung, Omnipotenz und Autonomie assoziiert sind. Sie wird als geschlechtsneutral betrachtet. Zu einer ausgezeichneten Einschätzung der Angemessenheit bzw. Unangemessenheit der bestehenden kognitiven Theorien im Hinblick auf das Verständnis von Depressionen bei Frauen siehe Stoppard (1989).

8. Der Depressionsfragebogen von Beck (Beck Depressive Inventory) weist bei den zwei Populationen, deren Daten analysiert wurden, eine signifikante Korrelation mit der Selbstunterdrückungs-Skala auf; zu den Normen der Skala und den Einzelheiten der Untersuchung siehe Jack und Dill (1992). Als Teil der Untersuchung »Cocaine: Pregnancy Use and Offspring Development« (NIDA-Untersuchung, University of Washington, unter der Projektleitung von Ann Streissguth) wurden der Becksche Fragebogen und die Selbstunterdrückungs-Skala vier Monate nach der Entbindung der betreffenden Frauen angewendet. Die im Haupttext dieses Buches dargestellten Beispiele sind für die etwa 175 Befragten dieser Stichprobe repräsentativ.

9. Auf dem Beckschen Fragebogen beträgt die Punktzahl 32, auf der Selbstunterdrückungs-Skala 146. Beide Punktzahlen liegen im obersten Bereich der Skala. (Bei der Darstellung der Antworten auf die Fragebögen benutze ich die Nummern der Befragten, damit die Fälle bei künftigen Verweisen leicht erkennbar sind.)

10. Auf der Beckschen Skala erreichte diese Frau 20 Punkte; auf der Selbstunterdrückungs-Skala 109.

11. Viele Aussagen der Selbstunterdrückungs-Skala beziehen sich auf die konventionellen Normen, welche die »gute Ehefrau« zu erfüllen hat; daher ist es nicht verwunderlich, daß nur elf Frauen in diesem Punkt zusätzliche Maßstäbe angeben oder noch einmal einige anführen, die der Fragebogen enthielt.

12. Catherine Steiner-Adair hat das Vorherrschen von Eßstörungen bei Frauen mit ihren Versuchen, dem Bild der Superfrau zu entsprechen, und der Tatsache in Verbindung gebracht, daß sie kein eigenes persönliches Selbstbild entwerfen, um die herabsetzenden kulturellen Konzepte von Weiblichkeit zu bekämpfen (siehe Steiner-Adair, 1986). Auch Ann Willard (1988), die Mütter von einjährigen Kleinkindern untersucht hat, hat herausgefunden, daß Depressionen mit den Versuchen assoziiert sind, den kulturellen Vorstellungen von Mutterschaft zu entsprechen, ohne diesen kulturellen Diktaten klar formulierte persönliche Vorstellungen entgegenzusetzen.

5. Die Unterdrückung des Selbst

1. Belenky u. a. (1986) ziehen ein Zitat von George Eliot aus *Middlemarch* heran: »Wenn wir das ganze normale menschliche Leben mit aller Deutlichkeit sehen und fühlen würden, wäre es so, als würden wir das Gras wachsen und das Herz des Eichhörnchens schlagen hören, und wir würden an dem tosenden Lärm sterben, der auf der anderen Seite des Schweigens liegt.« Sie sagen in ihrem Buch *Women's Ways of Knowing*, daß es »von dem ›tosenden Lärm handelt, der auf der anderen Seite des Schweigens liegt‹, wenn normale Frauen ihre Stimme wiederfinden und sie verwenden, um Kontrolle über ihr Leben zu gewinnen« (S. 5).

2. Die kognitive Theorie (Beck, 1976; Beck u. a., 1983) beschreibt die verzerrten, unrealistischen Wahrnehmungen, die mit einer Depression verbunden sind. Bei der kognitiven Therapie zielen die therapeutischen Interventionen darauf ab, dem Patienten zu helfen, seine falschen Überzeugungen zu erkennen und sie durch richtigere Überzeugungen zu ersetzen. Ein Therapeut könnte auf Cathys Feststellung, daß »eine Ehefrau viel mehr von sich selbst gibt als ein Mann« so reagieren, daß er sie als eine übermäßige Verallgemeinerung bezeichnet und Cathy auffordert, die Situationen zu nennen, in denen sie mehr von sich gegeben hat, um herauszufinden, ob die Verallgemeinerung zutreffend ist; wenn ja, würde es um die Frage gehen, wie sie dieses Muster durchbrechen kann. Eine Frau wie Cathy würde diese Äußerung wahrscheinlich schnell zurücknehmen und den Standpunkt ihres Mannes einnehmen. Eine Frau ist möglicherweise darauf angewiesen, ihre Interaktionsgewohnheiten in dieser globalen, »übermäßig verallgemeinernden« Weise in Frage zu stellen und den dadurch hervorgerufenen Groll zu erkennen, um mit ihrem Leiden in Kontakt zu bleiben und seine Ursachen zu verstehen.

Bei der therapeutischen Behandlung von Depressionen wird außerdem häufig eine Methode angewandt, die darin besteht, das Denken abzublocken. Wenn den Patienten unangenehme Gedanken oder Gefühle überkommen, wird er angewiesen, die negativen Gedanken durch ein »Halt« zu unterbrechen und sie durch positive zu ersetzen. Obwohl es wichtig ist, der vernichtenden Kritik des Über-Auges den Boden zu entziehen, muß ein Therapeut, wenn er dies erreichen will, einer Frau helfen, die authentische Stimme des Selbst von der restriktiven, herabsetzenden Stimme des Über-Auges zu unterscheiden. Andernfalls macht sich der Therapeut zum Sprachrohr der Kultur, indem er die Frau ermutigt, sich den Denk- und Beziehungsstrukturen anzupassen, in denen sie gefangen ist. Wenn ein Therapeut eine Frau auffordert, ihre negativen Gedanken zu unterbrechen, ohne zwischen dem authentischen Selbst und dem angepaßten, fügsamen Selbst zu unterscheiden, unterstützt er mit der Autorität der Psychologie die Tendenz der Frau, ihr fühlendes Selbst zum Schweigen zu bringen. Oft bedarf die kaum hörbare Stimme des authentischen Selbst in der Therapie der Ermutigung und keiner Techniken zur Unterbindung des Denkens.

3. Feministische Filmkritikerinnen, insbesondere Kaplan (1983) und de Lauretis (1984), schreiben über den »männlichen Blick« der Kamera. Kaplan schreibt, daß »Männer nicht einfach schauen; ihr Blick transportiert die Macht, zu handeln und zu besitzen, die dem weiblichen Blick fehlt... Zweitens hat die Sexualisierung und Verdinglichung der Frauen nicht nur erotische Gründe; aus psychoanalytischer Sicht haben sie den Zweck, die Bedrohung zu vernichten, die von der Frau ausgeht (einem kastrierten Westen mit einem unheimlichen Organ)« (1983, S. 31).

4. Harriet Lerner schreibt: »Depressive Gefühle, geringe Selbstachtung, Selbstverrat und sogar Selbsthaß sind unvermeidlich, wenn Frauen kämpfen, aber sich weiterhin ungerechten Verhältnissen unterwerfen; wenn sie sich beklagen, aber in Beziehungen bleiben, die ihre eigenen Überzeugungen, Werte und persönlichen Ziele verraten; oder wenn sie meinen, daß sie das gesellschaftliche Stereotyp von der gehässigen, nörgelnden, verbitterten oder destruktiven Frau erfüllen« (1987, S. 216–217).

5. Westkotts ausgezeichnete Darstellung der Wut des femininen Typus (1986) enthält Ähnlichkeiten und Unterschiede im Vergleich zu meiner Analyse. Der feminine Typus – dieser Begriff wurde von Horney (1934) eingeführt und von Westkott weiterentwickelt – ist gefangen »zwischen der Überschätzung der männlichen Liebe und Leistung und der Herabsetzung der eigenen realen Fähigkeiten« (Westkott, 1986, S. 15). Die Sehnsucht einer solchen Frau nach Beziehungen zu Männern ist »sekundärer Ausdruck einer grundlegenden Rivalität zu anderen Frauen« (ibid.). Zudem hat der feminine Typus es nötig, »andere Frauen zu vernichten und die Liebe der Männer zu gewinnen, um sich selbst davon zu überzeugen, daß sie nicht die wertlose Kreatur ist, für die sie sich selbst hält« (ibid., S. 17).

Die Unterschiede zwischen Westkotts und meiner Analyse liegen nicht nur in den Grundannahmen über die Beziehungsgebundenheit des Selbst und die Antriebskräfte für die Suche nach Beziehungen, sondern auch im Begriff »charakterlich bedingte Abhängigkeit«. Eine solche charakterlich bedingte Abhängigkeit »impliziert Unterwerfung als Bestätigung eines verkümmerten Selbstgefühls, das Bedürfnis nach Verschmelzung mit einem mächtigen Anderen und die starke Orientierung auf intime Beziehungen als Rettungsanker« sowie »die Reaktion der altruistischen Frau, welche die Wertschätzung der anderen braucht, um sich zu vergewissern, daß sie nicht der verachtenswerte und eigennützige Mensch ist, der sie ihrer eigenen Befürchtung nach ist« (ibid., S. 145). Wenn ich dagegen die Verhaltensweisen beschreibe, die auf Unterordnung und Zustimmung ausgerichtet sind, gehe ich nicht von einer charakterlich bedingten Abhängigkeit aus. Ich halte den Begriff Abhängigkeit für verwirrend und irreführend und versuche, den Begriff charakterlich bedingte Abhängigkeit durch die Begriffe Selbstunterdrückung, innere Spaltung und kognitive Aktivität zur Herstellung von Passivität zu ersetzen; diese Begriffe sind an spezifische Situationen gebunden, historisch entstanden und in einer Weise *veränderbar*, wie es bei einer charakterlich bedingten Abhängigkeit nicht der Fall ist. Durch eine Analyse der sozialen Faktoren, welche die zwischenmenschlichen Verhaltensweisen schaffen, einschließlich des Wissens der Frauen um das »Spiel«, das sie mit Männern spielen, versuche ich die Erkenntnis zu fördern, daß die Verhaltensweisen, die traditionell als weiblich betrachtet worden sind, nicht durch den Charakter, sondern durch internalisierte soziale Normen bedingt sind, die sich in einer ganz bestimmten Weise auf das beziehungsorientierte Selbst von Frauen auswirken.

6. Außerhalb einer spezifischen Beziehung tritt diese Dynamik auch bei Frauen ein, deren Depression mehr mit Leistungsproblemen als mit Beziehungsproblemen zu tun hat. Sie streben danach, »perfekt« zu arbeiten, um Anerkennung, Erfolg und ein Gefühl von Kompetenz zu gewinnen. Wenn die Belohnungen ausbleiben, besteht die Reaktion oft darin, daß sie zuerst die Schuld bei sich selbst suchen, anstatt die äußeren Strukturen zu untersuchen, die vielleicht gegen die Frauen gerichtet sind.

7. Mißhandelte Frauen lehren ihre Töchter durch ihr Beispiel, daß diese Verhaltensweisen Sicherheit und Überleben in einer brutalen Beziehung gewährleisten.

8. Diese Auszüge stammen aus einem unveröffentlichten Beitrag von Anita Milavec (1989) mit dem Titel »Feminist Development Cycles«. Dieser Beitrag wurde in einem Psychologiekurs verfaßt, in dem das Buch *Women's Ways of Knowing* (Belenky u. a., 1986) und andere

Studienmaterialien über die Psychologie der Frau zur eigenen Entwicklung der Studentinnen in Beziehung gesetzt werden sollten.

9. Da sich Mütter wegen des gemeinsamen Geschlechts leicht mit ihren Töchtern identifizieren können, sehen sie sich in ihren Töchtern oft selbst. Eine Mutter kann in ihrer Tochter das aufscheinen sehen, was sie selbst hätte sein können, kann in ihr ein Symbol für Neubeginn und Freiheit sehen. Vor allem wenn eine Mutter ihr authentisches Selbst nicht verwirklicht hat, möchte sie vielleicht die Freiheit haben, noch einmal von vorn anzufangen, so daß ihre Tochter stellvertretend für sie ein Selbst zurückgewinnt, das sie schon verloren oder niemals gefunden hat.

10. R.D. Laing (1969) verwendete den Ausdruck »das gespaltene Selbst«, um die existentielle Phänomenologie der Schizophrenie zu beschreiben. Seine Darstellung der inneren Welt des Schizophrenen weicht erheblich von meiner Darstellung der depressiven Frauen ab. Trotzdem verwende ich den gleichen Ausdruck, weil er besser als jeder andere geeignet ist, die Erfahrung der Selbstentfremdung und des Getrenntseins vom eigenen Selbst zu erfassen, die in den Berichten der depressiven Frauen offenbar wird.

11. Gilbert und Gubar (1979) schreiben darüber, wie sich weibliche Autorinnen »dunkle Doppelgängerinnen« schaffen.

12. Obwohl ich die Wahrnehmungen (Denkmuster) von depressiven Frauen hinsichtlich ihres beziehungsorientierten Selbst unter einem spezifischen Blickwinkel darstelle und diese Wahrnehmungen mit spezifischen kulturellen Mustern und Überzeugungen über Frauen in Verbindung bringe, stimme ich Becks Feststellungen über den Zusammenhang zwischen Kognition und depressiven Symptomen zu. Beck zufolge (1967, 1976) können biochemische Veränderungen durch die Tendenz ausgelöst werden, die eigene Person, die Umgebung und die Zukunft negativ zu interpretieren, was er als negative kognitive Triade bezeichnet. Beck (1983) sagt zu dem Zusammenhang zwischen Denkmustern und depressiven Symptomen: »Zeichen und Symptome des depressiven Syndroms können als eine Folge der Aktivierung negativer kognitiver Muster betrachtet werden. Motivationale Symptome (zum Beispiel Lähmung des Willens, Flucht- und Vermeidungswünsche) können als Folgen negativer Wahrnehmungen verstanden werden. Die Lähmung des Willens kann aus dem Pessimismus und der Hoffnungslosigkeit des Patienten resultieren. Wenn er einen negativen Ausgang erwartet, wird er ein Ziel oder eine Unternehmung nicht energisch verfolgen. Selbstmordwünsche können als ein extremer Ausdruck des Wunsches erklärt werden, dem zu entrinnen, was als ein unlösbares Problem oder eine unerträgliche Situation erscheint. Der depressive Mensch kann sich selbst als eine wertlose

Last sehen und folglich glauben, daß es ihm und allen anderen besser ginge, wenn er tot wäre.

Eine gesteigerte Abhängigkeit kann auch als ein kognitives Problem gesehen werden. Weil der Patient sich selbst als unfähig und hilflos betrachtet und die Schwierigkeit normaler Aufgaben auf unrealistische Weise überschätzt, erwartet er, daß seine Unternehmungen schlecht ausgehen. Also neigt er dazu, Hilfe und Bestätigung bei anderen zu suchen, die er als kompetenter und fähiger betrachtet.

Schließlich kann das kognitive Modell auch die physischen Symptome der Depression erklären. Apathie und Antriebsarmut können aus der Überzeugung des Patienten resultieren, daß er mit allem, was er unternimmt, zum Scheitern verurteilt ist« (S. 268–269).

13. Als Therese an der Untersuchung teilnahm, hatte sie gerade erst mit der Therapie begonnen und die erste Sitzung hinter sich. Die Sprache ihrer inneren Welt wurde somit nicht von ihrem Therapeuten bereitgestellt.

14. Siehe Brown u. a. (1986), die sich in einer prognostischen Untersuchung intensiv mit den Erfahrungen depressiver Frauen befaßt haben. Sie nehmen an, daß bei Frauen Selbstachtung die innere Repräsentanz jener Unterstützung ist, die sie durch eine Kernbeziehung erfahren. Die Autoren meinen, daß entweder das Fehlen einer tragfähigen Beziehung oder die fehlende Überzeugung, daß Unterstützung vorhanden sei, ein Faktor ist, der das Depressionsrisiko erhöht. Siehe auch Bowlby (1988).

6. Das Selbst im Dialog: Die Überwindung der Depression

1. Holub (1989) weist darauf ebenso hin wie Perera (1985), die über Inannas Abstieg in die Unterwelt geschrieben hat.

2. Mit der metaphorischen Verwendung der Begriffe ›konventioneller Handlungsrahmen‹ und ›zugewiesenes Drehbuch‹ beziehe ich mich auf Heilbrun. Sie sagt über die Frauen: »Wie können sie sich Formen und eine Sprache vorstellen, von denen sie nie gehört haben? Wie müssen sie leben, um zu schreiben, und wie müssen sie schreiben, damit andere Frauen danach leben können?« (1988, S. 39).

3. Verschiedene Autoren haben auf das »Hochstapler-Syndrom« bei Frauen hingewiesen, insbesondere Clance (1985). Siehe auch McIntosh (1985).

4. Gaile nahm an einer Untersuchung über moralische Konflikte teil, die männliche und weibliche Rechtsanwälte bei ihrer Arbeit empfin-

den (Jack und Jack, 1989). Bei Gaile lag keine Depression vor, und in diesen Interviews wurde auch nicht nach depressiven Symptomen geforscht.

5. In der Forschung gibt es keine gesicherten Erkenntnisse über den Zusammenhang von Kognition und Depression, insbesondere über die Frage, ob kognitive Muster charakterlich bedingte Variablen (stabile Faktoren) widerspiegeln oder Aspekte einer depressiven Episode (und damit an einen Zustand gebunden und vorübergehender Natur) sind (siehe Dohr, Rush und Bernstein, 1989).»Es hat nur wenige Fortschritte bei der direkten Untersuchung der Bedeutungen gegeben, wie sie am besten zu messen sind und welchen Bezug sie zu individuellen Reaktionen auf bestimmte Ereignisse haben« (Hammen u. a., 1989, S. 154). Also geht die Debatte über den Zusammenhang zwischen kognitiven Schemata und depressiven Episoden weiter.

Obwohl die Daten der von mir untersuchten Frauen aus einer kleinen, rassisch homogenen Stichprobe gewonnen wurden und vieles nur andeuten, weisen sie darauf hin, daß die kognitiven Schemata über das Selbst in intimen Beziehungen insofern eine Depressionsanfälligkeit schaffen, als sie Verhaltensweisen, Selbsteinschätzung und Selbstbild der betreffenden Frauen in Vergangenheit, Gegenwart und Zukunft beeinflussen.

Danksagung

Jahrelang haben viele Menschen und Institutionen mein Forschen und Schreiben über Depressionen unterstützt. Ich möchte mich insbesondere bei den depressiven Frauen bedanken, deren Stimmen diese Seiten füllen. Ohne ihre Bereitschaft, ihre Gedanken, ihre Verstörtheit und ihren Schmerz mit mir zu teilen, wäre diese Arbeit nicht möglich gewesen. Alle nahmen an der Untersuchung teil, weil sie hofften, anderen Menschen dadurch helfen zu können; dieses Buch wurde geschrieben, weil auch ich diese Hoffnung teile.

Ich danke der Whatcom Counseling and Psychiatric Clinic, die mir den Zugang zu den Frauen gestattete, die bereit waren, sich interviewen zu lassen; den Einrichtungen und Frauenhäusern – Womencare, New Beginnings, Skagit Rape Relief und Battered Womens Services –, die mir ihre Türen öffneten; der Northwest Women's Clinic, die mir depressive schwangere Frauen für die Untersuchung vermittelte; der Northwest Pediatrics, die mir erlaubte, die sozialen Reaktionen der Kleinkinder zu untersuchen; und Ann Streissguth, der Leiterin der Untersuchung »Cocaine: Pregnancy Use and Offspring Development«, welche vom National Institute of Drug Abuse (NIDA) finanziert wurde; durch sie erreichte ich eine große Gruppe von Frauen, die bereit waren, an dieser Untersuchung mitzuwirken. Meine gute Freundin Therese Grant hat geholfen, die Verbindung zwischen dieser Untersuchung depressiver Frauen und dem vom NIDA finanzierten Projekt herzustellen.

Die Anregung, Depressionen unter einem anderen Blickwinkel zu betrachten, ergab sich direkt aus meiner Zusammenarbeit mit Carol Gilligan. Ihre Arbeit rief mein Interesse an den Moralvorstellungen wach, die bei den Depressionen von Frauen eine Rolle spielen; ihre Methode, der Stimme des Selbst zu lauschen, war ein Vorbild für meine eigene Arbeit. Als Betreuerin meiner Dissertation an der Harvard University hat sie mich auf vielfältige Weise angeregt und ermutigt, was sie später auch als Freundin und Kollegin fortgesetzt hat. Ich danke ihr auch für die Erlaubnis, aus Interviews im Rahmen ihrer Marital Decision Study zu zitieren, an der ich mitgearbeitet habe.

Daß ich an der Gemeinschaft der Gelehrten im Rahmen des Human Development Program der Harvard University teilhaben durfte, wo ich mit den verschiedenen Interessen und dem lebendigen Forschergeist anderer Wissenschaftler in Berührung kam, trug ebenfalls zum Entstehen dieser Arbeit bei und ist für mich weiterhin wichtig. Mit Mary Belenky, Nona Lyons, Ann Willard, Jane Attanucci, Kay Johnston, Diana Dill und Sherry Langdale fand ein Gedankenaustausch statt, der mir viel gab. Warmherzige Unterstützung erhielt ich auch von Deborah Belle, die mir insbesondere nahelegte, ein Forschungsinstrument für eingehende Interviews zu entwickeln. Sehr hilfreich waren die Diskussionen mit Mary Belenky über die Unterschiede zwischen Wahl und Dialog sowie Marys Kommentare zu einem früheren Entwurf eines Kapitels dieses Buches. Ich danke auch Marcia Westkott und Blythe Clinchy für wichtige Vorschläge und Jean Baker Miller und anderen Kollegen vom Stone Center for Developmental Services and Studies, Wellesley College, für ihr Interesse und ihre Stellungnahmen zu früheren Entwürfen dieser Studie.

Von unschätzbarem Nutzen war für mich die interdisziplinäre, innovative Atmosphäre des Fairhaven College, Western Washington University. Die Gespräche, die ich in Fairhaven jahrelang mit Kathryn Anderson führte, schärften mein Bewußtsein für historische Fragestellungen bei der Selbstreflexion von Frauen, und Connie Faulkner führte mich in die Wirtschaftstheorie ein. Die Kreativität der Forscher in Fairhaven hat mir zu einem tieferen Einblick in die Thematik dieses Buches verholfen. Die Zeichnungen von Judith Wallen inspirierten mich zu dem Begriff »Über-Auge«. Für eine sorgfältige Durchsicht der Entwürfe danke ich insbesondere Lois Holub, deren Kommentare, Interesse und Fragen dieser Arbeit eine zusätzliche Tiefe gegeben haben. Elizabeth Harris, Candice Wiggum, Connie McCollum und Robert Keller haben ebenfalls verschiedene Kapitel gelesen und kommentiert.

Eine frühere Version einiger Ideen ist zusammen mit einigen Zitaten aus den Interviews mit depressiven Frauen bereits unter dem Titel »Silencing the Self: The Power of Social Imperatives in Female Depression« in dem Sammelband *Women and Depression: A Lifespan Perspective*, herausgegeben von Ruth Formanek und Anita Gurian (New York: Springer, 1987) erschienen. Das Octavio Paz-Zitat stammt aus *The Collected Poems of Octavio Paz, 1957 – 1987*, herausgegeben und übersetzt von Eliot Weinberger (New York: New Directions, 1987), Copyright 1986 Octavio Paz und Eliot Weinberger, Nachdruck mit Genehmigung des Verlages New Directions Publishing Corporation.

Finanzielle Unterstützung erhielt ich von der Harvard University im Rahmen der Projekts zur Psychologie von Frauen und zur Entwicklung von Mädchen; vom Stone Center, Wellesley College, in Form eines Depression Prevention Grant Award; und von der Western Washington University und dem Fairhaven College in Form von Zuschüssen.

Arthur Rosenthal von der Harvard University Press ermutigte mich in kritischen Phasen. Angela von der Lippe war eine sehr konstruktive und hilfreiche Lektorin, und Camille Smith redigierte das Manuskript mit Phantasie, klarem Blick und eisernen Nerven. Die Zusammenarbeit mit diesen beiden kompetenten Lektorinnen war ein großes Vergnügen.

Obwohl ich der Institution der Ehe gegenüber kritisch eingestellt bin, gibt meine Ehe mir Geborgenheit und Unterstützung. Mein Mann Rand war die sichere Basis, von der aus diese Arbeit in Angriff genommen wurde, und er hat den langen Prozeß der Fertigstellung liebevoll begleitet. Viele Fragen, die wir fast täglich miteinander besprochen haben, haben in irgendeiner Form Eingang in dieses Buch gefunden, und seine Korrekturvorschläge haben die Qualität dieses Textes enorm verbessert.

Ich danke auch meinen Kindern Darby und Kelsey, die an der Entwicklung dieser Ideen teilgenommen haben, für ihren Humor und ihre Geduld. Meine Mutter Dorothy Beach hat mir Ermutigung und Hilfe gegeben. Ihre Aquarelle, die Selbstunterdrückung und innere Spaltung abbilden, haben mich inspiriert. Ihr Ölgemälde zum Thema Depression hängt in meinem Büro. Ich weiß nicht, wie es auf andere wirkt, aber mich erinnert es ständig daran, wie wichtig es ist, daß wir uns dem stellen, was uns Angst macht, um es zu erkennen und zu überwinden.

Dieses Buch über Depressionen hat mich viele Jahre lang beschäftigt. Die Arbeit ist jetzt abgeschlossen, aber ihre endgültige Form wird sie erst dann annehmen, wenn sie Herz und Geist der Leser erreicht hat. Ich hoffe, daß daraus ein neues Verständnis für Ursachen und Behandlung von Depressionen bei Frauen erwächst.

Literaturverzeichnis

Ainsworth, M. D. S. 1969. Object relations, dependency and attachment: A theoretical review of the infant-mother relationship. *Child Development* 40: 969 – 1025

Anderson, K., und D. C. Jack. 1991. Learning to listen: Interview techniques and analyses. In *Women's words: The feminist practice of oral history*, Hg. S. B. Gluck und D. Patai. New York.

Andrews, B., und G. W. Brown. 1988. Marital violence in the community. *British Journal of Psychiatry* 153: 305 – 312.

Argyle, M., M. Lalljee, und M. Cook. 1968. The effects of visibility on interaction in a dyad. *Human Relations* 21: 3 – 17.

Aries, E. 1976. Interaction patterns and themes of male, female, and mixed groups. *Small Group Behavior* 7: 7 – 18.

Arieti, S., und J. Bemporad. 1978. *Severe and mild depression: The psycho-therapeutic approach*. New York.

Barry, H., III, M. K. Bacon und I. L. Child. 1957. A cross-cultural survey of some sex differences in socialization. *Journal of Abnormal and Social Psychology* 55: 327 – 332.

Bayley, N. 1969. *Manual for the Bayley scales of infant development*. New York: Psychological Corporation.

Beck, A. T. 1967. *Depression: Clinical, experimental and theoretical aspects*. New York.

– 1970. The core problem in depression: The cognitive triad. In *Science and psychoanalysis*, Hg. J. Masseman. New York.

– 1976. *Cognitive therapy and the emotional disorders*. New York.

– 1983. Cognitive therapy of depression: New perspectives. In *Treatment of depression: Old controversies und new approaches*, Hg. P. J. Clayton und J. E. Barrett. New York.

– 1984. Cognition and therapy. Letter to the editor. *Archives of General Psychiatry* 41: 1112 – 1114.

Beck, A. T., N. Epstein und R. Harrison, 1983. Cognitions, attitudes, and personality dimensions in depression. British Journal of Cognitive Psychotherapy 1: 1 – 16.

Beck, A. T., A. J. Rush, B. F. Shaw und G. Emery. 1979. *Cognitive therapy of depression*. New York.

Beck, A. T., C. H. Ward, M. Mendelson, J. Mock und J. Erbaugh, 1961. An inventory for measuring depression. *Archives of General Psychiatry* 4: 561 – 571.

Beck, A. T., A. N. Weissman, D. Lester und L. Trexler. 1974. The measurement of pessimism: The Hopelessness Scale. *Journal of Consulting and Clinical Psychology* 42: 861 – 865.

Becker, E. 1964: *The revolution in psychiatry: The new understanding of man.* New York.
Belenky, M. F., B. M. Clinchy, N. R. Goldberger und J. M. Tarule. 1986. *Women's ways of knowing: The development of self, voice, and mind.* New York.
Bellah, R., R. Madsen, W. M. Sullivan, A. Swidler und S. M. Tipton. 1985. *Habits of the heart: Individualism and commitment in American life.* Berkeley.
Belle, D. 1982 a. The stress of caring: Women as providers of social support. In *Handbook of stress: theoretical and clinical aspects,* Hg. L. Goldberger und S. Breznitz. New York.
- 1982b. *Lives in stress: Women and depression.* San Diego.
- 1987. Gender differences in the social moderators of stress. In *Gender and stress,* Hg. R. C. Barnett, L. Biener und G. K. Baruch. New York.
Bennett, N. G., und D. E. Bloom. 1986. Why fewer American women marry. *New York Times,* 13. 12. 1968, S. 27.
Bernard, J. S. 1971. The paradox of the happy marriage. In *Women in sexist society,* Hg. V. Gornick und B. K. Moran. New York.
- 1972. *The sex game: Communication between the sexes.* New York.
- 1981. *The female world.* New York.
Bernstein, D. 1983. The female superego: A different perspective. *International Journal of Psycho-Analysis* 64: 187 – 201.
Bibring, E. 1953. The mechanisms of depression. In *Affective disorders: Psychoanalytic contribution to their study,* Hg. P. Greenacre. New York.
Birtchnell, J., und J. Kennard. 1983a. Does marital maladjustment lead to mental illness? *Social Psychiatry* 18: 79 – 88.
- 1983b. Marriage and mental illness. *British Journal of Psychiatry* 142: 193 – 198.
Blatt, S. J. 1974. Levels of object representation in anaclitic and introjective depression. *Psychoanalytic Study of the Child* 29: 107 – 157.
Blatt, S. J., J. P. D'Afflitti und D. M. Quinlan. 1976. Experiences of depression in normal young adults. *Journal of Abnormal Psychology* 85: 383 – 389.
Blumstein, P., und P. Schwartz. 1983. *American couples.* New York.
Bowlby, J. 1969. *Attachment and loss,* Bd. 1, *Attachment.* New York.
- 1973. *Attachment and loss,* Bd. 2, *Separation: Anxiety and anger.* New York.
- 1979. *The marking and breaking of affectional bonds.* London.
- 1980: *Attachment and loss,* Bd. 3, *Loss, sadness and depression.* New York.
- 1988: *A secure base: Parent-child attachment and healthy human development.* New York.
Brazelton, T. B. 1973. Neonatal behavioral assessment scale. Clinics in Developmental Medicine 50. Spastics International Medical Publications. Philadelphia.
- 1982. Joint regulation of neonate-parent behavior. In *Social interchange in infancy,* Hg. E. Tronick. Baltimore.

Brown, G. W., B. Andrews, T. Harris, Z. Adler und L. Bridge. 1986. Social support, self-esteem and depression. *Psychological Medicine* 16: 813 – 831.
Brown, G. W., und T. O. Harris. 1978. *The social origins of depression: A study of psychiatric disorders in women.* New York.
– 1989. *Life events and illness.* New York.
Brown, G. W., und R. Prudo. 1981. Psychiatric disorder in a rural and an urban population: 1. Aetiology of depression. *Psychological Medicine* 11: 581 – 599
Brown, J. D., und G. Silberschatz. 1989. Dependency, self-criticism, and depressive attributional style. *Journal of Abnormal Psychology* 98: 187 – 188.
Brown, L. M., und C. Gilligan. 1990a. Listening for self and relational voices: A responsive/resisting listener's guide. Vortrag auf dem 98. Jahreskongreß der American Psychological Association, Boston.
– 1990b. The psychology of women and the development of girls. Manuskript, Harvard University, Graduate School of Education.
Brown, L. M., M. Tappan, C. Gilligan, D. Argyris und B. Miller. 1989. Reading for self and moral voice: A method for interpreting narratives of real-life moral conflict and choice. In *Entering the circle: Hermeneutic investigation in psychology,* Hg. M. Packer und R. Addison. Albany.
Buber, M. 1970. *I and thou.* Übers. W. Kaufmann. New York. (*Ich und Du.* Heidelberg [11]1983.)
Campbell, B. 1990. Model female, or female role model? *The Times* (London), 23. 11. 1990, S. 20.
Campbell, E. A., S. J. Cope und J. D. Teasdale. 1983. Social factors and affective disorder: An investigation of Brown and Harris's model. *British Journal of Psychiatry* 143: 548 – 553.
Caplow, T. 1982. *Middletown families: Fifty years of chance and continuity.* Minneapolis.
Chodoff, P. 1972. The depressive personality. *Archives of General Psychiatry* 27: 666 – 673.
Chodorow, N. J. 1978. *The reproduction of mothering: Psychoanalysis and the sociology of gender.* Berkeley.
– 1985. Gender, relation, and difference in psychoanalytic perspective. In *The future of difference,* Hg. H. Eisenstein und A. Jardine. New Brunswick.
– 1989. *Feminism and psychoanalytic theory.* New Haven.
Clance, P. R. 1985. *The imposter phenomenon: Overcoming the fear that haunts your success.* Atlanta.
Clance, P. R., und S. A. Imes. 1978. The imposter phenomenon in high achieving women: Dynamics and therapeutic intervention. *Psychotherapy Theory, Research and Practice* 15: 241 – 247.
Cohen, S., und G. McKay. 1984. Social support, stress and the buffering hypothesis: A theoretical analysis. In *Handbook of psychology and health: Social psychological aspects of health,* Bd. 4. Hillsdale

Cohler, B. J., und H. Grunebaum. 1981. *Mothers, grandmothers, and daughters: Personality and childcare in three-generation families.* New York.

Cott, N. F. 1977. *The bonds of womanhood: »Woman's sphere« in New England, 1780 – 1835.* New Haven.

Coyne, J. C. 1976. Depression and the response of others. *Journal of Abnormal Psychology* 85: 186 – 193.

– 1985. Studying depressed persons' interactions with strangers and spouses. *Journal of Abnormal Psychology* 94: 231 – 232.

Crewdson, J. 1988. *By silence betrayed: Sexual abuse of children in America.* Boston.

DeLauretis, R. 1984. *Alice doesn't: Feminism, semiotics, cinema.* Bloomington.

Dinnerstein, D. 1976. *The mermaid and the minotaur: Sexual arrangements and human malaise.* New York.

Dobson, K. S. 1987. Marital and social adjustment in depressed and remitted married women. *Journal of Clinical Psychology* 43: 261 – 265.

Dohr, K. B., A. J. Rush und I. H. Bernstein. 1989. Cognitive biases and depression. *Journal of Abnormal Psychology* 98: 263 – 267.

DSM III: *Diagnostic and statistical manual of mental disorders.* 1980. Anmerkungen von R. L. Spitzer und H. B. Williams. Washington, D. C.

DSM III (R): *Diagnostic and statistical manual of mental disorders,* 3. Aufl. 1987. Washington, D.C.

Ehrenreich, B., und D. English. 1979. *For her own good: 150 years of the experts' advice to women.* Garden City, N. Y.

Edler, G. H., Jr. 1984. *Children of the great depression.* Chicago.

Eliot, G. 1965. *Middlemarch.* New York.

Fairbairn, W. R. D. 1952. *An object-relations theory of the personality.* New York.

Fishman, P. 1983. Interaction: The work women do. In *Language, gender and society,* Hg. B. Thorne, C. Kramarea und N. Henley, Rowley, Mass.: Newbury House.

Freud, S. 1917. Trauer und Melancholie. In *Gesammelte Werke,* Bd. 14. Frankfurt/M.

– 1925. Einige psychische Folgen des Geschlechtsunterschieds. In *Studienausgabe in 10 Bd.,* Bd. 5. Frankfurt/M.

– 1930. Unbehagen in der Kultur. In *Studienausgabe in 10 Bd.,* Bd. 9. Frankfurt/M.

Gallagher, V., und W. F. Dodds. 1985. *Speaking out, fighting back: Personal experiences of women who survived childhood sexual abuse in the home.* Seattle.

Gaylin, W. 1978. *Doing good: The limits of benevolence.* New York.

Gilbert, S., und S. Gubar. 1979. *The madwoman in the attic: The woman writer and the nineteenth century literary imagination.* New Haven.

Gill, M. M., und I. Z. Hoffman. 1982. *Analysis of transference,* Bd. 2. Psychological Issues. New York.

Gilligan, C. 1977. In a different voice: Women's conceptions of self and of morality. *Harvard Educational Review* 47: 481 – 517.
- 1982. *In a different voice: Psychological theory and women's development.* Cambridge, Mass.
- 1990. Joining the resistance: Psychology, politics, girls and women. *Michigan Quarterly Review* 29: 501 – 536.

Gilligan, C., L. M. Brown und A. Rogers. 1990. Psyche embedded: A place for body, relationships, and culture in personality theory. In *Studying persons und lives*, Hg. A. Rabin, R. Zucker, R. Emmons und S. Frank. New York.

Gilligan, C., N. Lyons und T. Hanmer, Hg. 1990. *Making connections: The relational worlds of adolescent girls at Emma Willard School.* Cambridge, Mass.

Gilligan, C., J. V. Ward und J. M. Taylor, Hg. 1988. *Mapping the moral domain: A contribution of women's thinking to psychological theory and education.* Cambridge, Mass.

Gilligan, C., und G. Wiggins. 1988. The origins of morality in early childhood relationships. In *Mapping the moral domain.* Hg. C. Gilligan u. a. Cambridge, Mass.

Gore, S. 1978. The effect of social support in moderating the health consequences of unemployment. *Journal of Health and Social Behavior* 19: 157 – 165.

Gottman, J. 1990. How marriages change. In *Depression and aggression in family interaction*, Hg. G. R. Patterson. Hillsdale, N. J.

Gottman, J. M., und R. W. Levenson. 1986. Assessing the role of emotion in marriage. *Behavioral Assessment* 8: 31 – 48.

Gould, R. L. 1978. *Transformations: Growth and change in adult life.* New York.

Gove, W. R., M. Hughes und C. B. Style. 1983. Does marriage have positive effects on the psychological well-being of the individual? *Journal of Health and Social Behavior* 24: 122 – 131.

Greenberg, J. R., und S. A. Mitchell. 1983. *Object relations in psychoanalytic theory.* Cambridge, Mass.

Grimm, Gebrüder. Rumpelstilzchen. In *Kinder- und Hausmärchen.* Berlin 1812 – 15, Stuttgart 1980.

Hall, N. 1980. *The moon and the virgin.* New York.

Hammen, C., A. Ellicott, M. Gitlin und K. Jamison. 1989. Sociotropy/autonomy and vulnerability to specific life events in patients with unipolar depression and bipolar disorders. *Journal of Abnormal Psychology* 98: 154 – 160.

Hartmann, H. 1960. *Psychoanalysis and moral values.* New York.

Harvey, T. J., und A. Stables. 1986. Gender differences in attitudes to science for third year pupils: An argument for single-sex teaching groups in mixed schools. *Research in Science and Technological Education* 4: 163 – 170.

Heard, D. H. 1973. Unresponsive silence and intra-familial hostility. In *Support, innovation, and autonomy*, Hg. R. Gosling. London.

- 1982. Family systems and the attachment dynamic. *Journal of Family Therapy* 4: 99 – 116.
Heilbrun, C. 1988. *Writing a woman's life.* New York.
Henderson, S., D. G. Byrne und P. Duncan-Jones. 1981. *Neurosis and the social environment.* New York.
Herman, J. 1989. Violence in the lives of women: Treatment and recovery. Vortrag auf der Tagung Women: Connections, Disconnection, and Violations, Harvard Medical School, Boston, 10. 6. 1989.
Herman, M. F. 1983. Depression and women: Theories and research. *Journal of the American Academy of Psychoanalysis* 11: 493 – 512.
Hochschild, A., und A. Machung. 1989. *The second shift: Inside the two-job marriage.* New York.
Holub, L. 1989. Myth and the role of depression in women. Manuskript, Fairhaven College, Western Washington University, Bellingham.
- 1990. Celie's ways of knowing. Manuskript, Fairhaven College, Western Washington University, Bellingham.
Horney, K. 1934. The overvaluation of love. In *Feminie psychology,* Hg. H. Kelman. New York.
- 1967. *Feminine psychology,* Hg. H. Kelman, New York.
Jack, D. C. 1984. Clinical depression in women: Cognitive schemas of self, care, and relationships in a longitudinal study. Ed. D. Dissertation, Harvard University.
- 1987. Silencing the self: The power of social imperatives in female depression. In *Women and depression: A lifespan perspective,* Hg. R. Formanek und A. Gurian. New York.
Jack, D. C., und D. Dill. 1992. The Silencing the Self scale: Schemas of intimacy associated with depression in women. *Psychology of Women Quarterly* 16: 97 – 106.
Jack, R., und D. C. Jack. 1989. *Moral vision and professional decisions: The changing values of women and men lawyers.* New York.
Jacobson, E. 1971. *Depression: Comparative studies of normal neurotic, and psychotic conditions.* New York.
- 1976. Ways of female superego formation and the female castration conflict. *Psychoanalytic Quarterly* 45: 525 – 538.
Jose, P. E., und W. J. McCarthy. 1988. Perceived agentic and communal behavior in mixed-sex-group interactions. *Personality and Social Psychology Bulletin* 14: 57 – 67.
Kahn, R. L., und T. C. Antonucci. 1980. Convoys over the life course: Attachment, roles, and social support. In *Life-span development and behavior,* Hg. P. B. Baltes und O. G. Brim. New York.
Kaplan, A. G. 1984. The »self-in-relation«: Implications for depression in women. Wellesley, Mass.
Kaplan, E. A. 1983. *Women and film: Both sides of the camera.* New York.
Keller, C. 1986. *From a broken web: Separation, sexism, and self.* Boston.
Kerber, L. K. 1986. *Women of the Republic: Intellect and ideology in revolutionary America.* New York.

Klein, D. N., K. Harding, E. B. Taylor und S. Dickstein, 1988. Dependency and self-criticism in depression: Evaluation in a clinical population. *Journal of Abnormal Psychology* 97: 399 – 404.
Klerman, G. L., R. M. A. Hirschfeld, N. C. Andreasen, W. Coryell, J. Endicott, J. Fawcett, M. B. Keller und W. A. Scheftner. 1987. Major depression and related affective disorders. In *Diagnosis and classification in psychiatry: A critial appraisal of DSM-III*, Hg. G. L. Tischler. Cambridge.
Klerman, G. L., und M. M. Weissman. 1989. Increasing rates of depression. *Journal of the American Medical Association* 261: 2229 – 2235.
Klerman, G. L., M. M. Weissman, B. J. Rounsaville, und E. S. Chevron. 1984. *Interpersonal psychotherapy of depression*. New York.
Kohut, H. 1980. Reflections on advances in self psychology. In *Advances in self psychology*, Hg. A. Goldberg. New York.
Kohut, H., und E. Wolf. 1978. The disorders of the self and their treatments: An outline. *International Journal of Psychoanalysis* 59: 413 – 425.
Kotler, T. 1985. Security and autonomy within marriage. *Human Relations* 38: 299 – 321.
Krebs-McMullen, B. 1989. Depression and survival. Manuskript, Fairhaven College, Western Washington University.
Laing, R. D. 1969. *The divided self: An existential study in sanity and madness*. London. (*Das geteilte Selbst. Eine existentielle Studie über geistige Gesundheit und Wahnsinn*. München 1987).
Lauter, E., und C. S. Rupprecht, Hg. 1985. *Feminist archetypal theory: Interdisciplinary re-vision of Jungian thought*. Knoxville.
Lerner, H. E. 1983. Female dependency in context: Some theoretical and technical considerations. *American Journal of Orthopsychiatry* 53: 697 – 705.
Lerner, H. G. 1987. Female depression: Self-sacrifice and self-betrayal in relationships. In *Women and depression: A lifespan perspective*, Hg. R. Formanek und A. Gurian. New York.
McIntosh, P. 1985. Feeling like a fraud. Wellesley, Mass.
Mansbridge, J. J. 1986. *Why we lost the ERA*. Chicago.
Mead, G. H. 1956. *On social psychology: Selected papers*, Hg. A. Strauss. Chicago.
Mendelson, M. 1974. *Psychoanalytic concepts of depression*. 2. Aufl. Flushing, N. Y..
Milavec, A. 1989. Feminist developmental cycles. Manuskript, Fairhaven College, Western Washington University, Bellingham.
Miller, A. 1981. *The drama of the gifted child*. New York. (*Das Drama des begabten Kindes und die Suche nach dem wahren Selbst*. Frankfurt/M. 1979.)
Miller, J. 1976. *Toward a new psychology of women*. Boston.
– 1984. The development of the feminine sense of self. Wellesley, Mass.
– 1986a. *Toward a new psychology of women*. 2. Aufl. Boston.
– 1986b. What do we mean by relationships? Wellesley, Mass.

Mishler, E. G. 1979. Meaning in context: Is there any other kind? *Harvard Educational Review* 49: 1 – 19.

Mitchel, S. A. 1988. *Relational concepts in psychoanalysis: An integration.* Cambridge, Mass.

Oliver, J. M., und E. P. Baumgart. 1985. The Dysfunctional Attitude Scale: Psychometric properties and relation to depression in an unselected adult population. *Cognitive Therapy and Research* 9: 161 – 167.

Olsen, T. 1978. *Silences.* New York.

Parry, G., und D. A. Shapiro. 1986. Social supports and life events in working class mothers: Stress-buffering or independet effects? *Archives of General Psychiatry* 43: 315 – 323.

Paz, O. 1957. Piedra de sol. Mexico City. (Sonnenstein. In *Suche nach einer Mitte: Die großen Gedichte,* Hg. und übers. F. Vogelsang, Frankfurt/M. 1980).

Pearlin, L. I. 1980. Life strains and psychological distress among adults. In *Themes of work and love in adulthood,* Hg. N. J. Smelser und E. H. Erikson. Cambridge, Mass.

Perera, S. B. 1981. *Descent to the Goddess: A way of initiation for women.* Toronto.

– 1985. The descent of Inanna: Myth and therapy. In *Feminist archetypal theory,* Hg. Lauter and Rupprecht.

Pfuetze, P. 1961. *Self, society, existence: Human nature and dialogue in the thought of George Herbert Mead and Martin Buber,* rev. Aufl. New York.

Pollak, S., und C. Gilligan. 1982. Images of violence in thematic apperception test stories. *Journal of Personality and Social Psychology.* 42: 159 – 167.

A Psychiatric Glossary, 5. Aufl. 1980. American Psychiatric Association. Hg. A. Werner, R. J. Campbell, S. H. Frazier und E. M. Stone. Boston.

Radloff, L. S. 1980. Risk factors for depression. What do we learn from them? In *The mental health of women,* Hg. M. Guttentag, S. Salasin und D. Belle. New York.

Rado, S. 1968a. The problem of melancholia. In *The meaning of despair,* Hg. W. Gaylin. New York.

– 1968b. Psychodynamics of depression from the etiologic point of view. In *The meaning of despair,* Hg. W. Gaylin. New York.

Rich, A. C. 1979. *On lies, secrets, and silence: Selected prose, 1966 – 1978.* New York.

Robins, C. J., und P. Block. 1988. Personal vulnerability, life events, and depressive symptoms: A test of a specific interactional model. *Journal of Personality and Social Psychology* 54: 847 – 852.

Rutter, M. 1986. The developmental psychopathology of depression: Issues and perspectives. In *Depression in young people: Developmental and clinical perspectives,* Hg. M. Rutter, C. Izard und P. Read. New York.

Sadker, M., und D. Sadker. 1985. Sexism in the classroom. *Vocational Education Journal* 60: 30 – 32.

- 1986. Sexism in the classroom: From grade school to graduate school. *Phi-Delta Kappan* 67: 512 – 515.
Slipp, S. 1976. An intrapsychic-interpersonal theory of depression. *Journal of the American Academy of Psychoanalysis* 4: 389 – 409.
Smith, A. 1937. *The wealth of nations*, Hg. E. Cannan. New York.
Smith-Rosenberg, C. 1972. The hysterical woman: Sex roles and role conflict in 19th-century America. *Social Research* 39: 652 – 678.
Spender, D. 1980. *Man made language*. Boston.
Steinem, Gloria. 1988. Zitiert bei M. Smilgis, The dilemmas of childlessness: Careers and indecision are leading many to bypass parenthood. *Time*, 2. 5. 1988, S. 88 – 90.
Steiner-Adair, C. 1986. The body politic: Normal female adolescent development and the development of eating disorders. *Journal of the American Academy of Psychoanalysis* 14: 95 – 114.
Stern, D. N. 1985. *The interpersonal world of the infant*. New York.
Stiver, I. P. 1984. *The meanings of »dependency« in female-male relationships*. Wellesley, Mass.
Stoppard, J. M. 1989. An evaluation of the adequacy of cognitive/behavioural theories for understanding depression in women. *Canadian Psychology* 30: 39 – 47.
Sullivan, H. S. 1953. *The interpersonal theory of psychiatry*. New York.
- 1956. *Clinical studies in psychiatry*. New York.
Surrey, J. 1984. *The »self-in-relation«: A theory for women's development*. Wellesley, Mass.
Swaker, M. 1976. Women's verbal behavior at learned and professional conferences. In *Proceedings of the conference on the sociology of the languages of American women*, Hg. B. L. Dubois und I. Crouch. San Antonio: Trinity University.
Thorne, B., und N. Henley, Hg. 1975. *Language and sex: Difference and dominance*. Rowley, Mass.
Tower, C. C. 1988. *Secret scars: A guide for survivors of child sexual abuse*. New York.
Walker, A. 1982. *The Color Purple*. New York.
Walker, L. E. 1979. *The battered woman*. New York.
Weissman, M. M. 1987. Advances in psychiatric epidemiology: Rates and risks for major depression. *American Journal of Public Health* 77.
Weissman, M. M., und G. L. Klerman, 1977. Sex differences and the epidemiology of depression. *Archives of General Psychiatry* 34: 98 – 111.
- 1987. Gender and depression. In *Women and Depression: A lifespan perspective*, Hg. R. Formanek und A. Gurian. New York.
Weissman, M. M., und E. S. Paykel. 1974. *The depressed woman: A study of social relationships*. Chicago.
Welter, B. 1973. The cult of true womanhood: 1820 – 1860. In *Our American sisters: Women in American life and thought*, Hg. J. E. Friedman und W. G. Shade. Boston.
West, C., und D. H. Zimmerman. 1983. Small insults: A study of interruptions in cross-sex conversations between unacquainted persons. In

Language, gender and society, Hg. B. Thorne, C. Kramarae und N. Henley. Rowley, Mass.

Westkott, M. 1986. *The feminist legacy of Karen Horney.* New Haven.

Wickramaratne, P. J., M. M. Weissman, P. J. Leaf und T. R. Holford. 1989. Age, period and cohort effects on the risk of major depression: Results from five United States communities. *Journal of Clinical Epidemiology* 42: 333 – 343.

Willard, A. 1988. Cultural scripts for mothering. In *Mapping the moral domain: A contribution of women's thinking to psychological theory and education,* Hg. C. Gilligan, J. V. Ward und J. M. Taylor. Cambridge, Mass.

Winnicott, D. W. 1958. *Collected papers: Through paediatrics to psychoanalysis.* London.

– 1965. *The maturational process and the facilitating environment: Studies in the theory of emotional development.* New York.

Wolkstein, D., und S. N. Kramer, 1983. *Inanna, queen of heaven and earth: Her stories and hymns from Sumer.* New York.

Woolf, V. [1942] 1970. Professions for women. In *The death of the moth and other essays.* New York.

Zimmerman, D. H., und C. West. 1975. Sex roles, interruptions, and silences in conversation. In *Language and sex: Difference and dominance,* Hg. B. Thorne und N. Henley. Rowley, Mass.

Zur-Spiro, S., und C. Longfellow. 1982. Fathers' support to mothers and children. In *Lives in stress: Women and depression,* Hg. D. Belle. Beverly Hills.

Zuroff, D. C., und M. Mongrain. 1987. Dependency and self-criticism: Vulnerability factors for depressive affective states. *Journal of Abnormal Psychology* 96: 14 – 22.

Register

Abgrenzung 24, 142
Abhängigkeit 13, 140
 emotionale 110, 138
 kindliche 17
 ökonomische 32, 33, 62 – 63, 157, 178
 psychologische 32
Abraham, Karl 29
Abwertung des Weiblichen, kulturelle 23, 27, 50, 59, 175, 233
Aggression 20, 54, 119
Aktivität, emotionale 12
Altruismus 85, 136
Anerkennung, männliche 174
Anpassung 49, 79, 88, 169, 186, 214
Arieti, S. 29, 146
Attraktivität 94
Auflehnung, versteckte 69 – 75
Austausch, emotionaler 20, 21, 24
Authentizität 79, 140, 152
Autonomie 14 – 15, 17, 33
Autorität, männliche 84, 107, 141, 143, 145, 149, 153, 173, 208, 218, 220
Autorität, moralische 249

Beck, Aaron T. 10, 38, 158, 160
Becker, E. 111
Bedürfnisbefriedigung 18, 84, 148
Bedürfnisse, Hierarchie der 148, 160
Belenky, Mary F. 26, 50, 111, 176, 179, 258
Bellah, R. 112
Belle, D. 37
Bemporad, J. 29, 146
Bernard, Jessie S. 39, 104

Beziehungen, aktivitätszentrierte 27
 emotional enge 27, 47, 96
Beziehungsabhängigkeit 11, 16, 29
Beziehungsformen 33, 54 – 75
Beziehungskonflikte 35
Beziehungsorientiertheit 12, 23 – 24, 119
Bibring, E. 122
Bindungsverhalten 16, 31, 64, 77, 85, 97
Blatt, S. J. 142
Blumstein, Philip 62
Bowlby, John 17, 21, 26, 30, 31, 57, 58, 59, 192
Brazelton, T. B. 120
Brown, G. W. 25
Brown, L. M. 42
Buber, M. 242

Caplow, T. 112
Chodoff, P. 30
Chodorow, Nancy 22, 23, 24, 192
Cott, N. F. 112

Depression, Merkmale einer 16, 19
 biologische Faktoren 10
 psychosoziale Faktoren 10, 21, 25, 32, 34 – 35
 Theorien 11 – 12, 16, 26, 29, 32, 34, 122
Dialog, innerer 123 – 135, 167, 244
 zwischen den Partnern 53 – 54, 65 – 67, 242, 258
Dill, D. 52, 159
Distanz, emotionale 134
Dominanz, männliche 50, 52, 146 – 147
Dominanzstruktur in einer Beziehung 60
DSM III 40, 118, 263

Ehe 46 – 75, 87, 89, 169, 248
Ehrenreich, B. 18
Ehrlichsein 247
Eigenberichte, Verläßlichkeit der 38 – 39
Eigenentwicklung 24, 68, 140
Einssein 86 – 90
Eliot, George 168
English, D. 18
Entscheidungsgewalt, männliche 107
Entweder-Oder-Vorstellung 140, 152
Entwicklung, weibliche 24 – 26, 31, 37
Ereshkikal, sumerische Königin der Unterwelt 228
Erleben, männliches 10
weibliches 22, 41
Erziehungsmuster 26 – 27 siehe auch Normen, kulturelle; Rollenverhalten; Vorbild, elterliches

Fairbairn, W. R. D. 191
Feindseligkeit 74
Feminismus, Kritik aus der Sicht des 10, 37, 119
Forschungsansätze 38 – 40
Freud, Sigmund 17, 19, 29, 30, 73, 74, 118, 119, 142, 206
Fürsorge (-Ethik) 119, 148, 185, 243

Gaylin, W. 96
Gedanken, Kontrolle negativer 168 – 169
Gefühle, Kontrolle der 54, 168, 180
Gefühlsäußerungen, Angst vor 179
negative 60 – 61, 69, 168
Geschlechterrollen 33, 63, 120, 141, 208
Geschlechtsnormen 26 – 28
Gesundheit, psychische 30
Gewalt, männliche 157
physische 27, 52 – 53, 59, 90, 161

Gilbert, Sandra 113
Gill, Merton 88, 89
Gilligan, Carol 22, 24, 25, 37, 42, 50, 52, 64, 119, 144, 246, 247, 268
Gottman, John 60
Gubar, Susan 113
»gutes Ich« 120 – 123
»Gutsein« 69, 113, 121, 131, 140, 144, 157, 198, 201, 214, 247, 256, 257

Hall, Nor 224, 233, 244
Harmonie, falsche 70, 152, 168
Hartmann, H. 156
Harvey, T. J. 121
Heilbrun, Carolyn 45, 63, 223, 227, 228
»Helfen wollen« 90 – 97
Helfen, Formen zu 97 – 103
Hierarchie in der Beziehung 54 – 57, 148, 160, 183
Hilflosigkeit 27, 29, 109
Hochschild, A. 114
Hoffman, Irwin 88, 89
Hoffnungslosigkeit 118, 122, 168, 214
Holub, L. 91, 233
Horney, Karen 115, 116

Idealisierung des Partners 104
Identifikation mit dem männlichen Blick 175, 206
mit der Mutter 141, 143, 151, 153 – 154, 156, 168, 191 – 202, 206 – 212, 223
Identität (-sbildung), geschlechtliche 23
weibliche 11, 12, 68, 82 – 83
Inanna, sumerische Königin der Himmel 228, 258
Individualismus 16 – 17
Interaktionsformen 79, 86
geschlechtsspezifische 26, 71, 111, 120
Intimität 86 – 87, 122, 171, 242
Fähigkeit zur 14

fehlende 47, 68
Suche nach 66 – 68
Intimitätsvorstellungen,
quantitative Erforschung
158 – 165
Irrtum, Angst vor 49 – 52
Isolation 25, 243 *siehe auch*
Authentizität

Jack, D. C. 25, 26, 52, 137, 159
Jack, R. 26, 137
Jacobson, Edith 142, 149

Kaplan, A. G. 25
Keller, Catherine 33, 139, 186
Klerman, G. L. 115, 264
kognitive Schemata 28, 152, 158, 250, 253
Kommunikationsmangel 47, 99, 134
Konfliktvermeidung 16, 61, 70, 150
Kontrolle des Partners 77, 86
Kotler, T. 58
Kramer, S. N. 258
Kreativität, Unterdrückung der 202 – 214
Krebs-McMullen, B. 189
Kritik, Unterdrückung von 92
Kultur, männliche Dominanz in der 50, 52, 137 *siehe auch* Normen, kulturelle

Laing, R. D. 82
Lauter, E. 36
Lerner, H. G. 207
Levenson, Robert 60
Liebe, Mythos der verändernden 93

Machtkämpfe 98, 108, 183
Machtlosigkeit 109
Mann als geschädigtes Kind, der 90 – 97
Mead, George Herbert 172
Meinung, versteckte eigene 49 – 52
Metaphern (-sprache) 45 – 46, 54, 78, 86, 112, 228

310

Miller, Jean Baker 15, 24, 35, 37, 60, 71, 72, 105, 178
Mishler, E. G. 39
Mißbrauch, sexueller 27, 178 – 179, 254 – 255
Mitchell, Stephen A. 29, 57
Moralvorstellungen, herrschende 84, 117 – 165, 168, 243
Mutter-Kind-Beziehung 23, 87, 109, 142

Nähe 13 – 14, 57 – 58
Normen, kulturelle 14 – 15, 22, 27, 89, 120, 135 – 141, 156

Olsen, Tillie 202

Passivität 69, 168 – 180, 180
Paykel, E. S. 75
Paz, Octavio 87
Perera, Sylvia B. 208, 228
Perfektion 158, 158
Pflichterfüllung 144
Pfuetze, P. 172
Piaget, Jean 118, 250
Psychiatric Glossary 30
Psychologie, weibliche 22 – 28, 36, 213, 243

Qualität mitmenschlicher Beziehung 25

Rado, S. 29
Realität, persönliche 46, 124, 131
Realitätswahrnehmung 38
Reife 17, 22, 33
Rich, Adrienne C. 92, 139, 165
Rollenverhalten, männliches 23, 26, 58
weibliches 13, 23, 27, 37, 77, 78 – 86
Rolle der guten Ehefrau, traditionelle 13, 56, 63, 99 – 101
Rollenzuweisungen, geschlechtliche 46, 62
Rumpelstilzchen, Märchen vom 234 – 239
Rupprecht, C. S. 36

Sadker, D. 121
Sadker, M. 121
Schamgefühle 25, 27
Scheidung 72, 136, 178
Scheitern intimer Beziehungen 25
Schuldgefühle 25, 180, 183
Schwartz, Pepper 62
Schweigen 243 – 244
Selbst, abgegrenztes 12, 16 – 20
  Annahmen über das 16
  authentisches 48, 68, 82,
  123 – 131, 133, 165, 167, 170,
  172, 179, 182, 214, 215, 230,
  242, 244
  autonomes 12, 19
  beziehungsorientiertes 12,
  20 – 21, 134, 138, 140, 250
  Definition des weiblichen 139
  Entwicklung des 41, 48, 141
  gespaltenes 184, 214 – 231
  Suche nach dem verlorenen
  233 – 234
  Unterdrückung des 167 – 231
  verkümmertes 35, 75
Selbstachtung 11, 78, 247
  geringe 27, 95, 122, 161
  Verlust der 53
Selbstaufopferung 93, 96, 114, 144,
  161, 199
Selbstbehauptung 109
Selbstbeurteilung, harte 19, 39,
  118, 243, 250
Selbsteinschätzung 28, 73, 118,
  122
Selbstentfremdung 14, 69,
  175 – 176, 214
Selbstgefühl 24
Selbsthemmung 169
Selbstlosigkeit 112, 223
Selbstmord 178, 224
Selbstrepräsentationsmodelle
  siehe Kognitive Schemata
Selbstüberforderung 117
Selbstunterdrückung 69, 181, 243
  Erlernen der 191 – 202
  Skala 41, 159, 272 – 274
Selbstverantwortung 105 – 107

Selbstverleugnung 67, 92, 114
Selbstverlust 34, 45 – 75, 149, 214
Selbstverrat 78, 186
Selbstverurteilung 19, 69, 175,
  218, 227
Selbstvorwürfe 117, 141, 183
Selbstwahrnehmung 83, 111, 124,
  170
Selbstwertgefühl 15
  geringes 16, 118, 122
  Verlust 34
Selbstzensur 54, 172, 181
Selbstzweifel 247
Sexualisierung der Frau, kulturelle
  27, 157
Sexualität, Verweigerung von 74
Sicherheitsbedürfnis 58 – 59, 77
Slipp, S. 146
Smith, Adam 17
Spaltung, innere 19, 69, 82, 131,
  170, 214
Spiel (-regeln) 78 – 86, 179
Sprache depressiver Frauen
  40 – 43, 45 – 46, 116, 117, 228
Stables, A. 121
Steinem, Gloria 140
Stereotypen, kulturelle 97, 104,
  siehe auch Rollenverhalten
Stern, Daniel 21
Stimme, Verlust der 46 – 54
Superfrau 137 – 138, 140, 163
Surrey, J. 25

Thatcher, Margaret 34
Trennung 16, 91
  unverarbeitete 19, 34
Tugenden, traditionell weibliche
  114

Über-Auge 124 – 133, 135, 138,
  149, 154, 157, 165, 168, 170,
  171, 172, 177 – 178, 188 – 189,
  214, 215, 223, 224, 252
  Entwicklung 141 – 158
Über-Ich 118, 124, 142, 149
Umfeld, kulturelles 111 – 116
  soziales 22, 32, 42, 257

Unehrlichkeit 78
Ungleichheit der Geschlechter 37,
  87, 89, 134, 185
Unterlegenheitsgefühl 218
Unterordnung in der Beziehung
  57 – 69, 140, 152, 243
Unterstützung, emotionale 15
Unterwerfung 146 – 147
Untreue, sexuelle 60
Unzugänglichkeit, männliche 65

Vereinnahmung, Furcht vor 25
Verhalten, gespaltenes 184
Verletzlichkeit 81
Verlust des Selbst *siehe*
  Selbstverlust
Verlustangst 16, 19, 58 – 59, 77,
  178 – 179, 183, 189, 214
Versagensgefühl 117, 140
Versorgungspflicht in der Ehe 63
Verweigerungshaltung, innere 74
Vorbild, elterliches 70 – 71, 79, 88,
  94, 97, 143, 145

Wahrheit, Definition von
  92 – 93

Wahrnehmung, mangelndes
  Vertrauen in die eigene 50 – 52
  Vertrauen in die eigene 78,
  247 – 248
  Veränderung in der 253
Walker, Alice 181
Walker, L. E. 199
Weiblichkeit 69, 208
Weiblichkeit, traditionelle
  Definition 42, 112, 137, 141
Weissmann, M. M. 75, 115
Wertlosigkeit, Gefühl der 27, 118,
  202, 255
Westkott, Marcia 27, 37, 59, 148,
  175, 192, 204, 247
Wiggins, Grant 64
Winnicott, D. W. 122, 191
Wohlverhalten 103 – 110, 189
Wolkstein, Diane 258
Woolf, Virginia 113, 114,
  186
Wut 27, 168, 180 – 191, 243
Wut, unterdrückte 53, 180

Zorn, Äußerung von 59 – 61
Zuwendungsverhalten 78